JOHN REED

DIEZ DÍAS QUE ESTREMECIERON AL MUNDO

(REVOLUCIÓN EN RUSIA)

astria

DIEZ DÍAS QUE ESTREMECIERON AL MUNDO (REVOLUCIÓN EN RUSIA)
John Reed
©Astria Ediciones
Diseño de portada: Andrea Rodríguez—Mariana Turcios
Supervisión Editorial: Óscar Flores Lopez
Administración: Tesla Rodas y Jéssica Cordero
Director Ejecutivo: José Azcona Bocock

Primera edición
Tegucigalpa, Honduras—Enero de 2025

PALABRAS DE LENIN

Después de haber leído, con inmenso interés e inalterable atención hasta el fin, el libro de John Reed, DIEZ DÍAS QUE ESTREMECIERON AL MUNDO, desde el fondo de mi corazón lo recomiendo a los obreros de todos los países. Quisiera que este libro fuese distribuido por millones de ejemplares y traducido a todas las lenguas, ya que ofrece un cuadro exacto y extraordinariamente vivo de acontecimientos que tan grande importancia tienen para comprender lo que es la revolución proletaria, lo que es la dictadura del proletariado. Estas cuestiones son hoy objeto de discusión general; pero, antes de aceptar o rechazar las ideas que encarnan, es indispensable comprender toda la significación del partido que con relación a ellas se tome. El libro de John Reed, sin duda alguna, ayudará a esclarecer este fundamental problema del movimiento obrero universal.

PALABRAS DEL AUTOR

Este libro es un trozo de historia, de historia tal como yo la he visto. Sólo pretende ser un relato detallado de la Revolución de Octubre, es decir, de aquellas jornadas en que los bolcheviques, a la cabeza de los obreros y soldados de Rusia, se apoderaron del poder del Estado y lo pusieron en manos de los Sóviets.

Se refiere, sobre todo, a Petrogrado, que fue el centro, el corazón mismo de la insurrección. Pero el lector debe tener en cuenta que todo lo que acaeció en Petrogrado se repitió, casi exactamente, con una intensidad más o menos grande y a intervalos más o menos largos, en toda Rusia.

En este volumen, que es el primero de una serie en la que trabajo actualmente, estoy obligado a limitarme a una crónica de los acontecimientos de que fui testigo y a los cuales me mezclé personalmente o conocí de fuente segura. El relato propiamente dicho va precedido de dos capítulos, donde expongo brevemente los orígenes y las causas de la Revolución de Octubre. Sé perfectamente que la lectura de estos dos capítulos es difícil, pero ambos son esenciales para comprender lo que sigue.

Buen número de preguntas se ofrecerá al espíritu del lector. ¿Qué es el bolchevismo? ¿En qué consiste la forma de gobierno implantada por los bolcheviques? ¿Por qué, estando los bolcheviques a favor de la Asamblea Constituyente, la disolvieron, en seguida, por la fuerza? ¿Y por qué la burguesía, hostil a dicha Asamblea hasta la aparición del peligro bolchevique, se entregó después a su defensa?

Estas preguntas no pueden tener aquí respuesta. En otro volumen, De Kornilov a Brest-Litovsk, donde prosigo el relato de los acontecimientos hasta la paz con Alemania inclusive, describo el origen y el papel de las diversas organizaciones revolucionarias, la evolución del sentimiento popular, la disolución de la Asamblea Constituyente, la estructura del Estado soviético, el desarrollo y el fin de las negociaciones de Brest-Litovsk.

Al abordar el estudio de la sublevación bolchevique, es importante tener en cuenta que no fue el 25 de octubre (7 de noviembre) de 1917, sino muchos meses antes, cuando se produjo la desorganización de la vida económica y del ejército ruso, término lógico de un proceso que se remontaba al año de 1915. Los reaccionarios sin escrúpulos que dominaban la corte del zar habían decidido, deliberadamente, el hundimiento de Rusia, a fin de poder concertar una paz separada con Alemania. La falta de armas en el frente, que tuvo como consecuencia la gran retirada del verano de 1915; la escasez de víveres en los ejércitos y en las grandes ciudades, el cese de la producción y de los transportes en 1916, todo ello formaba parte de un gigantesco plan de sabotaje, que la revolución de febrero vino a contener a tiempo.

Durante los primeros meses del nuevo régimen, en efecto, a pesar de la confusión consiguiente a un gran movimiento revolucionario como el que acababa de liberar a un pueblo de 160 millones de hombres, el más oprimido del mundo entero, la situación interior, así como la potencia combativa de los ejércitos, mejoraron sensiblemente.

Pero esta "luna de miel" duró poco. Las clases poseedoras querían una revolución solamente política que, arrancando el poder al zar, se lo entregara a ellas. Querían hacer de Rusia una república constitucional a la manera de Francia o de los Estados Unidos, o incluso una monarquía constitucional como la de Inglaterra. Ahora bien, las masas populares querían una verdadera democracia obrera y campesina.

William English Walling, en su libro El mensaje de Rusia, consagrado a la revolución de 1905, describe perfectamente el estado de espíritu de los trabajadores rusos, que más tarde, casi unánimemente, habrían de apoyar al bolchevismo:

Los trabajadores comprendían bien que, incluso bajo un gobierno liberal, se exponían a seguir muriéndose de hambre si el poder continuaba en manos de otras clases sociales.

El obrero ruso es revolucionario, pero no es violento ni dogmático ni falto de inteligencia. Se muestra presto al combate de barricadas, pero ha estudiado las reglas y, caso único entre los obreros del mundo entero, es en la práctica donde las ha aprendido. Está resuelto a llevar hasta el fin la lucha contra su opresor, la clase capitalista. No ignora que existen aún otras clases, pero exige que las mismas tomen claramente partido en el encarnizado conflicto que se aproxima.

Si los obreros de Rusia se han hecho matar y han sido ejecutados por centenares en Moscú, en Riga, en Odesa; si millares de ellos han sido encerrados en los calabozos rusos y desterrados a los desiertos y las regiones árticas, no es para comprar los dudosos privilegios de los obreros de los Goldfields y de Cripple-Creek...

Fue así como se desarrolló en Rusia, en el curso mismo de una guerra exterior e inmediatamente después de la revolución política, la revolución social, que terminó con el triunfo del bolchevismo.

Mr. A. J. Sack, director de la Oficina de Información Rusa en los Estados Unidos y adversario del gobierno soviético, se ha expresado, en su libro El nacimiento de la democracia rusa, de la manera siguiente:

Los bolcheviques constituyeron un gabinete con Lenin como presidente del Consejo y Trotski como ministro de Asuntos Extranjeros. Poco después de la revolución de febrero, su llegada al poder aparecía como inevitable. La historia de los bolcheviques, después de la revolución, es la historia de su ascensión constante.

Los extranjeros, los americanos particularmente, insisten, con frecuencia, sobre la ignorancia de los trabajadores rusos. Es cierto que éstos no poseían la experiencia política de los pueblos occidentales, pero estaban notablemente preparados en lo que concierne a la organización de las masas. En 1917, las cooperativas de consumo contaban con más de 12 millones de afiliados. El mismo sistema de los Sóviets es un admirable ejemplo de su genio organizador. Además, no hay probablemente en la tierra un pueblo que esté tan familiarizado con la teoría del socialismo y sus aplicaciones prácticas.

William English Walling escribe sobre el particular:

Los trabajadores rusos, en su mayoría, saben leer y escribir. La revuelta situación en que se hallaba el país, de años atrás, les dio la ventaja de tener por guías, no sólo a los más inteligentes de entre ellos, sino a una gran parte de la clase culta, igualmente revolucionaria, que les aportó su ideal de regeneración política y social de Rusia...

Muchos autores han justificado su hostilidad al gobierno soviético pretextando que la última fase de la revolución no fue otra cosa que una lucha defensiva de los elementos civilizados de la sociedad contra la brutalidad de los ataques de los bolcheviques. Ahora bien, fueron precisamente esos elementos, las clases poseedoras, quienes, viendo crecer el poderío de las organizaciones revolucionarias de la masa, decidieron destruirlas, costase lo que costase, y poner una barrera a la revolución. Dispuestos a alcanzar sus objetivos, recurrieron a maniobras desesperadas. Para derribar el ministerio Kerenski y aniquilar a los Sóviets, desorganizaron los transportes y provocaron perturbaciones interiores; para reducir a los Comités de fábrica, cerraron las fábricas e hicieron desaparecer el combustible y las materias primas; para acabar con los Comités del ejército, restablecieron la pena de muerte y trataron de provocar la derrota militar.

Esto era, evidentemente, arrojar aceite, y del mejor, al fuego bolchevique. Los bolcheviques respondieron predicando la guerra de clases y proclamando la supremacía de los Sóviets.

Entre estos dos extremos, más o menos ardorosamente apoyados por grupos diversos, se encontraban los llamados socialistas "moderados", que incluían a los mencheviques, a los socialrevolucionarios y algunas fracciones de menor importancia. Todos estos partidos estaban igualmente expuestos a los ataques de las clases poseedoras, pero su fuerza de resistencia se hallaba quebrantada por sus mismas teorías.

Los mencheviques y los socialrevolucionarios consideraban que Rusia no estaba madura para la revolución social y que sólo era posible una revolución política. Según ellos, las masas rusas carecían de la educación necesaria para tomar el poder; toda tentativa en este sentido no haría sino provocar una reacción, a favor de la cual un aventurero sin escrúpulos podría restaurar el antiguo régimen. Por consiguiente, cuando los socialistas "moderados" se vieran obligados por las circunstancias a tomar el poder, no osarían hacerlo.

Creían que Rusia debía recorrer las mismas etapas políticas y económicas que la Europa occidental, para llegar, al fin, y al mismo tiempo que el resto del mundo, al paraíso socialista. Asimismo, estaban de acuerdo con las clases poseedoras en hacer primero de Rusia un Estado parlamentario, aunque un poco más perfeccionado que las democracias occidentales, y, en consecuencia, insistían en la participación de las clases poseedoras en el gobierno. De ahí a practicar una política de colaboración no había más que un paso. Los socialistas "moderados" necesitaban de la burguesía; pero la burguesía no necesitaba de los socialistas "moderados". Los ministros socialistas se vieron obligados a ir cediendo, poco a poco, la totalidad de su programa, a medida que las clases poseedoras se mostraban más apremiantes.

Y finalmente, cuando los bolcheviques echaron abajo todo ese hueco edificio de compromisos, mencheviques y socialrevolucionarios se encontraron en la lucha al lado de las clases poseedoras. En todos los países del mundo, sobre poco más o menos, vemos producirse hoy el mismo fenómeno.

Lejos de ser una fuerza destructiva, me parece que los bolcheviques eran en Rusia el único partido con un programa constructivo y capaz de imponer ese programa al país. Si no hubiesen triunfado en el momento que lo hicieron, no hay apenas duda para mí de que los ejércitos de la Alemania imperial habrían entrado en Petrogrado y Moscú en diciembre, y de que un zar cabalgaría hoy de nuevo sobre Rusia.

Aún está de moda, después de un año de existencia del régimen soviético, hablar de la revolución bolchevique como de una "aventura". Pues bien, si es necesario hablar de aventura, ésta fue una de las más maravillosas en que se ha empeñado la humanidad, la que abrió a las masas laboriosas el terreno de la historia e hizo depender todo, en adelante, de sus vastas y naturales aspiraciones. Pero añadamos que, antes de noviembre, estaba preparado el aparato mediante el cual podrían ser distribuidas a los campesinos las tierras de los grandes terratenientes; que estaban constituidos también los Comités de fábrica y los sindicatos, que habrían de realizar el control obrero de la industria, y que cada ciudad y cada aldea, cada distrito, cada provincia, tenían sus Sóviets de diputados obreros, soldados y campesinos, dispuestos a asegurar la administración local.

Independientemente de lo que se piense sobre el bolchevismo, es innegable que la revolución rusa es uno de los grandes acontecimientos de la historia de la humanidad, y la llegada de los bolcheviques al poder, un hecho de importancia mundial. Así como los historiadores se interesan por reconstruir, en sus menores detalles, la historia de la Comuna de París, del mismo modo desearán conocer lo que sucedió en Petrogrado en noviembre de 1917, el estado de espíritu del pueblo, la fisonomía de sus jefes, sus palabras, sus actos. Pensando en ellos, he escrito yo este libro.

CAPÍTULO I: FONDO GENERAL

A fines de septiembre de 1917, en Petrogrado, vino a verme un profesor extranjero de sociología que se encontraba en Rusia. En los círculos de negocios y de la intelectualidad había oído decir que la revolución había entrado en una fase menguante. El profesor escribió un artículo sobre este tema y emprendió un viaje por el país, visitando ciudades fabriles y aldeas donde, para su asombro, la revolución estaba claramente en ascenso. Había escuchado a los obreros y campesinos hablar continuamente de lo mismo:

"La tierra para los campesinos, las fábricas para los obreros".

Si el profesor hubiera estado en el frente, habría oído que todo el ejército hablaba de la paz.

El profesor se sentía intrigado, aunque no había motivos para ello: ambas observaciones eran totalmente correctas. Las clases pudientes se volvían cada vez más conservadoras, mientras que las masas se radicalizaban cada vez más. Desde la perspectiva de los círculos de negocios y de la intelectualidad rusa, la revolución había avanzado demasiado y se había prolongado más de lo deseado; era hora de imponer orden. Este sentimiento también dominaba en los principales grupos socialistas "moderados", como los mencheviques defensistas y los socialistas-revolucionarios, que apoyaban al Gobierno Provisional de Kerenski.

El 27 (14) de octubre, el órgano oficial de los socialistas "moderados" decía:

"La revolución consta de dos actos: la destrucción del viejo régimen de vida y la construcción del nuevo. El primer acto se ha prolongado bastante. Es hora de pasar al segundo, y hay que llevarlo a cabo lo más rápido posible, pues un gran revolucionario decía: 'Apresurémonos, amigos míos, a terminar la revolución. Quien prolonga demasiado una revolución no saborea sus frutos…'".

Sin embargo, las masas de obreros, soldados y campesinos estaban firmemente convencidas de que el primer acto distaba mucho de haber terminado. En el frente, los comités del ejército tenían constantes enfrentamientos con los oficiales, que no podían acostumbrarse a tratar a los soldados como seres humanos. En la retaguardia, los comités agrícolas elegidos por los campesinos eran encarcelados por intentar implementar las disposiciones gubernamentales sobre la tierra. En las fábricas, los obreros luchaban contra las listas negras y los cierres patronales. Más aún, a los emigrados políticos que regresaban no se les permitía entrar al país como ciudadanos "indeseables"; incluso se daba el caso de quienes, al volver a sus aldeas, eran detenidos y encarcelados por actos revolucionarios cometidos en 1905.

A todo el multiforme descontento del pueblo, los socialistas "moderados" solo ofrecían una respuesta:

"Esperen la Asamblea Constituyente, que será convocada en diciembre".

Pero eso no satisfacía a las masas. La Asamblea Constituyente, si bien era algo positivo, no resolvía lo concreto: aquello por lo que se había consumado la revolución rusa, aquello por lo que los mártires revolucionarios yacían en las fosas comunes del Campo de Marte, debía cumplirse a toda costa, se convocase o no la Asamblea Constituyente: la paz, la tierra para los campesinos y el control obrero en la industria. La Asamblea Constituyente seguía siendo postergada, y era posible que lo fuera más de una vez, hasta que el pueblo se sosegara y moderara sus demandas. Entretanto, la revolución llevaba ya ocho meses, y los resultados seguían sin llegar.

Por su parte, los soldados comenzaron a resolver el problema de la paz mediante la deserción; los campesinos incendiaban las fincas señoriales y se apropiaban de las grandes haciendas; los obreros se rebelaban y abandonaban el trabajo. Por esta razón, era natural que industriales, terratenientes y oficiales del ejército ejercieran su influencia para impedir cualquier concesión democrática a las masas.

La política del Gobierno Provisional oscilaba entre pequeñas reformas y severas medidas represivas. Por decreto del ministro socialista de Trabajo, se ordenó a los comités obreros reunirse solo fuera de las horas de trabajo. En el frente, los "agitadores" de los partidos políticos opositores eran detenidos, los periódicos radicales suspendidos, y se aplicaba la pena de muerte a los propagadores de la revolución. Además, se intentó desarmar a la Guardia Roja, y se enviaron cosacos a las provincias para mantener el orden.

Estas medidas eran respaldadas por los socialistas "moderados" y sus líderes ministeriales, quienes consideraban necesaria la cooperación con las clases poseedoras. Sin embargo, las masas populares les dieron la espalda y se unieron a los bolcheviques, que luchaban firmemente por la paz, la entrega de la tierra a los campesinos, la implantación del control obrero en la industria y la formación de un gobierno obrero. En septiembre de 1917, estalló una crisis. Kerenski y los socialistas "moderados", en contra de la voluntad de la inmensa mayoría de la población, formaron un Gobierno de coalición con representantes de las clases poseedoras. Como resultado, los mencheviques y los socialistas-revolucionarios perdieron para siempre la confianza del pueblo.

La actitud de las masas populares hacia los socialistas "moderados" quedó expresada en un artículo, publicado a mediados de octubre (fines de septiembre) en el periódico Rabochi Put (Camino Obrero), titulado Los ministros socialistas:

"Tomen sus hojas de servicios:

Tsereteli: desarmó a los obreros, junto con el general Pólovtsev 'apaciguó' a los soldados revolucionarios y aprobó la pena de muerte para los soldados.

Skóbelev: comenzó prometiendo eliminar el 100 % de las ganancias de los capitalistas y terminó intentando disolver los comités de empresa de los obreros.

Avxéntiev: encarceló a cientos de campesinos miembros de los comités agrarios y suspendió decenas de periódicos de obreros y soldados.

Chernov: firmó el manifiesto del zar sobre la disolución de la Dieta finlandesa.

Sávinkov: se alió directamente con el general Kornílov y no entregó Petrogrado a este 'salvador' de la patria solo por circunstancias ajenas a su control.

Zarudni: con el visto bueno de Alexinski y Kerenski, encarceló a miles de obreros, marinos y soldados revolucionarios, y ayudó a montar el calumnioso 'proceso' contra los bolcheviques, un baldón para la justicia rusa, comparable al proceso de Beilis.

Nikitin: jugó el papel de gendarme común contra los ferroviarios.

Kerenski: sobre él guardaremos silencio. Su hoja de servicios es demasiado extensa…".

El Congreso de Delegados de la Flota del Báltico en Helsingfors aprobó una resolución que comenzaba así:

"Exigir de los comités de toda Rusia del Soviet de Diputados Obreros, Soldados y Campesinos, y del Comité Central de la Flota, la separación inmediata del Gobierno Provisional del aventurero político Kerenski, 'socialista' entre comillas y sin comillas, como individuo que cubre de oprobio y arruina con su desvergonzado chantaje político a favor de la burguesía la Gran Revolución y, con ella, a todo el pueblo revolucionario…".

El resultado directo de todo esto era la creciente popularidad de los bolcheviques. Desde que, en marzo de 1917, los torrentes fragorosos de obreros y soldados inundaron el Palacio de Táurida, obligando a la vacilante Duma de Estado a asumir el poder supremo en Rusia, fueron precisamente las masas populares —obreros, soldados y campesinos— quienes determinaron cada giro en el curso de la revolución. Derrocaron al ministerio de Miliukov; el Soviet de estas masas proclamó ante el mundo las condiciones rusas de paz:

"Ninguna anexión, ninguna contribución, derecho a la autodeterminación de los pueblos".

Y nuevamente, en julio, las masas, aún no organizadas, del proletariado, alzadas espontáneamente, volvieron a asaltar el Palacio de Táurida para exigir que el poder en Rusia pasara a los Soviets.

Los bolcheviques, que en aquel momento eran una pequeña secta política, encabezaron el movimiento. Como resultado del desastroso fracaso de la insurrección, la opinión pública les dio la espalda, y las multitudes que los seguían, privadas de sus líderes, retrocedieron a la barriada de Vyborg, el arrabal de St. Antoine de Petrogrado. Entonces se desató una feroz persecución contra los bolcheviques: cientos de ellos, entre los que estaban Trotski, la señora Kollontái y Kámenev, fueron encarcelados; Lenin y Zinóviev tuvieron que ocultarse para evitar ser detenidos; y los periódicos bolcheviques fueron perseguidos y suspendidos. Los provocadores y reaccionarios promovieron un alboroto desmedido, acusando a los bolcheviques de ser agentes alemanes, y muchas personas en todo el mundo dieron crédito a esas acusaciones. Sin embargo, el Gobierno Provisional fue incapaz de corroborar esas imputaciones; los documentos que supuestamente demostraban la existencia de un complot alemán resultaron ser falsos, y los bolcheviques fueron liberados uno tras otro, sin comparecer ante los tribunales, bajo fianzas ficticias o incluso sin fianza alguna. Al final, solo quedaron recluidas seis personas.

La impotencia e indecisión del Gobierno Provisional, cuya composición cambiaba constantemente, eran evidentes para todos. Los bolcheviques volvieron a proclamar la consigna tan querida por las masas:

"¡Todo el poder a los Soviets!".

No lo hacían movidos por intereses partidistas, ya que en ese momento la mayoría de los Soviets estaba en manos de los socialistas "moderados", sus enemigos mortales.

Lo más eficaz fue que tomaron los simples y vagos deseos de los obreros, soldados y campesinos y los estructuraron en un programa inmediato. Mientras los mencheviques defensistas y los socialistas-revolucionarios se enredaban en acuerdos con la burguesía, los bolcheviques ganaron rápidamente el apoyo de las masas. En julio eran acosados y despreciados; en septiembre, los obreros de la capital, los marinos de la Flota del Báltico y los soldados casi habían abrazado por completo su causa. Las elecciones municipales de septiembre en las grandes ciudades fueron significativas: solo el 18 % de los elegidos eran mencheviques y socialistas-revolucionarios, en comparación con el 70 % en junio.

En aquel tiempo, este fenómeno podía intrigar al observador extranjero: el Comité Ejecutivo Central de los Soviets, los comités centrales del Ejército y la Marina, y los comités centrales de varios sindicatos —especialmente los de trabajadores de correos, telégrafos y ferrocarriles— eran abiertamente hostiles a los bolcheviques. Estos comités habían sido elegidos a mediados del verano o antes, cuando los mencheviques y eseristas contaban con un gran número de partidarios. Ahora, estos mismos comités demoraban y bloqueaban las nuevas elecciones. Por ejemplo, según los estatutos de los Soviets de Diputados Obreros y Soldados, el Congreso de toda Rusia debía celebrarse en septiembre, pero el Comité Ejecutivo Central se resistía a convocarlo, argumentando que solo faltaban dos meses para la apertura de la Asamblea Constituyente. Insinuaban que, para entonces, los Soviets deberían abdicar. Entretanto, los bolcheviques conquistaban, uno tras otro, los Soviets locales y las secciones de los sindicatos, fortaleciendo su influencia en las filas de soldados y marinos.

Los Soviets campesinos continuaban siendo conservadores, ya que en el campo, más atrasado, la conciencia política se desarrollaba lentamente. Además, el Partido Socialista-Revolucionario había realizado agitación entre los campesinos durante generaciones. Sin embargo, incluso entre los campesinos comenzó a formarse un núcleo revolucionario. Esto quedó claro en octubre, cuando el ala izquierda de los socialistas-revolucionarios se escindió y formó una nueva tendencia política: el partido de los socialistas-revolucionarios de izquierda.

Al mismo tiempo, comenzaron a notarse síntomas de reanimación de las fuerzas reaccionarias. Por ejemplo, en el Teatro Trotski de Petrogrado, la representación de la comedia El crimen del zar fue interrumpida por un grupo de monárquicos, quienes amenazaron con linchar a los actores por "ultrajar al emperador". Algunos periódicos empezaron a suspirar por un "Napoleón ruso". En los círculos de la intelectualidad burguesa, se hizo habitual llamar al Soviet de Diputados Obreros "soviet de diputados perros".

El 15 de octubre, tuve una conversación con Stepán Gueórguievich Lianózov, un gran capitalista ruso, conocido como el "Rockefeller ruso", kadete por sus convicciones políticas.

"La revolución", dijo, "es una enfermedad. Tarde o temprano, las potencias extranjeras tendrán que intervenir en nuestros asuntos, como lo hacen los médicos para curar a un niño enfermo y ponerlo de pie. Claro, esto sería algo impropio, pero todas las naciones deben comprender hasta qué punto son peligrosos para sus propios países el bolchevismo y las ideas contagiosas como la 'dictadura del proletariado' y la 'revolución social mundial'. Por otro lado, es posible que tal intervención no sea necesaria. El sistema de transporte está colapsando, las fábricas están cerrando, y los alemanes avanzan. Tal vez el hambre y la derrota despierten el sentido común del pueblo ruso".

El señor Lianózov enfatizó que los comerciantes e industriales no podían tolerar de ninguna manera la existencia de los comités de empresa ni resignarse a cualquier participación de los obreros en la dirección de la industria.

"Por lo que respecta a los bolcheviques, habrá que deshacerse de ellos por uno de los dos métodos. El Gobierno puede evacuar Petrogrado, declarar el estado de sitio, y entonces el comandante militar de la circunscripción se encargará de poner en cintura a esos señores, prescindiendo de formalidades legales… O, si la Asamblea Constituyente manifestase tendencias utópicas, podría ser disuelta por la fuerza de las armas".

Se acercaba el invierno, el terrible invierno ruso. En los círculos industriales y comerciales se decía:

"El invierno siempre fue el mejor amigo de Rusia; tal vez ahora nos libre de la revolución".

En las frías trincheras, los desdichados ejércitos sufrían hambre y morían sin entusiasmo. Los ferrocarriles se paralizaban, los víveres escaseaban y las fábricas cerraban. Las masas desesperadas gritaban con fuerza que la burguesía atentaba contra la vida del pueblo y provocaba la derrota en el frente. Riga fue entregada poco después de que el general Kornílov declarara públicamente:

"¿No deberemos sacrificar Riga para restituir al país el sentido de su deber?".

A los norteamericanos les habría parecido increíble que la lucha de clases alcanzara tal intensidad. Pero yo, personalmente, me encontré en el Frente Norte con oficiales que preferían francamente la derrota militar antes que colaborar con los comités de soldados. El secretario de la sección de Petrogrado del partido kadete me dijo que la ruina económica formaba parte de una campaña para desacreditar la revolución. Un diplomático aliado, cuyo nombre prometí no revelar, confirmó esta teoría basándose en sus propios datos.

Conozco varias minas de carbón cerca de Járkov que fueron incendiadas o inundadas por sus propietarios; fábricas textiles en Moscú donde los ingenieros abandonaron su trabajo e inutilizaron las máquinas; y oficiales ferroviarios que fueron capturados por los obreros cuando saboteaban las locomotoras. Una parte considerable de las clases pudientes prefería a los alemanes antes que a la revolución —e incluso antes que al Gobierno Provisional— y no vacilaba en decirlo. En la familia rusa donde vivía, el tema casi constante en las conversaciones alrededor de la mesa era la próxima llegada de los alemanes, portadores de "la legalidad y el orden".

Una vez pasé la tarde en la casa de un comerciante moscovita. Mientras tomábamos el té, preguntamos a las once personas sentadas a la mesa a quién preferían:

"¿A Guillermo o a los bolcheviques?".

Diez contra uno respondieron: "A Guillermo".

Los especuladores se aprovechaban de la ruina general, amasaban fortunas fabulosas y las dilapidaban en extravagantes bacanales o en la corrupción de funcionarios gubernamentales. Escondían víveres y combustibles o los enviaban secretamente a Suecia. Durante los primeros cuatro meses de la revolución, por ejemplo, de los depósitos municipales de Petrogrado se robaban casi abiertamente las reservas de víveres, reduciendo una provisión de grano para dos años hasta el punto de no alcanzar para alimentar a la ciudad durante un mes. Según un comunicado oficial del último ministro de Abastos del Gobierno Provisional, el café se compraba en Vladivostok al por mayor por dos rublos la libra, pero el consumidor lo pagaba en Petrogrado a trece rublos.

En todas las grandes ciudades había toneladas de víveres y ropa en los comercios, pero solo los ricos podían adquirirlos. Conocí a una familia de comerciantes en una ciudad provincial, formada por especuladores o marodiori (merodeadores), como los llaman los rusos. Tres de sus hijos habían evitado el servicio militar pagando fuertes sumas. Uno especulaba con víveres, otro vendía oro robado en las minas del Lena a compradores misteriosos en Finlandia, y el tercero había comprado la mayoría de las acciones de una fábrica de chocolates, vendiendo el chocolate a las cooperativas locales bajo la condición de que estas le proporcionaran todo lo que necesitaba. Mientras las masas del pueblo recibían solo un cuarto de libra de pan negro al día con sus cartillas de racionamiento, esta familia disfrutaba de pan blanco, azúcar, té, caramelos, galletas y mantequilla en abundancia. Sin embargo, cuando los soldados en el frente no podían pelear más debido al frío, hambre y agotamiento, esta familia los llamaba cobardes y afirmaba sentirse avergonzada de ser rusa. Para ellos, los bolcheviques, que acabaron descubriendo y requisando sus grandes reservas de alimentos, eran meros saqueadores.

Bajo toda esta podredumbre externa conspiraban secreta y activamente las siniestras fuerzas del viejo régimen, que no habían cambiado desde la caída de Nicolás II. Los agentes de la famosa Ojranka seguían actuando, a favor y en contra del zar, a favor y en contra de Kerenski; en resumen, a favor de cualquiera que les pagara. También operaban en la sombra organizaciones clandestinas, como las centurias negras, intentando restaurar la reacción bajo distintas formas.

En medio de este ambiente de corrupción general y monstruosas verdades a medias, una única nota clara resonaba día tras día desde el creciente coro bolchevique:

¡Todo el poder a los Soviets! Todo el poder a los verdaderos representantes de millones de obreros, soldados y campesinos. Pan, tierra, fin de la insensata guerra, fin de la diplomacia secreta, de la especulación, de la traición… ¡La revolución está en peligro, y con ella, la causa común del pueblo en todo el mundo!

La lucha entre el proletariado y la burguesía, entre los Soviets y el Gobierno, iniciada ya en los primeros días de marzo, se acercaba a su apogeo. Rusia, que había salvado de un salto la distancia entre la Edad Media y el siglo XX, ofrecía al mundo asombrado dos revoluciones —política y social— en mortal combate. ¡Qué sorprendente vitalidad revelaba la revolución rusa después de tantos meses de hambre y desilusiones! La burguesía debería haber conocido mejor a su país. Ahora, muy pocos días separaban a Rusia del pleno desarrollo de la enfermedad revolucionaria.

Mirando en retrospectiva, Rusia antes de la insurrección de noviembre parecía un país de otro siglo, casi increíblemente conservador. Todo cambió rápidamente para adaptarse al ritmo acelerado de la vida. Las relaciones políticas rusas se desplazaron inmediata y totalmente hacia la izquierda. Los kadetes fueron declarados enemigos del pueblo y puestos al margen de la ley, Kerenski fue considerado un contrarrevolucionario, y líderes socialistas moderados como Tsereteli, Dan, Liber, Gots y Avxéntiev resultaron demasiado reaccionarios incluso para sus propios seguidores. Hasta hombres como Víktor Chernov y Máximo Gorki se encontraron en el ala derecha. Aproximadamente a mediados de diciembre de 1917, un grupo de líderes eseristas visitó en privado al embajador inglés Sir George Buchanan, suplicándole que no mencionara dicha reunión porque se les consideraba demasiado derechistas.

—¡Hay que ver! —dijo Sir George—. Hace un año mi gobierno me instruyó no recibir a Miliukov porque tenía fama de izquierdista peligroso.

Septiembre y octubre son los peores meses del año ruso y particularmente del año de Petrogrado. Del cielo nublado y gris cae incesantemente durante todo el día, más y más corto, una lluvia que cala hasta los huesos. En todas partes se ve un barro espeso, resbaladizo y pegajoso, amasado por las pesadas botas y más pavoroso que nunca debido al total desmoronamiento de la administración urbana. Desde el golfo de Finlandia sopla un viento cortante y húmedo, y las calles están envueltas en una bruma fría. De noche —por motivos de economía o por miedo a los zepelines— solo permanecen encendidos escasos y macilentos faroles callejeros; los domicilios particulares solo tienen electricidad de las seis a las doce, las velas cuestan cuarenta centavos la pieza y es casi imposible conseguir queroseno. Desde las tres de la tarde hasta las diez de la mañana se vive a oscuras. Se dan infinitos casos de atracos y robos. En las casas, los hombres hacen turnos de guardia nocturna armados con escopetas cargadas. Así se vivía bajo el Gobierno Provisional.

Cada semana escaseaban más los víveres. La ración de pan disminuyó de una libra y media a una libra, luego a tres cuartos de libra, media libra y un cuarto de libra. Finalmente, llegó una semana entera en la que no se repartió pan. De azúcar correspondían dos libras al mes, pero conseguirlas era raro. Una pastilla de chocolate o una libra de caramelos insulsos costaba de siete a diez rublos, al menos un dólar. La mitad de los niños de Petrogrado no probaba leche; en muchos hoteles y casas particulares no se veía durante meses. Aunque era temporada de frutas, las manzanas y peras se vendían en las calles por casi un rublo cada una.

Por la leche, el pan, el azúcar y el tabaco, había que permanecer largas horas en las colas bajo la lluvia helada. Al regresar a casa de un mitin que había durado toda la noche, vi cómo, frente a una tienda, comenzaba a formarse una fila, compuesta principalmente por mujeres; muchas llevaban en brazos a niños pequeños. Carlyle dice en La revolución francesa que los franceses se distinguen de los demás pueblos por su capacidad para permanecer en colas. Rusia empezó a adquirir esta habilidad durante el reinado de Nicolás el Bienaventurado, ya en 1915, y desde entonces las filas aparecían intermitentemente hasta que, en el verano de 1917, se convirtieron en algo natural. Imaginen lo que suponía para esas personas, vestidas de cualquier manera, permanecer horas de pie en las calles de Petrogrado, congeladas y azotadas por el terrible invierno ruso. Yo escuchaba las conversaciones en las colas del pan. A través de la sorprendente bondad de la gente rusa, se colaban a veces notas biliosas y amargas de descontento.

Por supuesto, los teatros estaban abiertos todas las noches, incluidos los domingos. Karsávina actuaba en un nuevo ballet en el Mariinski, y toda la Rusia amante del ballet acudía a verla. Cantaba Shaliapin. En el Alexandrinski, Meyerhold había reestrenado el drama de Alexéi Tolstói *La muerte de Iván el Terrible*. De este espectáculo recuerdo particularmente un cadete del cuerpo imperial de pajes, con uniforme de gala, que en cada entreacto permanecía firme, de cara al palco imperial vacío, del cual ya habían arrancado todas las águilas. El teatro Krivoie Zérkalo (Espejo Curvo) presentaba una suntuosa versión de Reigen, de Schnitzler.

El Ermitage y todas las demás galerías de pintura habían sido evacuadas a Moscú; sin embargo, en Petrogrado se inauguraban todas las semanas exposiciones de arte. Multitudes de mujeres de los medios intelectuales asistían asiduamente a conferencias de arte, literatura y ensayos filosóficos. Los teósofos vivían una temporada particularmente animada. El Ejército de Salvación, admitido en Rusia por primera vez en la historia, colocaba en las paredes anuncios de reuniones evangélicas que asombraban y divertían al auditorio ruso al mismo tiempo.

Como sucede siempre en tales casos, la pequeña vida cotidiana de la ciudad seguía su curso, esforzándose lo más posible por no reparar en la revolución. Los poetas escribían versos, pero no sobre la revolución. Los pintores realistas pintaban escenas de la historia antigua rusa, de cualquier cosa menos de la revolución. Las señoritas provincianas llegaban a Petrogrado a estudiar francés y canto. Por los corredores y vestíbulos de los hoteles se paseaban jóvenes oficiales, elegantes y alegres, presumiendo de bashlykí (capucha) escarlata, con pasamanos de oro y sables caucásicos repujados. Al mediodía, las damas de los funcionarios de segundo orden alternaban tomando el té, para lo cual llevaban en el manguito un pequeño azucarero de plata o de oro y medio panecillo; estas damas soñaban en voz alta con lo bueno que sería si volviera el zar, llegaran los alemanes o sucediera cualquier otra cosa que resolviera el problema acuciante de la servidumbre. La hija de un conocido mío regresó un mediodía a su casa presa de un ataque de histeria porque ¡la cobradora del tranvía la había llamado "camarada"!

Mientras tanto, la inmensa Rusia sufría las convulsiones y torturas del parto de un mundo nuevo. La servidumbre, tratada antes como bestias y a la que casi no se pagaba nada, adquirió noción de su propia dignidad.

Un par de zapatos costaba más de cien rublos y, como el sueldo medio no pasaba de treinta y cinco rublos al mes, las criadas se negaban a estar en las colas y gastar su calzado. Pero no era todo. En la nueva Rusia cada persona, tanto hombres como mujeres, había recibido derecho a voto; aparecieron periódicos obreros que hablaban de cosas nuevas y sorprendentes; surgieron los Soviets; se formaron sindicatos. Hasta los izvóschiki (cocheros) tenían su sindicato y su representante en el Soviet de Petrogrado. Los criados y camareros se organizaron y renunciaron a las propinas. En todos los restaurantes colgaban carteles que decían:

"Aquí no se admiten propinas" o:

"Si un trabajador tiene que servir la mesa para ganarse el pan, eso no es motivo para que se le ofenda con la limosna de una propina".

En el frente, los soldados se enfrentaban con sus oficiales y aprendían a autogobernarse a través de sus comités. En las fábricas, los comités de empresa —organizaciones rusas sin parangón— adquirían experiencia, fuerza y la comprensión de su misión histórica en la lucha contra el viejo orden. Toda Rusia aprendía a leer y, de hecho, leía libros de política, economía e historia; leía porque la gente quería saber. En cada ciudad y en la mayoría de las localidades cercanas al frente, cada partido político publicaba un periódico, y a veces varios. Miles de organizaciones imprimían centenares de miles de folletos políticos, inundando con ellos las trincheras y aldeas, las fábricas y las calles de las ciudades. La sed de instrucción, contenida durante tanto tiempo, emergió al mismo tiempo que la revolución, con fuerza espontánea. En los primeros seis meses de la revolución, solo desde el Instituto Smolny se enviaban toneladas de publicaciones a todos los rincones del país. Rusia devoraba el material impreso con la misma insaciabilidad con la que la arena seca absorbe el agua. Y todo aquello no eran fábulas, no era historia falsificada diluida por la religión, ni maculatura barata y corruptora; eran teorías sociales y económicas, filosofía, obras de Tolstói, Gógol y Gorki.

Luego, la palabra. Rusia se vio inundada por tal torrente de discursos que, en comparación, "la avalancha de locuacidad francesa" de la que habla Carlyle no pasaba de ser un arroyuelo. Conferencias, controversias, discursos en teatros, circos, escuelas, clubes, salas de los Soviets, locales sindicales, cuarteles... Mítines en las trincheras del frente, en las plazas de las aldeas, en los patios de las fábricas. ¡Qué asombroso espectáculo ofrecía la fábrica Putílov cuando de sus muros salían en compacto torrente cuarenta mil obreros para oír a socialdemócratas, eseristas, anarquistas, a quien fuera, hablara de lo que hablara y por mucho tiempo que hablara! Durante meses enteros, cada encrucijada de Petrogrado y otras ciudades rusas era una constante tribuna pública. Surgían discusiones y mítines espontáneos en los trenes, en los tranvías, en todas partes.

Y los congresos y conferencias de toda Rusia, a los que acudían personas de los dos continentes: congresos de los Soviets, de las cooperativas, de los zemstvos, de las nacionalidades, del clero, de los campesinos, de los partidos políticos; la Conferencia Democrática, la Conferencia de Estado de Moscú, el Consejo de la República Rusa... En Petrogrado se reunían constantemente tres o cuatro congresos a la vez. Las tentativas de limitar el tiempo de los oradores fracasaban estrepitosamente en todos los mítines, y cada uno tenía la plena posibilidad de expresar todos sus sentimientos e ideas.

Llegamos al frente, al XII Ejército, que se hallaba cerca de Riga, donde los hombres descalzos y extenuados morían de hambre y enfermedades entre la inmundicia de las trincheras. Al vernos, se levantaron para recibirnos. Tenían los rostros demacrados; a través de los agujeros de la ropa se veían sus cuerpos azulados por el frío. Y la primera pregunta que nos hicieron fue: "¿Han traído algo para leer?".

Había muchos síntomas visibles del cambio realizado. Aunque en las manos de la estatua de Catalina la Grande, frente al Teatro Alexandrinski, ondeaba una bandera roja, aunque los edificios públicos también estaban decorados con banderas rojas, a veces desteñidas, y los escudos y águilas imperiales habían sido arrancados o cubiertos, aunque en lugar del feroz gorodovói (policía urbano) custodiaba las calles la bondadosa e inerme milicia civil, se conservaban muchos extraños anacronismos.

Por ejemplo, aún conservaba todo su vigor la Tábel Rángov —tabla jerárquica— que Pedro el Grande impuso con mano férrea a toda Rusia. Casi todos, empezando por los escolares, seguían llevando el uniforme de antes, con las águilas imperiales en los botones y en el cuello. A eso de las cinco de la tarde, las calles se llenaban de hombres mayores con uniforme y portafolios. Al regresar a casa después de trabajar en los enormes ministerios, similares a cuarteles, y en otras instituciones oficiales, probablemente calculaban la rapidez con que la mortalidad entre los jefes les acercaba al ansiado rango de asesor colegiado o consejero privado, y a la perspectiva de un retiro honroso con pensión completa y, tal vez, con la Orden de Santa Ana al cuello.

Le sucedió un caso curioso al senador Sokolov, quien, en plena revolución, se presentó un día de paisano en una reunión del Senado. ¡No le permitieron participar porque no llevaba la librea prescrita como servidor del zar!

Sobre este fondo de efervescencia y desintegración de la nación entera, se desplegó el panorama del levantamiento de las masas populares rusas.

CAPÍTULO II: ADVENIMIENTO DE LA TEMPESTAD

En septiembre, el general Kornílov emprendió la marcha sobre Petrogrado con la intención de proclamarse dictador militar de Rusia. A sus espaldas, se reveló de pronto el puño blindado de la burguesía, que intentaba abatir osadamente la revolución. En la conjura de Kornílov estaban implicados varios ministros socialistas. Se sospechaba incluso del propio Kerenski. Sávinkov, a quien el Comité Central de su partido —el Partido Socialista-Revolucionario— pidió explicaciones, se negó a darlas y fue expulsado del partido. A Kornílov lo detuvieron los comités de soldados. Muchos generales fueron pasados a la reserva, varios ministros perdieron sus cargos y el gabinete cayó.

Kerenski intentó formar un nuevo Gobierno con la participación de representantes de los kadetes, el partido de la burguesía. El Partido Socialista-Revolucionario, al que pertenecía, le ordenó prescindir de los kadetes. Kerenski no obedeció y amenazó con presentar su dimisión si los socialistas insistían en su actitud. Sin embargo, el sentir del pueblo era tan firme y claro que, en aquel momento, no se atrevió a oponérsele. Se formó un directorio provisional de cinco ministros con Kerenski a la cabeza, que asumió el poder hasta que se resolviera definitivamente el problema de la composición del Gobierno.

La sublevación de Kornílov unió a todos los grupos socialistas —tanto "moderados" como revolucionarios— en un apasionado impulso de autodefensa. No debía haber más korniloviadas. Era preciso formar un nuevo Gobierno responsable ante los elementos que apoyaban la revolución. Por eso, el CEC propuso a todas las organizaciones democráticas enviar delegados a la Conferencia Democrática, que debía abrirse en septiembre en Petrogrado.

En el CEC se formaron inmediatamente tres tendencias. Los bolcheviques exigían la convocatoria inmediata del Congreso de los Soviets de toda Rusia y el traspaso de todo el poder a este órgano. Los eseristas centristas, dirigidos por Chernov, junto con los eseristas de izquierda, encabezados por Kamkov y Spiridónova, los mencheviques internacionalistas liderados por Mártov y los mencheviques centristas, representados por Bogdánov y Skóbelev, reclamaban la formación de un Gobierno socialista homogéneo. Los mencheviques derechistas, liderados por Tsereteli, Dan y Líber, y los eseristas derechistas, bajo la dirección de Avxéntiev y Gots, insistían en que participaran en el nuevo Gobierno representantes de las clases pudientes.

Casi inmediatamente después, los bolcheviques conquistaron la mayoría en el Soviet de Petrogrado y, posteriormente, en los Soviets de Moscú, Kíev, Odesa y otras ciudades. Los mencheviques y eseristas, que predominaban en el CEC, se alarmaron y decidieron que, al fin y al cabo, Lenin era para ellos más temible que Kornílov. Modificaron el sistema de representación en la Conferencia Democrática, destinando muchos más puestos a las cooperativas y otras organizaciones conservadoras. Pero incluso esta Conferencia, diseñada cuidadosamente, se pronunció al principio a favor de un Gobierno de coalición sin kadetes. Solo la franca amenaza de Kerenski de presentar su dimisión y los desesperados gritos de los socialistas "moderados", que clamaban que "la República estaba en peligro", obligaron a la Conferencia a aceptar, por una mayoría insignificante, el principio de la coalición con la burguesía y sancionar la creación de algo parecido a un parlamento consultivo, sin ningún poder legislativo, llamado Consejo Provisional de la República Rusa. En el nuevo ministerio, los representantes de las clases pudientes dirigían de hecho todo, y en el Consejo de la República Rusa obtuvieron un número desproporcionadamente grande de escaños.

El CEC, que prácticamente ya no representaba a las masas populares en los Soviets, se negó a convocar el II Congreso de los Soviets de toda Rusia, que debía celebrarse en septiembre. Sin ningún motivo legal, el CEC no tenía intención de convocarlo ni permitir que se reuniera. Su órgano oficial, Izvestia, comenzó a insinuar que la misión de los Soviets casi había terminado y que pronto podrían ser disueltos. Entretanto, el nuevo Gobierno también declaró que su programa incluía la liquidación de las "organizaciones irresponsables", es decir, los Soviets.

Los bolcheviques respondieron llamando a los Soviets a reunirse en Congreso el 2 de noviembre (20 de octubre)[1] en Petrogrado y a tomar en

---

[1] La forma 2 (13) de octubre que aparece corresponde al uso de dos calendarios diferentes: el calendario juliano y el calendario gregoriano. En el libro, John Reed señala las fechas según ambos calendarios porque escribe para una audiencia internacional, en su mayoría acostumbrada al calendario gregoriano. El primer número (2) corresponde a la fecha en el calendario gregoriano (más conocido en Occidente). El segundo número (13) corresponde a la fecha en el calendario juliano, que todavía estaba en uso en Rusia en ese momento. La Revolución de Octubre, según el calendario juliano, ocurrió el 25 de octubre de 1917. Sin embargo, en el calendario gregoriano, la fecha fue el 7 de noviembre de 1917. Por eso, aunque se llama Revolución de Octubre, realmente tuvo lugar en noviembre según el calendario moderno.

sus manos el poder en Rusia. Al mismo tiempo, abandonaron el Consejo de la República Rusa, declarando que no participarían en "un Gobierno de traición al pueblo".

Sin embargo, la salida de los bolcheviques no trajo sosiego al malhadado Consejo de la República. Las clases pudientes, envalentonadas por su posición de poder, se mostraron cada vez más agresivas. Los kadetes declararon que el Gobierno no tenía derecho legal a proclamar la República en Rusia. Exigieron medidas severas en el Ejército y la Marina para disolver los comités de soldados y marinos y atacaron a los Soviets. En el ala opuesta del Consejo, los mencheviques internacionalistas y los eseristas de izquierda propugnaban la conclusión inmediata de la paz, la entrega de la tierra a los campesinos y la implantación del control obrero en la industria, es decir, prácticamente el programa bolchevique.

Tuve ocasión de escuchar un discurso de Mártov contra los kadetes. Encorvado sobre la tribuna, como el hombre gravemente enfermo que era, señaló con el dedo a las derechas y, con voz ronca, apenas audible, dijo:

"Ustedes nos llaman derrotistas. Pero los verdaderos derrotistas son quienes esperan el momento favorable para concluir la paz, quienes demoran interminablemente la paz hasta que del Ejército ruso no quede nada, hasta que la propia Rusia sea objeto de negociación entre los grupos imperialistas. Ustedes imponen al pueblo ruso una política dictada por los intereses de la burguesía. El problema de la paz debe resolverse inmediatamente. Entonces verán que no trabajaron en vano aquellos a quienes ustedes llaman agentes alemanes, los zimmerwaldistas, que preparan el despertar de la conciencia de las masas democráticas en todo el mundo".

Entre estos grupos se debatían los mencheviques y los eseristas, sintiendo por la izquierda la presión del creciente descontento de las masas. Una profunda hostilidad dividía al Consejo de la República en grupos antagónicos.

Esta era la situación cuando llegó la noticia largamente esperada de la Conferencia General de los Aliados en París, que planteó en toda su magnitud los problemas candentes de la política exterior. En teoría, todos los partidos socialistas rusos abogaban por la más pronta conclusión de la paz en condiciones democráticas. Ya en mayo (abril) de 1917, el Soviet de Petrogrado, dirigido entonces por mencheviques y eseristas, había hecho públicas las conocidas condiciones rusas de la paz, exigiendo que los aliados convocaran una conferencia para examinar los objetivos de la guerra. La conferencia fue prometida para agosto, luego postergada para septiembre, después para octubre, y finalmente se fijó para el 10 de noviembre (28 de octubre).

El Gobierno Provisional planeaba enviar a esta conferencia a dos representantes: el general Alexéev, de sentimientos muy reaccionarios, y el ministro de Negocios Extranjeros Teréschenko. Los Soviets, por su parte, eligieron a Skóbelev como su representante y redactaron un manifiesto, el famoso nakaz, que debía servirle de instrucción. El Gobierno Provisional no reconoció a Skóbelev ni su mandato; la diplomacia aliada también protestó. Finalmente, Bonar Law declaró fríamente en la Cámara de los Comunes británica:

"Por lo que yo sé, la Conferencia de París no examinará los objetivos de la guerra, sino los modos de hacerla".

La prensa conservadora rusa no cabía en sí de júbilo, y los bolcheviques gritaban:

"Ahí tenéis a dónde ha conducido a los mencheviques y eseristas la táctica conciliadora".

Por todo el frente de miles de millas de longitud se encrespaba, como la marea del océano, el Ejército ruso de millones de hombres, enviando a la capital cientos de delegaciones que exigían: «¡Paz! ¡Paz!».

Crucé el río y me dirigí al Circo Moderno, a uno de los grandes mítines populares que se celebraban por toda la ciudad, reuniendo cada noche más público. El tétrico anfiteatro, desconchado y alumbrado por cinco bombillas que parpadeaban débilmente colgando de un delgado alambre, estaba abarrotado hasta el techo de soldados, marinos, obreros y mujeres. Todos escuchaban con tal tensión como si de ello dependiera su vida. Hablaba un soldado de cierta División.

"¡Camaradas! —gritaba, y en su demacrado rostro y gestos de desesperación se reflejaba una verdadera angustia—. Los de arriba nos llaman constantemente a hacer nuevos y nuevos sacrificios, pero a los que tienen de todo no los tocan.

Nosotros peleamos con Alemania. ¿Invitaremos a los generales alemanes a trabajar en nuestro Estado Mayor? Y nosotros, que peleamos también con los capitalistas, los invitamos, a pesar de todo, a formar parte de nuestro Gobierno.

El soldado dice: "Mostradme por qué me bato yo. ¿Por Constantinopla o por la Rusia libre? ¿Por la democracia o por las conquistas capitalistas? Si a mí me demuestran que defiendo la revolución, iré a pelear y no tendrán que arrearme con los fusilamientos".

¡Cuando la tierra pertenezca a los campesinos, las fábricas a los obreros y el poder a los Soviets, sabremos que tenemos algo por qué pelear y entonces pelearemos!".

En los cuarteles, en las fábricas, en las esquinas, en todas partes peroraban infinidad de soldados, exigiendo la paz inmediata y declarando que, si el Gobierno no daba pasos enérgicos para conseguirla, el Ejército abandonaría las trincheras y los soldados regresarían a sus casas.

Un representante del VIII Ejército decía:

"Somos débiles y quedamos unos cuantos hombres nada más en cada compañía. Si no nos dan víveres, botas y refuerzos, las trincheras se vaciarán pronto. Paz o avituallamiento… Que el Gobierno ponga fin a la guerra o abastezca al Ejército".

De la 46 Brigada siberiana de artillería:

"Los oficiales no quieren trabajar con nuestros comités, nos entregan al enemigo, fusilan a nuestros agitadores y el Gobierno contrarrevolucionario los apoya. Creíamos que la revolución nos daría la paz.

Pero, en vez de eso, el Gobierno nos prohíbe incluso hablar de estas cosas y no nos da comida suficiente para vivir ni municiones para guerrear".

Entretanto, de Europa llegaban rumores sobre una paz a expensas de Rusia.

El descontento crecía también por las noticias sobre la situación de las tropas rusas en Francia. La Primera Brigada había intentado sustituir a sus oficiales por comités de soldados, como lo hicieron sus compañeros en Rusia, y se negó a partir para Salónica, exigiendo la repatriación. Los cercaron, los mataron de hambre y, finalmente, los cañonearon con artillería, causando numerosas bajas.

El 26 (13) de octubre me dirigí a la sala de mármol blanco y rojo del Palacio Mariinski, donde sesionaba el Consejo de la República. Quería escuchar a Teréschenko, quien debía leer la declaración del Gobierno sobre la política exterior, que el país, extenuado por la guerra y sediento de paz, aguardaba con tanta impaciencia.

Un joven alto, de pronunciados pómulos, impecablemente vestido y rasurado, leía en voz baja un discurso cuidadosamente redactado, pero que no obligaba a nada. Nada… Los mismos tópicos sobre el aplastamiento del militarismo germano en estrecha unión con los heroicos aliados, sobre "los intereses nacionales de Rusia" y sobre las "dificultades" originadas por el mandato a Skóbelev. Teréschenko concluyó con las siguientes palabras, que resumían su discurso:

"Rusia es una gran potencia. Rusia continuará siendo una gran potencia, pase lo que pase. Todos debemos defenderla, tenemos que demostrar que somos defensores de un gran ideal e hijos de una gran potencia".

Nadie quedó satisfecho con este discurso. Los reaccionarios exigían una política imperialista "rígida", mientras que los partidos democráticos querían garantías de que el Gobierno iba a procurar la paz.

El periódico Rabochi i Soldat (Obrero y Soldado), órgano del Soviet bolchevique de Petrogrado, publicó un editorial:

"Respuesta del Gobierno a las trincheras. El señor Teréschenko, Ministro de Negocios Extranjeros, pronunció un extenso discurso en el anteparlamento acerca de la guerra y la paz. ¿Y qué reveló al Ejército y al pueblo el más callado de nuestros ministros?

Primero, estamos estrechamente unidos a nuestros aliados (no a los pueblos, sino a sus gobiernos).

Segundo, la democracia no debe razonar sobre la posibilidad o imposibilidad de sostener la campaña de invierno: son los gobiernos aliados quienes deben decidir.

Tercero, la ofensiva del 18 de junio fue una empresa bienhechora y afortunada (Teréschenko silenció las consecuencias de la ofensiva).

Cuarto, no es cierto que los gobiernos aliados no se preocupan de nosotros.

"Contamos con determinadas declaraciones de nuestros aliados"... ¿Declaraciones? ¿Y los hechos? ¿Y la conducta de la Marina inglesa? ¿Y las conversaciones del Rey de Inglaterra con el contrarrevolucionario desterrado Gurkó? El ministro lo silenció.

Quinto, el mandato a Skóbelev es malo; los aliados y los diplomáticos rusos están descontentos con este mandato, y "en la Conferencia Aliada debemos hablar en un mismo lenguaje".

¿Y eso es todo? Todo. Pero, ¿dónde está la salida? La fe en los aliados y en Teréschenko. ¿Y cuándo advendrá la paz? Cuando lo permitan los aliados.

Tal es la respuesta del Gobierno Provisional a las trincheras en el problema de la paz".

Mientras tanto, en el segundo plano de la política rusa, empezaron a dibujarse los vagos contornos de una fuerza siniestra: los cosacos. El periódico de Gorki, Nóvaya Zhizn, llamó la atención sobre su actividad:

"Durante los días de febrero, los cosacos no dispararon contra el pueblo; durante la sublevación de Kornílov no se sumaron al traidor.

En los últimos tiempos, su papel cambia un poco: de la lealtad pasiva pasan a la activa ofensiva política".

El Gobierno Provisional pasó a la reserva a Kaledin, atamán de las tropas cosacas del Don, por su participación en el complot de Kornílov.

Kaledin se negó en redondo a abandonar su puesto, se hizo fuerte en Novocherkassk, rodeado por tres enormes ejércitos cosacos, fraguó complots y amenazó con sublevarse. Su fuerza era tan grande que el Gobierno tuvo que hacer la vista gorda a su insubordinación. Es más, se vio obligado a reconocer formalmente el Consejo de la Unión de Tropas Cosacas y declarar ilegal la sección cosaca de los Soviets, recién formada.

A comienzos de octubre se presentó a Kerenski una delegación de cosacos que tuvo la desfachatez de exigir el cese de los ataques a Kaledin y de echar en cara al jefe del Gobierno que consentía muchas cosas a los Soviets. Kerenski accedió a dejar tranquilo a Kaledin y, según se comunicaba, dijo: "Los dirigentes del Soviet me tienen por déspota y tirano... Por lo que respecta al Gobierno Provisional, éste no sólo no se apoya en los Soviets, sino siente mucho que existan en general".

Al mismo tiempo otra delegación cosaca se presentó al embajador inglés y en la conversación con él se llamó francamente representante del "pueblo cosaco libre".

En el Don se formó una especie de república cosaca.

El Kubán se proclamó Estado cosaco independiente. En Rostov del Don y en Ekaterinoslav, los cosacos armados disolvieron los

Soviets y en Járkov asaltaron el local del sindicato minero. El movimiento cosaco se revelaba en todas partes como un movimiento antisocialista y militarista. Sus líderes eran los nobles y grandes latifundistas como Kaledin, Kornílov, los generales Dútov, Karaúlov y Bardizhi y lo sostenían los grandes comerciantes y banqueros moscovitas.

La vieja Rusia se desmoronaba rápidamente. En Ucrania y Finlandia, Polonia y Bielorrusia el movimiento nacionalista se fortalecía y adquiría grandes vuelos. Los gobiernos locales, dirigidos por las clases poseedoras, aspiraban a la autonomía y se negaban a acatar las disposiciones de Petrogrado. En Helsingfors el Senado Finlandés rechazó el dinero del Gobierno Provisional, proclamó la autonomía de Finlandia y demandó la retirada de las tropas rusas. La Rada burguesa de Kíev extendió tanto las fronteras de Ucrania, que incluyeron ricas zonas agrícolas del sur de Rusia hasta los Urales y emprendió la formación de un Ejército nacional. El Primer Ministro de la Rada Vinnichenko hablaba de una paz por separado con Alemania y el Gobierno Provisional no podía hacer nada con él. Siberia y el Cáucaso exigían asambleas constituyentes separadas. En todas estas regiones comenzaba ya una encarnizada lucha entre las autoridades locales y los Soviets de Diputados Obreros y Soldados.

El caos aumentaba de día en día. Centenares de miles de soldados desertaban del frente, desplazándose por el país en enormes y desordenadas oleadas. Los campesinos de las gobernaciones de Tambov y Tver, cansados de esperar la tierra, sumidos en la desesperación por las medidas represivas del Gobierno, pegaban fuego a las haciendas y mataban a los terratenientes. Inmensas huelgas y lock-outs estremecían Moscú, Odesa y la cuenca hullera del Donets. El transporte estaba paralizado, el ejército sufría hambre y los grandes centros urbanos se habían quedado sin pan.

El Gobierno, desgarrado por la lucha entre los partidos democráticos y los reaccionarios, no podía hacer nada. Cuando, a pesar de todo, veíase obligado a emprender algo, sus acciones respondían invariablemente a los intereses de las clases poseedoras. Los cosacos eran enviados a restablecer el orden en las aldeas y sofocar las huelgas. En Tashkent las autoridades del Gobierno suprimieron el Soviet. En Petrogrado el Consejo Económico, instituido para restablecer la economía minada del país, se encontró en un atolladero: no podía resolver la contradicción antagónica entre el trabajo y el capital y Kerenski acabó por disolverlo. Los oficiales y generales del viejo régimen, apoyados por los kadetes, exigían medidas drásticas para restablecer la disciplina en el Ejército y en la Marina. En vano el almirante Verderevski, venerable Ministro de Marina, y el general Verjovski, Ministro de la Guerra, insistían en que sólo una nueva disciplina, voluntaria y democrática, basada en la colaboración de los cuadros de mando con los comités de soldados y marinos, podía salvar el Ejército y la Marina. Nadie les hacía caso.

Parecía que los reaccionarios se habían propuesto provocar adrede las iras del pueblo. Se acercaba el día del juicio de Kornílov. La prensa burguesa lo defendía cada vez más francamente, hablando de él como de un "gran patriota ruso". El periódico de Búrtsev Obschee Dielo. (Causa Común) exigía el establecimiento de la dictadura de Kornílov, Kaledin y Kerenski.

Con Búrtsev hablé un día en el escaño de la prensa del Consejo de la República Rusa. Era un hombrecillo pequeño y encorvado de cara rugosa, ojos miopes tras los gruesos cristales de los espejuelos, con una pelambrera alborotada en la cabeza y una barba canosa.

"¡Recuerde lo que le digo, joven! Rusia necesita un hombre fuerte. Ya es hora de dejar de pensar en la revolución para concentrarnos contra los alemanes. Los tontos, los tontos permitieron la derrota de Kórnilov; y detrás de los tontos están los agentes alemanes. Kornílov debería haber vencido…".

La extrema derecha estaba representada por órganos mal encubiertos del monarquismo: Narodni Tribún (Tribuno Popular) de Purishkévich, Nóvaya Rus (Nueva Rusia) y Zhivoe Slovo (Palabra Viva), que incitaban abiertamente a exterminar la democracia revolucionaria.

El 23 (10) de octubre en el Golfo de Riga se libró una batalla naval con la escuadra alemana. So pretexto de que Petrogrado se hallaba en peligro, el Gobierno confeccionó los planes de la evacuación de la capital. Primero debían ser retiradas y distribuidas por toda Rusia las grandes fábricas que trabajaban para la defensa y luego el Gobierno pensaba trasladarse a Moscú. Los bolcheviques anunciaron inmediatamente que el Gobierno abandonaba la capital roja sólo para debilitar la revolución. ¡Riga ya fue vendida a los alemanes, ahora traicionan a Petrogrado!

La prensa burguesa deliraba de júbilo. "En Moscú —decía el periódico kadete Riech— el Gobierno podrá trabajar en un ambiente de tranquilidad, sin estorbos por parte de los anarquistas". Rodzianko, líder del ala derecha del partido kadete, declaró en Viro Rossii (La Mañana de Rusia) que la toma de Petrogrado por los alemanes sería una gran felicidad, porque destruiría los Soviets y libraría a Rusia de la Flota revolucionaria del Báltico:

"Petrogrado está en peligro… —escribía—. Yo pienso: Que quede con Dios. Temen que en Petrogrado sucumban las instituciones centrales (es decir, los Soviets, etc.). A esto yo respondo que me alegraré mucho de que todas estas instituciones sucumban, porque no han hecho a Rusia nada más que daño…

Con la toma de Petrogrado será destruida también la Flota del Báltico… Pero no hay que sentirlo: la mayoría de los buques de guerra está completamente desmoralizada".

La tempestad de indignación popular fue tan grande que hubo que desistir del plan de evacuación.

Entretanto, el Congreso de los Soviets se cernía sobre Rusia como una nube tormentosa cargada de rayos. Se oponían a su convocatoria no solo el Gobierno, sino también todos los socialistas «moderados». Los comités centrales del Ejército y la Marina, los comités centrales de varios sindicatos, los Soviets de Diputados Campesinos y especialmente el CEC trataban con todas sus fuerzas de impedir la convocatoria del Congreso. Izvestia y Golos Soldata (La Voz del Soldado), periódicos fundados por el Soviet de Petrogrado pero controlados por el CEC, se oponían con fiereza al Congreso. Les apoyaba toda la artillería pesada de la prensa eserista: Dielo Naroda (Causa del Pueblo) y Volia Naroda (Voluntad del Pueblo).

Se enviaron delegados a todo el país; por todos los cables telegráficos volaban instrucciones exigiendo a los Soviets locales y a los comités del Ejército que anularan o aplazaran las elecciones al Congreso. Se emitieron pomposas resoluciones contra el Congreso, declaraciones afirmando que la democracia no toleraría su apertura en vísperas de la Asamblea Constituyente, y protestas de representantes de los frentes, de la Unión de los Zemstvos, de la Unión Campesina, de la Unión de Tropas Cosacas, de la Unión de Oficiales, de la Unión de Caballeros de San Jorge y de los "batallones de la muerte". El Consejo de la República expresó también unánimemente su desaprobación. Toda la enorme máquina creada por la Revolución de Marzo en Rusia trabajaba con todas sus fuerzas para impedir la apertura del Congreso de los Soviets.

En el otro lado estaban los deseos amorfos del proletariado: de los obreros, los soldados rasos y los campesinos pobres. Muchos Soviets locales ya se habían hecho bolcheviques; además, existían las organizaciones del proletariado industrial, los fabrichno-zavodskíe komitety (comités de empresa) y las organizaciones revolucionarias del Ejército y la Marina, dispuestas a levantarse. En muchos lugares, el pueblo, al que no dejaban elegir legalmente a sus representantes, se reunía en mítines espontáneos donde elegía delegados para Petrogrado. En otros sitios, el pueblo destituía a los viejos comités obstruccionistas y elegía nuevos comités. El fuego soterrado de la insurrección consumía la corteza que se había solidificado lentamente en la superficie de la lava revolucionaria, inactiva durante todos estos meses. El Congreso de los Soviets de toda Rusia solo podía celebrarse como resultado del movimiento espontáneo de las masas.

Día tras día, los oradores bolcheviques recorrían los cuarteles y las fábricas, denunciando violentamente al «Gobierno de la guerra civil». Un domingo nos dirigimos en un pequeño tren abarrotado, que se arrastraba entre mares de suciedad frente a las fábricas sombrías y las enormes iglesias, hasta la Obújovski Zavod, una fábrica de guerra del Gobierno cerca de la Avenida de Schlüsselburg.

El mitin se celebró en una enorme nave sin terminar, con paredes de ladrillo desnudo. En torno a la tribuna, cubierta de tela roja, se apiñaba una multitud de diez mil mujeres y hombres, todos vestidos de negro. La gente se acomodaba en pilas de leña, en montones de ladrillo y se encaramaba a las altas vigas que se oscurecían en las alturas. Era un auditorio de atención tensa y voces estentóreas. El sol se abría paso de vez en cuando a través de los pesados nubarrones, inundando de luz rojiza los huecos de las ventanas sin cristales y el mar de sencillos rostros vueltos hacia nosotros.

Lunacharski, delgado y con un rostro sensible que recordaba al de un artista, explicó por qué los Soviets debían tomar el poder. Solo ellos podían defender la revolución de sus enemigos, que deliberadamente arruinaban el país, desintegraban el Ejército y preparaban el terreno para un nuevo Kornílov.

Luego habló un soldado del frente rumano, un hombre flaco, de expresión trágica y apasionada:

"Camaradas —gritó—, en el frente sufrimos hambre y frío. Morimos por nada. Que los camaradas norteamericanos transmitan a América que nosotros, los rusos, nos batiremos hasta morir por nuestra revolución. ¡Resistiremos con todas nuestras fuerzas hasta que se alcen en nuestra ayuda todos los pueblos del mundo! ¡Digan a los obreros norteamericanos que se levanten y luchen por la revolución social!".

Después se levantó Petrovski, pausado e implacable:

"¡Basta de palabras, es hora de pasar a los hechos! La situación económica es muy mala, pero tendremos que adaptarnos a ella. Intentan rendirnos por el hambre y el frío, quieren provocarnos. Pero que sepan los enemigos que pueden llegar demasiado lejos; ¡si se atreven a tocar nuestras organizaciones proletarias, los barreremos de la faz de la tierra como basura!".

La prensa bolchevique crecía inesperadamente rápido. Además de los dos periódicos del Partido, Rabochi Put y Soldat, comenzó a publicarse Derevénskaya Bednotá (Pobres del Campo), un nuevo diario para los campesinos con una tirada de medio millón. A partir del 30 (17) de octubre apareció también Rabochi i Soldat. Su editorial resumía el punto de vista bolchevique:

"... La cuarta campaña de invierno sería mortal para el Ejército y el país. Al mismo tiempo, el peligro de la entrega se cierne sobre el Petrogrado revolucionario. Los contrarrevolucionarios acechan las calamidades del pueblo... Los campesinos desesperados han emprendido el camino de la rebelión abierta. Los terratenientes y los funcionarios aplastan a los campesinos mediante expediciones punitivas. Las fábricas y empresas se cierran. Quieren someter a los obreros por el hambre. La burguesía y sus generales exigen medidas despiadadas para restablecer la ciega disciplina en el Ejército. La korniloviada no duerme. Apoyados por toda la burguesía, los kornilovistas se preparan abiertamente para frustrar la convocatoria de la Asamblea Constituyente.

El Gobierno de Kerenski... está contra los obreros, los soldados y los campesinos.

Este Gobierno es la perdición del país...

Nuestro periódico aparece en días azarosos. Rabochi i Soldat será la voz del proletariado de Petrogrado y de la guarnición de la ciudad. Rabochi i Soldat defenderá intransigentemente los intereses de los campesinos pobres…

El pueblo debe ser salvado de la catástrofe. La revolución debe ser llevada hasta el final. El poder debe ser arrebatado de las manos criminales de la burguesía y entregado a los obreros organizados, a los soldados y campesinos revolucionarios".

El programa de nuestro periódico es el programa del Soviet de Diputados Obreros y Soldados de Petrogrado.

¡Todo el poder a los Soviets, en el centro y en las localidades!

¡Armisticio inmediato en todos los frentes! ¡Paz democrática y honrada para los pueblos!

¡La tierra de los latifundistas sin compensación para los campesinos!

¡Control obrero en la industria!

¡Una Asamblea Constituyente honradamente convocada!

Es interesante citar aquí otro pasaje del mismo periódico, el portavoz de los mismos bolcheviques que todo el mundo conoce tan bien como agentes alemanes:

"El káiser alemán, bañado en la sangre de millones, quiere lanzar sus tropas sobre Petrogrado. Llamemos en ayuda contra el káiser a los obreros, soldados, marinos y campesinos alemanes, que ansían la paz no menos que nosotros. ¡Abajo la guerra maldita!".

¿Quién debe hacer esta proposición?

El poder revolucionario, un auténtico Gobierno revolucionario que se apoye en el Ejército, en la Marina, en el proletariado y en los campesinos. Este Gobierno se dirigiría, por encima de las cabezas de los diplomáticos, aliados y enemigos, directamente a las tropas alemanas. Llenaría las trincheras alemanas con millones de proclamas en alemán. Nuestros aviadores difundirían estas proclamas en el territorio alemán.

Mientras tanto, en el Consejo de la República, cada día el abismo entre ambos bandos se hacía más profundo.

"Las clases poseedoras —exclamaba el eserista de izquierda Karelin— quieren utilizar el aparato revolucionario del Estado para uncir a Rusia al carro de guerra de los aliados. Los partidos revolucionarios están terminantemente en contra de esta política".

El anciano Nikolái Chaikovski, representante de los socialistas populares, se manifestó en contra de la entrega de la tierra a los campesinos y se alineó con los kadetes:

"Es necesario implantar inmediatamente una rigurosa disciplina en el Ejército. Desde el comienzo mismo de la guerra, siempre he afirmado que dedicarse a reformas sociales y económicas durante la guerra es un crimen. Nosotros estamos cometiendo ese crimen, aunque yo no soy enemigo de esas reformas, ya que soy socialista".

Gritos desde la izquierda: "¡No le creemos!". Tempestuosos aplausos desde la derecha.

Adzhémov declaró, en nombre de los kadetes, que no había necesidad de explicar al Ejército por qué luchaba, ya que cada soldado debía comprender que el objetivo inmediato era limpiar de enemigos el territorio ruso.

El propio Kerenski pronunció en dos ocasiones apasionados discursos sobre la unidad nacional y, al finalizar uno de ellos, incluso rompió a llorar. La asamblea le escuchó con frialdad y le interrumpió varias veces con comentarios irónicos.

El Instituto Smolny, sede del CEC y del Soviet de Petrogrado, se encontraba a orillas del ancho Neva, en las afueras de la ciudad. Llegué allí en un tranvía repleto, que se arrastraba con un quejumbroso tintineo a la velocidad de un caracol por las calles llenas de inmundicia. Cerca de la última parada se alzaban las hermosas cúpulas azul grisáceo del Convento Smolny, bordeadas de oro viejo, y, a su lado, la enorme fachada cuartelaria del Instituto Smolny, de doscientas yardas de largo y tres pisos de altura, con el escudo imperial tallado en piedra sobre la entrada principal, que parecía burlarse de todo lo que ocurría.

Bajo el antiguo régimen, este era un famoso convento-instituto para las hijas de la nobleza rusa, patrocinado por la zarina en persona. La revolución lo tomó y lo entregó a las organizaciones de obreros y soldados. Contaba con más de cien enormes habitaciones vacías; las placas esmaltadas intactas sobre las puertas aún decían: "Dama de la clase", "IV grado", "Sala de profesores". Pero sobre estas placas ya se veían señales de la nueva vida: letreros pintados rudimentariamente que decían: "Comité Ejecutivo del Soviet de Petrogrado", "CEC", "Buró de Negocios Extranjeros", "Unión de Soldados Socialistas", "Consejo Central de los Sindicatos de toda Rusia", "Comités de Empresa", "Comité Central del Ejército". Aquí también se encontraban los comités centrales de los partidos políticos y las habitaciones donde se reunían.

En los largos corredores abovedados, iluminados por pocas bombillas eléctricas, se aglomeraban y transitaban soldados y obreros, muchos de ellos cargando pesados bultos de periódicos, proclamas y propaganda impresa de todo tipo. Las botas resonaban constante y sordamente sobre los suelos de madera, como un trueno. En todas partes colgaban carteles: "Camaradas, por vuestra propia salud, observad limpieza". En los descansillos de las escaleras había largas mesas con publicaciones de todos los partidos políticos imaginables a la venta.

En el amplio refectorio de la planta baja seguía funcionando el comedor. Por dos rublos compré un ticket para comer y me uní a la cola que conducía a largas mesas donde veinte hombres y mujeres servían sopa de berza de enormes calderas, trozos de carne, montones de gachas y rebanadas de pan negro. Por cinco kopeks, se podía obtener una taza de hojalata llena de té. En una cesta se amontonaban cucharas de madera grasientas. En los bancos largos, junto a las mesas, los proletarios hambrientos comían con voracidad, conversando en voz alta y soltando bromas.

En el piso de arriba había otro comedor reservado para el CEC, pero cualquiera podía entrar. Allí se ofrecía pan bien untado con mantequilla y tantos vasos de té como se deseara.

En el ala sur del primer piso se encontraba la vasta sala de reuniones plenarias, que había sido la sala de baile del instituto. Era alta y blanca, iluminada por candelabros blancos decorados con centenares de bombillas eléctricas y dividida por dos filas de columnas macizas. Al fondo de la sala, un estrado flanqueado por altos candelabros ramificados. Tras el estrado, un marco dorado vacío, de donde habían retirado el retrato del emperador. En días solemnes, en este estrado se reunían, junto a las grandes duquesas, oficiales con brillantes uniformes y clérigos con suntuosas túnicas.

Enfrente de la sala se hallaba la Comisión de Actas del Congreso de los Soviets. Yo estaba en esta habitación y miraba a los delegados que iban llegando: corpulentos soldados barbudos, obreros de blusas negras, campesinos de largas barbas. La joven que trabajaba en la Comisión — miembro del grupo de Plejánov "Yedinstvo" — sonreía despectiva. "Este público no se parece nada al del Primer Congreso —observó—. ¡Qué gente tan tosca y atrasada! Son unos ignorantes". Estas palabras contenían una parte de verdad. La revolución había sacudido a Rusia hasta las capas más profundas y ahora estas capas afloraban a la superficie. La Comisión de Actas, designada por el viejo CEC, recusaba a un delegado tras otro con el pretexto de que habían sido elegidos ilegalmente. Pero Karakhán, miembro del Comité Central bolchevique, solo se sonreía. "No importa —decía—, cuando empiece el Congreso, todos os sentaréis en vuestros sitios".

Rabochi i Soldat decía:

"Llamamos la atención de los delegados al nuevo Congreso de toda Rusia acerca del intento de varios miembros del Comité Organizador de malograr el Congreso propalando rumores de que este no se celebrará, de que vale más que los delegados se marchen de Petrogrado… No hagan caso de esta mentira… Se acercan grandes días…".

Era evidente que para el 2 de noviembre (20 de octubre) no se habría reunido aún el quórum. Por eso aplazaron la apertura del Congreso hasta el 7 de noviembre (25 de octubre), pero todo el país era ya un hervidero, y los mencheviques y eseristas, al ver que habían sido batidos, cambiaron bruscamente de táctica. Se pusieron a enviar telegramas desesperados a sus organizaciones de provincias para que estas mandaran al Congreso el mayor número posible de delegados de los socialistas «moderados». Al mismo tiempo, el Comité Ejecutivo de los Soviets Campesinos lanzó un llamamiento extraordinario sobre la convocatoria de un Congreso Campesino para el 13 de diciembre (30 de noviembre), con el fin de paralizar cualquier acción emprendida por los obreros y soldados.

¿Qué pensaban hacer los bolcheviques? Por la ciudad corrieron rumores de que los soldados y obreros preparaban una intentona. La prensa burguesa y reaccionaria profetizaba una insurrección y exigía del Gobierno que detuviera al Soviet de Petrogrado o, por lo menos, no permitiera la apertura del Congreso. Libelos como Nóvaya Rus instigaban a una matanza general de bolcheviques.

El periódico de Gorki Nóvaya Zhizn estaba de total acuerdo con los bolcheviques en que los reaccionarios se proponían aplastar la revolución y que, en caso necesario, había que resistir por la fuerza de las armas, pero consideraba que todos los partidos de la democracia revolucionaria debían formar un frente unido:

"… Mientras la democracia no haya cohesionado sus fuerzas principales y mientras la resistencia a su influjo sea todavía bastante grande, no le conviene pasar a la ofensiva. Pero si pasan a la ofensiva las fuerzas hostiles, la democracia revolucionaria tendrá que entablar la lucha para tomar el poder en sus manos. Entonces este paso contará con el apoyo de las más vastas capas del pueblo".

Gorki afirmaba que tanto los periódicos reaccionarios como los del Gobierno incitaban a los bolcheviques a la violencia. Pero la insurrección solo desbrozaría el camino a un nuevo Kornílov. Gorki exigía de los bolcheviques que desmintieran los rumores. Potrésov publicó en el menchevique Dien (El Día) un artículo sensacional, acompañado de un mapa que pretendidamente revelaba el plan secreto de operaciones de los bolcheviques.

Como por arte de magia, todas las paredes de Petrogrado se cubrieron de advertencias, proclamas y llamamientos de los comités centrales de los partidos "moderados" y conservadores y del CEC, estigmatizando toda clase de manifestaciones y suplicando a los obreros y soldados que no atendieran a los agitadores. He aquí, por ejemplo, un llamamiento de la sección militar del Partido Socialista-Revolucionario:

"... Nuevamente circulan por la ciudad rumores de que se preparan intentonas.

¿Cuál es la fuente de esos rumores? ¿Qué organización ha autorizado a sus agitadores a hablar de insurrección?... Los bolcheviques, cuando se les preguntó en el CEC, respondieron negativamente...

Pero estos rumores entrañan un gran peligro. Puede ocurrir fácilmente que, sin tener en cuenta el sentir de la mayoría de las masas de obreros, campesinos y soldados, algunas cabezas calenturientas saquen a una parte de los obreros y soldados a la calle, llamándolos a la insurrección.

En la época dura y terrible que atraviesa la Rusia revolucionaria, esta intentona puede convertirse fácilmente en el comienzo de una guerra civil y de la destrucción de todas las organizaciones del proletariado, del campesinado trabajador y del Ejército, creadas con tanto esfuerzo... Ellos (los contrarrevolucionarios —Edit.) no tardarán en aprovechar la insurrección para comenzar los pogromos contrarrevolucionarios y frustrar, mediante una sangrienta lucha intestina, las elecciones a la Asamblea Constituyente. Y entretanto, el contrarrevolucionario europeo Guillermo II prepara nuevos golpes.

¡Nada de intentonas! ¡Todos a sus puestos!...".

El 28 (15) de octubre conversé en uno de los pasillos del Smolny con Kámenev, un hombre de mediana estatura, con una puntiaguda barbita rojiza y una animada gesticulación. No estaba muy seguro de que en el Congreso se reuniera un número suficiente de delegados. «Si se celebra el Congreso —dijo— representará el sentir principal del pueblo. Si la mayoría, como yo supongo, sigue a los bolcheviques, exigiremos que el Gobierno Provisional dimita y entregue todo el poder a los Soviets».

Volodarski, un joven alto, pálido y enfermizo, con gafas, se expresaba con mucha mayor determinación: "Los Liberdanes y demás conciliadores sabotean el Congreso. Pero aunque logren frustrarlo, nosotros somos políticos bastante realistas para no detenernos por tales cosas".

Fechados el 29 (16) de octubre, hay en mi libreta de apuntes los siguientes pasajes de comunicados de la prensa:

"Moguiliov (Cuartel General del Alto Mando). Aquí se concentran regimientos seguros de la Guardia, la "división salvaje", unidades cosacas y "batallones de la muerte".

"El Gobierno ha ordenado a los junkers de las escuelas de oficiales de Pávlovsk, Tsárskoe Seló y Peterhof estar preparados para marchar sobre Petrogrado. Los junkers de Oranienbaum están llegando a la ciudad".

"Parte de la división blindada de Petrogrado se ha estacionado en el Palacio de Invierno".

"Por una orden firmada por Trotski, la fábrica de armas de Sestroretsk (empresa del Gobierno) entregó varios miles de fusiles a los delegados de los obreros de Petrogrado".

"En un mitin de la milicia local del distrito de Nizhneliteini se aprobó una resolución exigiendo la entrega de todo el poder a los Soviets".

Y esto no es más que un botón de muestra de los desordenados acontecimientos de aquellos días febriles. Todos sabían que algo debía suceder, pero nadie sabía nada con certeza.

El 30 (17) de octubre por la noche, en la reunión del Soviet de Petrogrado en el Smolny, Trotski condenó las afirmaciones de los periódicos burgueses de que el Soviet preparaba una insurrección armada como un intento contrarrevolucionario para desacreditar y frustrar el Congreso de los Soviets. "El Soviet de Petrogrado —dijo— no ha ordenado ninguna manifestación. Pero si se hace necesaria, no nos detendremos ante ella y nos apoyará toda la guarnición de Petrogrado. Ellos (el Gobierno) preparan la contrarrevolución y nosotros debemos responder a eso con una ofensiva decisiva e implacable".

Era cierto que el Soviet de Petrogrado no había ordenado ninguna manifestación, pero en el Comité Central del Partido bolchevique ya se examinaba el problema de la insurrección. El Comité permaneció reunido toda la noche del 23 (10) de octubre. Allí estaba representada toda la flor intelectual del Partido, todos los líderes y también los delegados de los obreros y de la guarnición de Petrogrado. Los únicos intelectuales partidarios de la insurrección eran Lenin y Trotski. Incluso los militares estaban en contra. Se sometió a votación. ¡La insurrección fue rechazada!

Entonces, se levantó de su asiento un sencillo obrero, con el rostro contraído por la ira.

"Hablo en nombre del proletariado de Petrogrado —declaró con rudeza—. Nosotros estamos a favor de la insurrección. Hagan lo que quieran, pero yo les declaro que, si permiten la disolución de los Soviets, ¡no marcharemos más con ustedes por un mismo camino!". Se le adhirieron varios soldados. Después se votó nuevamente y la insurrección quedó decidida.

No obstante, el ala derecha de los bolcheviques, dirigida por Riazánov, Kámenev y Zinóviev, continuó la campaña contra la insurrección armada. La mañana del 31 (18) de octubre apareció en Rabochi Put el primer fragmento de la Carta a los camaradas, de Lenin, una de las piezas de propaganda política más audaces que haya conocido el mundo. En ella, Lenin presentaba serios argumentos a favor de la insurrección y analizaba en detalle todas las objeciones de Kámenev y Riazánov:

"... O el paso a los Liberdanes y la franca renuncia a la consigna "Todo el poder a los Soviets", o la insurrección. No hay término medio".

Aquel mismo día, Pável Miliukov, líder de los kadetes, pronunció un tremebundo discurso en el Consejo de la República. Condenó el mandato a Skóbelev como germanófilo, declaró que la "democracia revolucionaria" estaba matando a Rusia, se burló de Teréschenko y proclamó sin rodeos que prefería la diplomacia alemana a la rusa. Los escaños de la izquierda crepitaban de indignación.

El Gobierno, por su parte, no podía ignorar el significado de los éxitos de la propaganda bolchevique. El 29 (16) de octubre, una comisión mixta del Gobierno y del Consejo de la República aprobó precipitadamente dos proyectos de ley: uno entregaba con carácter temporal la tierra a los campesinos, y el otro exigía una enérgica política exterior de paz. Al día siguiente, Kerenski abolió la pena de muerte en el frente.

Esa misma tarde se inauguró con gran pompa la primera sesión de la nueva "Comisión de fortalecimiento del régimen republicano y de lucha contra la anarquía y la contrarrevolución", de la cual, por cierto, no se conserva la menor huella en la historia.

A la mañana siguiente, junto con otros dos corresponsales, entrevisté a Kerenski. Fue la última vez que recibió a los periodistas.

"El pueblo ruso —dijo con amargura— sufre las consecuencias de la ruina económica y de haberse desilusionado de los aliados. Todo el mundo cree que la revolución rusa ha terminado. Cuidado con el error. La revolución rusa solo está comenzando...".

Palabras más proféticas de lo que tal vez él mismo creía.

Fue extraordinariamente borrascosa la reunión del Soviet de Petrogrado del 30 (17) de octubre, a la que yo asistí y que se prolongó toda la noche. Se presentaron todos los intelectuales socialistas "moderados", oficiales, miembros de los comités del Ejército y miembros del CEC. Contra ellos intervinieron, sencilla y apasionadamente, obreros, campesinos y soldados rasos.

Un campesino relató los disturbios en Tver que, según él, habían sido provocados por la detención de los comités agrarios. "Este Kerenski solo defiende a los terratenientes —gritaba—. ¡Ellos saben que la Asamblea Constituyente les quitará la tierra de todos modos, y por eso quieren impedirla!".

Un mecánico de la fábrica Putílov refirió cómo los encargados cerraban un taller tras otro con el pretexto de no haber combustible y materias primas. El comité de empresa, según decía, había descubierto enormes existencias ocultas.

"Es una provocación —declaró—. ¡Quieren matarnos de hambre u obligarnos a recurrir a la violencia!".

Un soldado comenzó así: "¡Camaradas, os traigo un saludo de donde los hombres se cavan las tumbas y las llaman trincheras!".

Luego se levantó un soldado joven, alto y delgado, con los ojos llameantes. Lo recibieron con entusiastas aplausos. Era Chudnovski, a quien habían dado por muerto en la ofensiva de julio, y ahora parecía haber resucitado.

"Las masas de soldados han perdido la fe en sus oficiales. Nos traicionan hasta los comités del Ejército: se niegan a convocar las reuniones de nuestro Soviet… Las masas de soldados exigen que la Asamblea Constituyente sea abierta en el plazo exacto señalado, y quien intente aplazarla será maldecido, y será maldecido no solo platónicamente, porque el Ejército tiene además cañones".

Contó cómo habían transcurrido en el V Ejército las elecciones a la Asamblea Constituyente.

"Los oficiales, sobre todo los mencheviques y eseristas, tratan adrede de poner a los bolcheviques bajo las balas. ¡No se permite la entrada de nuestros periódicos en las trincheras, y nuestros oradores son detenidos!".

"¿Por qué no habláis de la falta de pan?" —gritó un soldado.

"¡No solo de pan vive el hombre!" —respondió severamente Chudnovski.

A él le siguió un oficial, menchevique defensista, delegado del Soviet de Vítebsk.

"El quid no está en quién tiene el poder. Nuestra desgracia no está en el Gobierno, sino en la guerra… pero la guerra hay que ganarla antes de realizar cualquier cambio…". Gritos, aplausos irónicos.

"¡Estos agitadores bolcheviques son unos demagogos!". La sala estalló en carcajadas.

"Olvidemos temporalmente la lucha de clases…". No le dejaron continuar. Alguien gritó: "¡Sí, eso es lo que tanto quieren".

En aquellos días, Petrogrado ofrecía un curioso espectáculo. En las fábricas, los locales de los comités estaban llenos de fusiles. Entraban y salían los enlaces, y se instruía a la Guardia Roja. En todos los cuarteles se celebraban día y noche mítines, interminables y acaloradas discusiones. Por las calles, en las densas sombras de la noche, transitaban compactas multitudes. Subían y bajaban por la Nevski como las olas de la marea. Los periódicos se conseguían a brazo partido.

Los atracos llegaron a tal extremo que era peligroso asomarse por las callejuelas laterales. Un día, vi en la Sadóvaya cómo un gentío de varios centenares de personas dio una mortal paliza a un soldado sorprendido robando.

Misteriosos sujetos rondaban las colas del pan y de la leche y murmuraban a las desdichadas mujeres, que temblaban bajo la fría lluvia, que los judíos escondían los comestibles y que, mientras el pueblo pasaba hambre, los miembros del Soviet nadaban en el lujo.

En el Smolny, junto a la entrada principal y en las puertas laterales, había severos centinelas que pedían salvoconductos a todos los que llegaban. Las habitaciones de los comités zumbaban las veinticuatro horas del día como colmenas; centenares de soldados y obreros dormían en el suelo, ocupando todos los espacios libres. Y arriba, miles de personas se amontonaban en la vasta sala durante las tempestuosas reuniones del Soviet de Petrogrado.

Los casinos de juego funcionaban febrilmente de sol a sol; el champán corría a ríos, y las apuestas llegaban a doscientos mil rublos. Por las noches, en el centro de la ciudad, vagaban por las calles y llenaban los cafés las prostitutas, luciendo brillantes y valiosas pieles.

Complots monárquicos, espías alemanes, planes vertiginosos de especuladores y contrabandistas. Bajo la fría lluvia, que calaba hasta los huesos, y el cielo nublado y gris, la enorme ciudad agitada aceleraba su carrera al encuentro… ¿de qué?

CAPÍTULO III: EN VÍSPERAS

En las relaciones entre un gobierno débil y el pueblo insurrecto, tarde o temprano sobreviene un momento en que cada paso de la autoridad exaspera a las masas y cada negativa a actuar despierta en ellas el desprecio.

El proyecto de abandonar Petrogrado provocó una tempestad. La declaración pública de Kerenski de que el gobierno no abrigaba tal propósito fue recibida con un aluvión de burlas.

"Puesto entre la espada y la pared por la acometida de la revolución —clamaba Rabochi Put—, el gobierno de los favoritos de la burguesía prueba a zafarse, prodigando las falsas afirmaciones de que no pensaba huir de Petrogrado ni quería entregar la capital…".

En Járkov, treinta mil mineros se organizaron y aprobaron el punto del preámbulo de los estatutos de los «Obreros Industriales del Mundo», que decía: «La clase de los obreros y la clase de los patronos no tienen nada en común». Los cosacos aplastaron la organización; muchos mineros fueron despedidos, y los restantes declararon la huelga general. El ministro de Comercio e Industria, Konoválov, envió a su subsecretario Orlov, concediéndole amplios poderes para poner fin a los disturbios. Los mineros odiaban a Orlov, pero el CEC no solo apoyó este nombramiento, sino que también se negó a exigir la retirada de los cosacos de la cuenca del Donets.

A esto siguió el aplastamiento del Soviet de Kaluga. Los bolcheviques, que habían conquistado la mayoría en este Soviet, lograron la excarcelación de varios presos políticos. La Duma Municipal, con la sanción del comisario del gobierno, llamó tropas desde Minsk, que cañoncaron el Soviet con artillería. Los bolcheviques capitularon, pero, en el momento en que salían del edificio del Soviet, los cosacos se arrojaron sobre ellos, gritando: "¡Aquí tenéis lo que les va a pasar a todos los demás Soviets bolcheviques, incluidos los de Moscú y Petrogrado!". Este incidente conmovió a toda Rusia.

En Petrogrado, concluía el Congreso Regional de los Soviets del Norte, en el que los bolcheviques estaban representados por Krylenko. Por abrumadora mayoría de votos, el Congreso adoptó una resolución sobre la entrega de todo el poder al Congreso de los Soviets de toda Rusia. Antes de su clausura, el Congreso envió una salutación a los bolcheviques presos, anunciando que la hora de su liberación estaba próxima.

Al mismo tiempo, la Primera Conferencia de Comités de Empresa de toda Rusia se pronunció categóricamente a favor de los Soviets, aprobando la siguiente resolución:

"... Después de haber derribado a la autocracia en el terreno político, la clase obrera aspira a alcanzar el triunfo del régimen democrático también en el terreno de su actividad productiva. Expresión de este afán es la idea del control obrero, surgida de modo natural en el ambiente de ruina económica, originada por la criminal política de las clases dominantes...".

El Sindicato de Ferroviarios exigió la dimisión del ministro de Vías de Comunicación, Liverovski. Skóbelev, en nombre del CEC, insistía en que el mandato fuera sometido al examen de la Conferencia General de los Aliados y protestaba formalmente contra el envío de Teréschenko a París. Teréschenko presentó su dimisión.

El general Verjovski, impotente para llevar a cabo la reorganización del ejército que había ideado, apenas se presentaba en las reuniones del Consejo de Ministros.

El 3 de noviembre (21 de octubre), Obschee Dielo, de Búrtsev, apareció con el siguiente llamamiento, impreso en grandes caracteres:

"¡Ciudadanos! ¡Salvad a Rusia!

Acabo de enterarme de que ayer, en la reunión de la Comisión de Defensa del Consejo de la República, el ministro de la Guerra Verjovski, uno de los principales culpables del hundimiento del general Kornílov, propuso concluir la paz por separado con los alemanes, independientemente de los aliados.

¡Es una traición a Rusia!

Teréschenko declaró que la propuesta del general Verjovski ni siquiera se había examinado en el Gobierno Provisional.

—Esto es una casa de locos —dijo Teréschenko.

Las palabras del general Verjovski horrorizaron a los miembros de la Comisión... El general Alexéev lloró.

¡No! ¡No es una casa de locos! ¡Es peor! ¡Es una franca traición a Rusia!

Por las palabras de Verjovski deben respondernos inmediatamente Kerenski, Teréschenko y Nekrásov.

¡Ciudadanos, todos en pie!

¡Están traicionando a Rusia!

¡Salvadla!".

En realidad, Verjovski había dicho que era necesario presionar a los aliados para proponer la paz porque el ejército ruso no podía seguir luchando.

En Rusia y en el extranjero, esto causó una tremenda sensación. Verjovski recibió "permiso por enfermedad por tiempo indefinido" y salió del gobierno. Obschee Dielo fue suspendido.

Se había designado el domingo 4 de noviembre (22 de octubre) como el "Día del Soviet de Petrogrado", con grandiosos mítines en toda la ciudad. Estos mítines se convocaron con el pretexto de recaudar fondos para las organizaciones y la prensa de los Soviets; en realidad, eran una demostración de fuerza. De pronto, se supo que los cosacos habían fijado para el mismo día una procesión en honor al icono milagroso que salvó a Moscú de Napoleón en 1812.

El ambiente estaba electrizado; la menor chispa podía encender la guerra civil. El Soviet de Petrogrado publicó el siguiente llamamiento, titulado: ¡Hermanos cosacos!:

"… Cosacos, os quieren enfrentar con nosotros, los obreros y soldados. Esta labor cainita la hacen nuestros enemigos comunes: la nobleza opresora, los banqueros, los terratenientes, los viejos funcionarios, los ex servidores del zar. Nos odian todos los usureros, ricachones, príncipes, nobles y generales, y entre ellos los vuestros, los generales cosacos. Están dispuestos a aniquilar en todo momento el Soviet de Petrogrado, a estrangular la revolución…

El 22 de octubre, alguien prepara una procesión cosaca. Es asunto de la libre conciencia de cada cosaco participar o no en la procesión. Nosotros no nos entrometemos en eso ni ponemos obstáculos a nadie…".

La procesión fue suspendida a toda prisa.

En los cuarteles y en los barrios obreros, los bolcheviques predicaban su consigna: ¡Todo el poder a los Soviets!, mientras los agentes de las fuerzas tenebrosas incitaban al pueblo a degollar a los judíos, a los tenderos y a los líderes socialistas.

Por un lado, la prensa monárquica instigando a la sangrienta represión, y, por otro, la voz estentórea de Lenin: "¡Insurrección!… ¡No se puede esperar más!".

Hasta la prensa burguesa se soliviantó. Birzhevie Védomosti (Boletín Bursátil) calificaba la propaganda bolchevique de atentado «a los pilares básicos de la sociedad, a la intangibilidad del individuo y al respeto por la propiedad privada».

Pero los que destilaban más odio eran los periódicos socialistas "moderados". "Los bolcheviques son los enemigos más peligrosos de la revolución" —declaraba Dielo Naroda—. El menchevique Dien decía: "El Gobierno tiene el deber de defenderse y de defendernos". Yedinstvo, el periódico de Plejánov, llamaba la atención del

Gobierno sobre la circunstancia de que los obreros de Petrogrado ya se habían armado y exigía medidas resueltas contra los bolcheviques.

Pero el Gobierno era cada día más impotente. Hasta la administración municipal se había desmoronado. En las columnas de la prensa abundaban las noticias de los más audaces robos y asesinatos y los criminales quedaban impunes…

Mas, por otro lado, las patrullas obreras armadas custodiaban ya las calles por las noches, espantaban a los merodeadores y requisaban las armas que caían en sus manos.

El 1 de noviembre (19 de octubre), el coronel Polkóvnikov, comandante en jefe de la circunscripción militar de Petrogrado, dictó la siguiente orden:

"Pese a los graves días que atraviesa el país, en Petrogrado continúan haciéndose llamamientos irresponsables a las acciones armadas y los pogromos y van en aumento los robos y desmanes.

Esta situación desorganiza la vida de los ciudadanos y estorba el trabajo sistemático de los organismos del Gobierno y de la sociedad.

Consciente de la responsabilidad y del deber ante la patria, ordeno:

1. cada unidad militar, de acuerdo con disposiciones especiales, prestará en la zona de su emplazamiento todo género de cooperación a la Municipalidad, a los comisarios y a la milicia en la defensa de las instituciones estatales y sociales;

2. conjuntamente con los comandantes de los distritos y con el representante de la milicia urbana, organizar patrullas y tomar medidas para detener a los elementos delincuentes y a los desertores;

3. detener y enviar a disposición del 2° comandante de la ciudad a todas las personas que se presenten en los cuarteles, incitando a la lucha armada y a los pogromos;

4. no permitir manifestaciones, mítines y procesiones callejeras;

5. reprimir inmediatamente las acciones armadas y los pogromos con las fuerzas armadas que se tienen a disposición;

6. prestar concurso a los comisarios para impedir las detenciones y los registros arbitrarios;

7. dar parte inmediatamente al Estado Mayor de la circunscripción de todo lo que suceda en el sector de emplazamiento de las unidades.

Exhorto a los comités de las unidades y a todas las organizaciones del Ejército a prestar su concurso a los jefes en el desempeño de las tareas que se les han encomendado".

Kerenski declaró en el Consejo de la República que el Gobierno Provisional estaba perfectamente informado de la propaganda bolchevique y era bastante fuerte para reprimir cualquier manifestación.

Acusó a Nóvaya Rus y Rabochi Put de los mismos actos delictivos. "Pero la libertad de prensa absoluta —prosiguió— no permite al Gobierno adoptar medidas contra la mentira impresa…". Después de declarar que el bolchevismo y el monarquismo eran solamente distintas manifestaciones de una misma propaganda en interés de la contrarrevolución, tan apetecida por las fuerzas tenebrosas, continuó:

"Soy un hombre condenado, no me importa mi suerte y tengo el valor de declarar que todo el enigma de los acontecimientos se explica por una inconcebible provocación de los bolcheviques en la ciudad".

El 2 de noviembre (20 de octubre) habían llegado al Congreso quince delegados nada más. Al día siguiente eran ya cien y veinticuatro horas después ciento setenta y cinco, de ellos ciento tres bolcheviques… Para el quórum se necesitaban cuatrocientos y faltaban sólo tres días para el Congreso…

Yo pasaba casi todo el tiempo en el Smolny. Ya no era fácil entrar. El portón de afuera lo guardaba un doble cordón de centinelas y ante la entrada principal se prolongaba la larga cola de los que esperaban el pase. En el Smolny dejaban entrar cuatro personas a la vez, comprobando previamente la identidad de cada una y después de conocer el asunto que les llevaba. Se extendían pases, pero su sistema cambiaba varias veces al día porque los espías se colaban constantemente en el edificio…

Cierto día, al llegar al Smolny vi delante, junto al portón exterior, a Trotski y su esposa. Los había parado el centinela. Trotski se registraba todos los bolsillos, pero no podía encontrar el pase.

"No importa —acabó por decir—, usted me conoce. Soy Trotski".

"¿Dónde está el pase? —respondió terco el soldado. No puede pasar, yo no conozco a nadie".

"Pero si soy el Presidente del Soviet de Petrogrado".

"Bien —contestó el soldado—, si es usted una persona tan importante debe llevar encima cualquier papel".

Trotski tenía mucha paciencia. "Déjeme que vea al comandante" —dijo—. El soldado titubeaba y gruñía que no había que molestar al comandante por cualquiera que llegase, pero finalmente llamó al cabo de guardia con un movimiento de cabeza. Trotski le expuso su asunto. "Me llamo Trotski" —repetía.

"Trotski… —el cabo de guardia se rascó la nuca—. He oído ese nombre en algún sitio… —pronunció lentamente—. Bueno, pase, camarada".

En un pasillo me encontré con Karakhán, miembro del CC bolchevique. Me contó cómo sería el nuevo Gobierno:

"Una organización ágil, sensible a la voluntad del pueblo, expresada por los Soviets y que conceda la mayor libertad a la iniciativa local. Ahora el Gobierno Provisional coarta la democracia local lo mismo que bajo el zar... En la nueva sociedad la iniciativa partirá de abajo. Las formas de gobierno serán establecidas de acuerdo con los Estatutos del Partido Obrero Socialdemócrata de Rusia. El parlamento será el nuevo CEC, responsable ante el Congreso de los Soviets de toda Rusia, que debe reunirse con mucha frecuencia; los ministerios serán dirigidos no por ministros individuales, sino por colegios que responderán directamente ante los Soviets".

El 30 (17) de octubre, poniéndome previamente de acuerdo con Trotski, me presenté a él en una habitación pequeña y vacía del ático del Smolny. Estaba sentado en medio de la habitación sobre una simple silla, ante la mesa vacía. Tuve que hacerle muy pocas preguntas. Habló con rapidez y seguridad más de una hora. Cito lo más sustancial que dijo, conservando con exactitud sus expresiones;

"El Gobierno Provisional es completamente impotente. La burguesía lo controla, pero su control ha sido enmascarado mediante una coalición ficticia con los partidos defensistas. En el transcurso de toda la revolución vemos rebelarse a los campesinos, atormentados por la espera de la tierra prometida. Así, pues, el descontento ha prendido claramente en las clases trabajadoras de todo el país. La dominación de la burguesía sólo puede ejercerse mediante la guerra civil. La burguesía sólo puede gobernar con métodos kornilovistas, pero le faltan fuerzas... El Ejército está con nosotros. Los conciliadores y pacifistas, eseristas y mencheviques han perdido todo su prestigio porque la lucha entre los campesinos y los terratenientes, entre los obreros y los patronos, entre los soldados y los oficiales ha alcanzado un nivel extraordinario de encarnizamiento e intransigencia. La revolución puede ser llevada a término y el pueblo puede ser salvado solamente con los esfuerzos mancomunados de las masas populares, solamente con la victoria de la dictadura proletaria...

Los Soviets son la representación popular más perfecta, perfecta por su experiencia revolucionaria y por sus ideas y objetivos. Apoyados directamente por los soldados de las trincheras, los obreros de las fábricas y los campesinos de la aldea son la espina dorsal de la revolución.

Hemos visto ya intentos de constituir un poder sin Soviets. Estos intentos sólo crearon la anarquía. En el momento actual, en los pasillos del Consejo de la República Rusa se fraguan toda clase de planes contrarrevolucionarios. El partido kadete es el representante de la contrarrevolución beligerante. En cambio, los Soviets son los representantes de la causa del pueblo. Entre estos dos campos no hay ni un solo grupo de seria importancia… Es la "lutte finale", el último y decisivo combate. La contrarrevolución burguesa organiza todas sus fuerzas y sólo espera el momento conveniente para el ataque. Nuestra respuesta será terminante. Daremos cima a la obra apenas iniciada en febrero e impulsada adelante en el período de la korniloviada…".

Pasó a la política extranjera del futuro Gobierno:

"Nuestro primer acto será un llamamiento a firmar el armisticio inmediato en todos los frentes y a celebrar una conferencia de todos los pueblos para examinar las condiciones democráticas de la paz. El grado de democratismo del tratado de paz dependerá del grado de apoyo revolucionario que encontremos en Europa; si formamos aquí el Gobierno de los Soviets será un poderoso factor a favor de una paz inmediata en toda Europa, pues el Gobierno hará la proposición del armisticio directa e inmediatamente a todos los pueblos por encima de las cabezas de los gobiernos. En el momento de la conclusión de la paz, la revolución rusa insistirá con todas sus fuerzas en el principio de "sin anexiones ni contribuciones, sobre la base de la libre autodeterminación de los pueblos" y en la creación de una República Federativa Europea…

Al final de esta guerra, yo veo una Europa renovada no por los diplomáticos, sino por el proletariado. Una República Federativa Europea, los Estados Unidos de Europa, eso es lo que debe haber. La autonomía nacional es ya insuficiente. El progreso económico exige la supresión de las fronteras nacionales. Si Europa queda fraccionada en grupos nacionales, el imperialismo continuará su obra. Sólo una República Federativa Europea puede dar la paz al mundo entero —sonrió con su fina sonrisa, un poco irónica—. Pero sin la intervención de las masas europeas estos objetivos no pueden alcanzarse por ahora…".

Todos aguardaban que un buen día apareciesen de súbito los bolcheviques en las calles y empezasen a fusilar a los que usaban cuellos almidonados. Pero en realidad el alzamiento se produjo con la mayor sencillez y a la luz del día.

El Gobierno Provisional se disponía a enviar la guarnición de Petrogrado al frente.

La guarnición de Petrogrado contaba con cerca de sesenta mil hombres y desempeñó un papel relevante en la revolución. Fue precisamente ella la fuerza decisiva en los grandes días de febrero, la que formó los Soviets de Diputados Soldados y la que rechazó a Kornílov de los accesos a Petrogrado.

Ahora había en ella muchísimos bolcheviques. Cuando el Gobierno Provisional habló de evacuar la ciudad, la guarnición de Petrogrado le respondió: "Una de dos... el Gobierno incapaz de defender la capital debe concluir una paz inmediata o, si es incapaz de concluir la paz, debe largarse y ceder el sitio a un Gobierno auténticamente popular...".

Estaba claro que cualquier intento de insurrección de pendía por entero del comportamiento de la guarnición de Petrogrado. El plan del Gobierno consistía en sustituir los regimientos de la guarnición por unidades "seguras": los cosacos y los "batallones de la muerte". Los comités de varios ejércitos, los socialistas "moderados" y el CEC apoyaban al Gobierno. En el frente y en Petrogrado se realizaba una amplia labor de agitación: decían que la guarnición de Petrogrado llevaba ya ocho meses una vida fácil en los cuarteles de la capital, mientras en el frente el Ejército sufría hambre y moría.

Por supuesto, había cierta parte de verdad en las palabras de los que acusaban a la guarnición de Petrogrado de no querer trocar el relativo confort por los horrores de la campaña de invierno. Pero existían también otras razones para negarse a marchar al frente. El Soviet de Petrogrado temía los designios del Gobierno y, por otro lado, del frente se presentaban centenares de delegados de los soldados rasos, que declaraban al unísono: "Es verdad, necesitamos refuerzos, pero necesitamos más todavía saber que aquí, en Petrogrado, la revolución se encuentra bajo segura defensa. Mantened la retaguardia, camaradas, y nosotros mantendremos el frente...".

El 25 (12) de octubre, el Comité Ejecutivo del Soviet de Petrogrado examinó a puerta cerrada el problema de organizar un comité militar especial. Al día siguiente, la Sección de Soldados del Soviet de Petrogrado eligió un comité, que declaró inmediatamente el boicot a todos los periódicos burgueses y aprobó un voto de censura al CEC por su lucha contra el Congreso de los Soviets. El 26 (16) de octubre, en una reunión pública del Soviet de Petrogrado, Trotski propuso que el Soviet sancionara formalmente el Comité Militar Revolucionario. «Debemos —dijo— crear una organización especial para marchar tras ella al combate y morir si es preciso...». Se decidió enviar al frente dos delegaciones —una del Soviet y otra de la guarnición— para las conversaciones con los comités de soldados y con el Cuartel General.

En Pskov, la delegación del Soviet fue recibida por el general Cheremísov, comandante en jefe del Frente del Norte, quien declaró brevemente que había ordenado ya a la guarnición de Petrogrado ocupar su puesto en las trincheras y no había más que hablar. A la delegación de la guarnición no se le permitió salir de Petrogrado...

La delegación de la Sección de Soldados del Soviet de Petrogrado pidió que se autorizase la entrada de un representante suyo en el Estado Mayor de la circunscripción de Petrogrado. Se lo negaron. El Soviet de Petrogrado exigió que sin la aprobación de la Sección de Soldados no se dictase ni una orden. Se lo negaron. Declararon sin contemplaciones a los delegados: "Nosotros sólo reconocemos el CEC. A ustedes no les reconocemos y si vulneran alguna ley, serán detenidos".

El 30 (17) de octubre la asamblea de representantes de todos los regimientos de Petrogrado aprobó la siguiente resolución: "La guarnición de Petrogrado deja de reconocer al Gobierno Provisional. Nuestro Gobierno es el Soviet de Petrogrado. Acataremos solamente las órdenes del Soviet de Petrogrado, dadas por su Comité Militar Revolucionario". Se ordenó a las autoridades militares locales que esperasen instrucciones de la Sección de Soldados del Soviet de Petrogrado.

Al día siguiente, el CEC convocó su propia reunión, a la que asistieron en su inmensa mayoría oficiales, formó un comité especial para la labor conjunta con el Estado Mayor y envió sus comisarios a todos los distritos de Petrogrado.

El 3 de noviembre (21 de octubre) un gran mitin de soldados en el Smolny acordó:

"La guarnición de Petrogrado y sus alrededores aplaude la formación del Comité Militar Revolucionario anejo al Soviet de Diputados Obreros y Soldados de Petrogrado y promete al Comité Militar Revolucionario pleno apoyo en sus pasos encaminados a unir más estrechamente el frente con la retaguardia en interés de la revolución.

Al propio tiempo, la guarnición de Petrogrado declara: toda la guarnición, junto con el proletariado organizado, vela por el orden revolucionario en Petrogrado. Cualquier intento provocador por parte de los kornilovistas y la burguesía de sembrar la cizaña y la confusión en las filas revolucionarias encontrará una réplica implacable".

Consciente de su fuerza, el Comité Militar Revolucionario exigió terminantemente que el Estado Mayor de la circunscripción de Petrogrado acatase sus disposiciones. Envió a todas las imprentas la orden de no imprimir sin su aprobación ningún llamamiento o proclama. En el arsenal de Kronverkski se presentaron unos comisarios armados y se apoderaron de una gran cantidad de armamento y pertrechos, deteniendo el envío de decenas de miles de bayonetas a Novocherkassk, Cuartel General de Kaledin…

Al verse de pronto en peligro, el Gobierno prometió al Comité la impunidad en caso de que se disolviera voluntariamente. Demasiado tarde. A la medianoche del 5 de noviembre (23 de octubre), el propio Kerenski envió a Malevski al Soviet de Petrogrado con la propuesta de designar un representante para el Estado Mayor. El Comité Militar Revolucionario aceptó, pero al cabo de una hora el general Manikovski, en funciones de Ministro de la Guerra, retiró la proposición...

El martes, 6 de noviembre (24 de octubre), por la mañana, toda la ciudad estaba alarmada por un llamamiento aparecido en las calles con la firma de "El Comité Militar Revolucionario anejo al Soviet de Diputados Obreros y Soldados de Petrogrado":

"A la población de Petrogrado.

Ciudadanos: La contrarrevolución ha levantado su criminal cabeza. Los kornilovistas movilizan fuerzas para aplastar el Congreso de los Soviets de toda Rusia y frustrar la convocatoria de la Asamblea Constituyente. Simultáneamente, los pogromistas pueden tratar de provocar en las calles de Petrogrado la confusión y la degollina.

El Soviet de Diputados Obreros y Soldados de Petrogrado asume la protección del orden revolucionario frente a los atentados contrarrevolucionarios y pogromistas.

La guarnición de Petrogrado no tolerará ningún acto de violencia ni desmán. Se invita a la población a detener a los malhechores y a los agitadores de las centurias negras y a entregarlos a los comisarios del Soviet en la unidad militar más próxima. Al primer intento de los elementos tenebrosos de provocar en las calles de Petrogrado la confusión, los robos, apuñalamientos o tiroteos, los culpables serán barridos de la faz de la tierra.

Ciudadanos: Les invitamos a conservar la tranquilidad y serenidad. La causa del orden y de la revolución está en firmes manos...

El 3 de noviembre (21 de octubre), los líderes bolcheviques celebraron su histórica reunión. La reunión transcurrió a puerta cerrada. Yo había sido advertido por Zálkind y aguardaba los resultados de la reunión al otro lado de la puerta, en el pasillo Volodarski, que salió de la habitación, me contó lo que allí sucedía.

Lenin decía: "El 24 de octubre será demasiado pronto para actuar: para la insurrección se necesita una base en toda Rusia, y el 24 no habrán llegado aún todos los delegados al Congreso. Por otro lado, el 26 de octubre será demasiado tarde para actuar: para entonces se habrá organizado el Congreso y a una gran asamblea organizada le es difícil adoptar medidas rápidas y resueltas. Debemos actuar el 25 de octubre, el día de la apertura del Congreso, para decirle: '¡Ahí está el poder! ¿Qué vais a hacer con él?'".

En una de las habitaciones del ático estaba sentado un tal Ovséienko, de sobrenombre Antónov, fino de cara, con largos cabellos, matemático y ajedrecista, en otros tiempos oficial del Ejército zarista y más tarde revolucionario y deportado. Estaba enfrascado en los planes de toma de la capital.

El gobierno, por su lado, también se preparaba para el combate. En Petrogrado se iban concentrando disimuladamente los regimientos más seguros, elegidos en las divisiones diseminadas por todo el frente. La artillería de los junkers se situó en el Palacio de Invierno. Por primera vez desde los días de la insurrección de julio, aparecieron en las calles patrullas cosacas. Polkóvnikov dictaba una orden tras otra, amenazando sofocar la menor insubordinación con las represalias más enérgicas. El ministro de Instrucción Pública Kishkin —el miembro del gobierno más odiado— fue nombrado comisario extraordinario para el mantenimiento del orden en Petrogrado. Designó como ayudantes suyos a Rútenberg y Palchinski, tan impopulares como él. Petrogrado, Cronstadt y Finlandia fueron declarados en estado de guerra. El burgués Nóvoe Vremia declaró irónicamente con este motivo:

"¿Por qué el estado de guerra? El gobierno ha dejado ya de ser poder, no posee ni la autoridad moral ni el aparato necesario que le permitiría usar la fuerza… En el mejor caso solo puede negociar con los que estén de acuerdo en conversar con él. No tiene otro poder…".

El lunes 5 de noviembre (23 de octubre), por la mañana, me asomé al Palacio Mariinski para enterarme de lo que se hacía en el Consejo de la República Rusa. Había acalorados debates sobre la política exterior de Teréschenko y ecos del incidente Búrtsev-Verjovski. Asistían todos los diplomáticos, menos el embajador italiano, de quien decían que estaba completamente anonadado por el desastre de Carso.

En el momento en que yo entraba, el eserista de izquierda Karelin leía en voz alta un editorial del Times londinense, en el que se decía: "El bolchevismo hay que curarlo a balazos".

Volviéndose a los kadetes, Karelin gritó: "¡Esos son también vuestros pensamientos!".

Voces de la derecha: "¡Sí! ¡Sí!".

"Sí, yo sé que ustedes piensan así —respondió acaloradamente Karelin—. ¡Pero atrévanse a intentarlo!".

A continuación, Skóbelev, parecido a un tenorio mundano, de cuidada barba rubia y cabello pajizo ondulado, como si pidiera perdón, defendió el mandato del Soviet. Después de él intervino Teréschenko, recibido por la izquierda con gritos de: "¡Dimisión! ¡Dimisión!". Insistió en que en la Conferencia de París los delegados del gobierno y del CEC debían defender un punto de vista común y, concretamente, el suyo. Habló de restablecer la disciplina en el ejército y de la guerra hasta la victoria. En medio del alboroto y las tempestuosas protestas de la izquierda, el Consejo de la República Rusa pasó al orden del día.

Los escaños bolcheviques estaban vacíos desde el mismo día de la apertura del Consejo, en que los bolcheviques lo abandonaron llevándose toda la vitalidad. Al bajar, iba pensando que, pese a todas estas encarnizadas discusiones, en esa sala alta y fría no podía penetrar ni una sola voz viva del mundo real exterior y que el Gobierno Provisional ya se había estrellado contra el mismo acantilado de la guerra y la paz que fue, en su día, la perdición del ministerio de Miliukov.

Al entregarme el abrigo, el ujier rezongó: "¡Oh, qué va a ser de la desdichada Rusia!… Mencheviques, bolcheviques, trudoviques… Ucrania, Finlandia, los imperialistas alemanes, los imperialistas ingleses… Cuarenta y cinco años vivo en el mundo y nunca había oído tantas palabras".

En el pasillo me encontré con el profesor Shatski, un señor muy influyente en los medios kadetes, con cara de rata y elegante levitón. Le pregunté qué pensaba del levantamiento bolchevique del que tanto se hablaba. Se encogió de hombros y sonrió:

"Son unos bestias, unos canallas —respondió—. No se atreverán, pero como se atrevan, les enseñaremos lo que es bueno… Desde nuestro punto de vista eso no estará mal, porque su levantamiento fracasará y no tendrán ninguna fuerza en la Asamblea Constituyente.

Pero, querido señor, permítame que le bosqueje brevemente mi plan de organización de un nuevo gobierno, que será sometido al examen de la Asamblea Constituyente. Comprende usted, yo soy el presidente de la comisión formada por el Consejo de la República conjuntamente con el Gobierno Provisional para redactar el proyecto de Constitución… Tendremos una asamblea legislativa de dos cámaras, igual que ustedes en los Estados Unidos. La cámara baja estará formada por representantes de las localidades y la alta por representantes de las profesiones liberales, de los zemstvos, de las cooperativas y de los sindicatos…".

En la calle soplaba por occidente un viento cortante y húmedo. El barro frío se filtraba a través de las suelas. Dos compañías de junkers desfilaron, marcando acompasadamente el paso, por la calle Morskaya arriba. Sus filas se mecían rítmicamente sobre la marcha: cantaban una vieja canción de soldados de los tiempos del zarismo. En la primera encrucijada me fijé en que los milicianos iban a caballo y habían sido armados con revólveres de fundas brillantes, nuevecitas. Un pequeño grupo de gente los miraba en silencio.

En la esquina de la Nevski compré el folleto de Lenin ¿Se sostendrán los bolcheviques en el poder? y pagué por él un marco en papel; entonces circulaban estos marcos en lugar de la moneda fraccionaria en plata. Como siempre, se arrastraban los tranvías de los que colgaban racimos humanos de civiles y militares en actitudes que habrían puesto verde de envidia a Teodor Shont. A lo largo de las paredes estaban formados en filas los desertores con uniforme militar, vendiendo cigarrillos y pepitas de girasol.

Por toda la Nevski, en la densa niebla, la gente arrebataba las últimas ediciones de los periódicos o se congregaba ante los carteles, tratando de orientarse en los llamamientos y proclamas fijados en las paredes. Había allí proclamas del CEC, de los Soviets Campesinos, de los partidos socialistas "moderados", de los comités del Ejército; todos amenazaban, suplicaban y exhortaban a los obreros y soldados a permanecer en sus casas y apoyar al gobierno.

Un auto blindado subía y bajaba despacio sin cesar, haciendo ulular la sirena. En cada esquina, en cada cruce, se reunían compactas muchedumbres. Discutían acaloradamente soldados y estudiantes. Descendía lentamente la noche, parpadeaban los escasos faroles, fluían las interminables oleadas humanas. Así sucedía siempre en Petrogrado antes de los disturbios.

La ciudad estaba nerviosa, atenta a cada ruido inesperado. Pero los bolcheviques no daban ningún síntoma de vida; los soldados continuaban en los cuarteles y los obreros en las fábricas. Entramos en un cinematógrafo junto a la Catedral de Kazán. Proyectaban una película italiana, llena de sangre, pasiones e intrigas. En la primera fila había varios marinos y soldados. Miraban la pantalla con pueril asombro, sin comprender en absoluto para qué tantas correrías y asesinatos.

Del cinematógrafo me fui corriendo al Smolny. En la habitación N° 10 del ático estaba reunido permanentemente el Comité Militar Revolucionario. Presidía un joven rubio, de unos dieciocho años, apellidado Lazimir. Al pasar junto a mí, se detuvo y me estrechó la mano con cierta timidez.

"¡La fortaleza de Pedro y Pablo se ha pasado ya a nuestro lado! —dijo con una alegre sonrisa—. Acabamos de recibir noticias del regimiento enviado por el gobierno para apaciguar Petrogrado. Los soldados empezaron a sospechar que no era juego limpio, detuvieron el tren en Gátchina y nos enviaron delegados. '¿Qué pasa? —nos preguntaron—. ¿Qué nos decís vosotros? Nosotros ya hemos aprobado una resolución en la que exigimos todo el poder a los Soviets'. El Comité Militar Revolucionario les respondió: '¡Hermanos, os saludamos en nombre de la revolución! Quedaos en vuestro sitio y esperad la orden'".

"Nos cortaron todos nuestros cables telefónicos —comunicó—. Pero los telefonistas del Ejército han instalado un teléfono de campaña para comunicarse con las fábricas y los cuarteles".

En la habitación entraban y salían continuamente enlaces y comisarios. A la puerta montaban guardia doce voluntarios, dispuestos a salir corriendo en cualquier momento hacia la parte más alejada de la ciudad. Uno de ellos, un hombre con cara de gitano y uniforme de teniente, me dijo en francés: "Todos están prestos a actuar a la primera señal".

Pasaban: Podvoiski, un hombre vestido de paisano, delgado y barbudo, en cuyo cerebro se gestaban los planes de operaciones de la insurrección; Antónov, sin afeitar, con la tirilla sucia, tambaleándose de sueño; Krylenko, un soldado rechoncho, carirredondo, de animada gesticulación y habla enérgica; Dybenko, un enorme marino barbudo de semblante tranquilo. Tales eran los hombres de esta batalla por el poder de los Soviets y de las batallas venideras.

Abajo, en el local de los comités de empresa, se encontraba Serátov. Firmaba las órdenes para el arsenal del gobierno: ciento cincuenta fusiles para cada fábrica. Ante él aguardaban su turno cuarenta delegados.

Vi en la sala a varios líderes bolcheviques más o menos conocidos. Uno de ellos me enseñó un revólver. "¡Ha empezado! —dijo, pálido—. Nos alcemos o no, el enemigo sabe ya que es hora de acabar con nosotros o morir".

El Soviet de Petrogrado permanecía reunido las veinticuatro horas seguidas. Cuando entré en la gran sala, Trotski estaba terminando su discurso.

"Nos preguntan —decía— si pensamos organizar un levantamiento. Yo puedo responder claramente a esta pregunta. El Soviet de Petrogrado comprende que ha llegado por fin el momento en que todo el poder debe pasar a manos de los Soviets. Este cambio de poder lo hará el Congreso de toda Rusia. El alzamiento armado dependerá de los que quieren frustrar la convocatoria del Congreso de toda Rusia.

Para nosotros está claro que nuestro gobierno, representado por los hombres del gabinete provisional, es un gobierno miserable e impotente, que solo espera el escobazo de la historia para ceder su puesto a un poder auténticamente popular. Pero nosotros, aún en este momento, aún hoy, tratamos de evitar el choque. Esperamos que el Congreso de los Soviets de toda Rusia tome en sus manos el poder, que se apoye en la libertad organizada de todo el pueblo. Pero si el gobierno intenta aprovechar el corto tiempo —24, 48 o 72 horas— que lo separa todavía de la muerte para agredirnos, responderemos con el contraataque. ¡Responderemos golpe por golpe, al hierro con el acero!".

Bajo una tempestad de aplausos, Trotski comunicó que los eseristas de izquierda habían accedido a enviar a sus representantes al Comité Militar Revolucionario.

Al salir del Smolny, a las tres de la madrugada, me fijé en que a ambos lados de la entrada había ametralladoras y que las puertas y los cruces más cercanos estaban custodiados por fuertes patrullas de soldados. Subió corriendo por la escalera Bill Shátov.

"¡Bueno —gritó—, hemos empezado! Kerenski mandó a los junkers a cerrar nuestros periódicos".

En la calle soplaba por occidente un viento cortante y húmedo. El barro frío se filtraba a través de las suelas. Dos compañías de junkers desfilaron, marcando acompasadamente el paso, por la calle Morskaya arriba. Sus filas se mecían rítmicamente sobre la marcha: cantaban una vieja canción de soldados de los tiempos del zarismo.

En la primera encrucijada noté que los milicianos iban a caballo y habían sido armados con revólveres en fundas brillantes y nuevecitas. Un pequeño grupo de gente los observaba en silencio. En la esquina de la Nevski compré el folleto de Lenin titulado "¿Se sostendrán los bolcheviques en el poder?" y pagué por él un marco en papel; entonces circulaban estos marcos en lugar de la moneda fraccionaria en plata.

Al cruzar la Plaza del Palacio, varias baterías de artillería de los junkers cruzaron el arco del Estado Mayor Central cabalgando con estruendo y formaron frente al Palacio. El enorme edificio rojo del Estado Mayor Central parecía extraordinariamente animado. En la puerta había estacionados varios automóviles; continuamente llegaban y partían nuevos vehículos repletos de oficiales.

El censor estaba tan emocionado como un niño pequeño en un circo.

"¡Kerenski acaba de ir al Consejo de la República a presentar la dimisión!" —me dijo.

Corrí al Palacio Mariinski y llegué al final de un discurso apasionado y casi incoherente de Kerenski, lleno de justificaciones y biliosos ataques a sus adversarios políticos.

"Para no hacer afirmaciones gratuitas —decía Kerenski— voy a citar aquí los párrafos más concretos de varias proclamas publicadas en el periódico Rabochi Put por el reo de Estado Uliánov-Lenin, a quien buscamos, pero que hasta ahora no ha sido encontrado. En varias proclamas, bajo el título de Carta a los camaradas, este reo de Estado incitaba al proletariado y a las tropas de Petersburgo a repetir la experiencia del 3-5 de julio y demostraba la necesidad de emprender la inmediata insurrección armada.

"Al mismo tiempo que estos llamamientos, se producen varias intervenciones de otros dirigentes del Partido bolchevique en reuniones y mítines, en las que también incitan a la inmediata insurrección armada. En este aspecto destaca especialmente la intervención de Bronshtéin-Trotski, presidente del Soviet de Diputados Obreros y Soldados de Petersburgo.

"Nos encontramos no tanto con un movimiento de tal o cual partido político como con la utilización de la ignorancia política y de los instintos criminales de una parte de la población. Nos enfrentamos a una organización especial que se propone provocar a toda costa en Rusia una ola ciega de destrucción y pogromos.

Con el actual estado de ánimo de las masas, un franco movimiento en Petersburgo será inevitablemente acompañado de las gravísimas consecuencias de los pogromos, que cubrirán de oprobio para siempre el nombre de la libre Rusia.

Es muy sintomático que, como reconoce el propio organizador de la insurrección Uliánov-Lenin, 'la situación de los flancos de la extrema izquierda de los socialdemócratas rusos es particularmente favorable'".

Kerenski leyó entonces un pasaje de un artículo de Lenin:

"Reflexionemos un momento: los alemanes, en condiciones diabólicamente difíciles, teniendo solo a Liebknecht (e incluso él deportado), sin periódicos, sin libertad de reunión, sin Soviets, con una increíble hostilidad de todas las clases de la sociedad hacia la idea del internacionalismo, con un magnífico grado de organización de la gran burguesía imperialista y de la burguesía media y pequeña, los alemanes —es decir, los revolucionarios internacionalistas alemanes— organizaron una insurrección en la Marina, con probabilidades si acaso de una por cien.

"Y nosotros, teniendo decenas de periódicos y libertad de reunión, teniendo la mayoría en los Soviets, nosotros, internacionalistas proletarios situados mejor que nadie en el mundo, ¿nos negaremos a apoyar a los revolucionarios alemanes con nuestra insurrección?".

Kerenski continuó:

"Así, los propios organizadores reconocen implícitamente que en Rusia existen hoy las condiciones políticas más perfectas para la libertad de acción de todos los partidos políticos, y estas condiciones existen bajo la administración del actual Gobierno Provisional.

Los organizadores de la insurrección no ayudan al proletariado de Alemania, sino a las clases gobernantes de Alemania. Abren el frente ruso ante el puño blindado de Guillermo y sus amigos. Para el Gobierno Provisional son indiferentes los motivos; lo que importa es que, consciente o inconscientemente, desde esta tribuna, yo califico tales actos de un partido político ruso como actos de traición a Rusia.

Yo me sitúo en el punto de vista jurídico: he propuesto abrir inmediatamente una investigación y efectuar las detenciones pertinentes".

Ante el tumulto en los escaños de las izquierdas, Kerenski exclamó con voz tonante:

"¡Sí, escuchen! En el momento en que el Estado se encuentra en peligro por una traición consciente o inconsciente, el Gobierno Provisional y yo con él preferimos antes la muerte y el exterminio que traicionar la vida, el honor y la independencia de Rusia".

En este instante, entregaron un papel a Kerenski.

"Acabo de recibir copia de un documento que se está distribuyendo por los regimientos".

Leyó en voz alta:

"El Soviet de Petrogrado está amenazado... Ordeno mantener el regimiento en plena disposición de combate y aguardar órdenes ulteriores. Toda demora o incumplimiento de esta orden será considerada como un acto de traición a la revolución.

El Comité Militar Revolucionario.

Por el Presidente, Podvoiski.

El Secretario, Antónov".

"En realidad —continuó Kerenski—, se trata de un intento de levantar al populacho contra el orden vigente, malograr la Asamblea Constituyente y abrir el frente ruso ante los regimientos compactos del puño de hierro de Guillermo. Digo con toda intención 'populacho' porque toda la democracia consciente y su CEC, todas las organizaciones del Ejército, todo lo que es y debe ser el orgullo de la Rusia libre, la razón, la conciencia y el honor de la gran democracia rusa, protestan contra esto.

No he venido aquí a implorar, sino con la convicción de que el Gobierno Provisional, que defiende en estos momentos la nueva libertad, encontrará unánime apoyo, excepto en los hombres que no se deciden nunca a decir valientemente la verdad a la cara".

Pero en estos momentos, el Gobierno Provisional declara que aquellos elementos de la sociedad rusa, aquellos grupos y partidos que se atrevan a atentar contra la libre voluntad del pueblo ruso, amenazando al mismo tiempo con abrir el frente a Alemania, serán inmediata, resuelta y definitivamente liquidados. Que sepa la población de Petrogrado que encontrará un poder firme y que tal vez en la última hora o minuto triunfen la razón, la conciencia y el honor en el corazón de quienes todavía los conservan...".

Durante todo este discurso, en la sala reinaba un clamor ensordecedor. Cuando el Ministro-Presidente, pálido y sofocado, se calló y abandonó la sala con su séquito de oficiales, empezaron a desfilar por la tribuna los oradores de las izquierdas, que atacaban con dureza e indignación a las derechas. Hasta los socialistas-revolucionarios declararon por boca de Gots:

"La política de los bolcheviques, que juegan con el descontento popular, es demagógica y criminal. Pero es indudable que toda una serie de demandas populares no ha obtenido satisfacción hasta ahora. Los problemas de la paz, de la tierra y de la democratización del Ejército deben ser planteados de tal forma que ningún soldado, obrero o campesino pueda albergar la menor duda de que el Gobierno aspira firme e invariablemente a resolverlos.

Los mencheviques y nosotros no queremos provocar una crisis ministerial; estamos dispuestos a defender con toda energía y hasta la última gota de sangre al Gobierno Provisional, pero solamente en caso de que el Gobierno Provisional se pronuncie sobre todos estos problemas candentes con las palabras exactas y claras que el pueblo espera con tanta impaciencia".

Luego habló Mártov, furioso:

"Las palabras del Ministro-Presidente, que se ha permitido hablar del populacho cuando se trata de un movimiento de partes importantes del proletariado y del Ejército, aunque en una dirección equivocada, son una instigación a la guerra civil". (Aplausos en los escaños de la izquierda).

Se aprobó la fórmula de transición propuesta por las izquierdas. Equivalía prácticamente a retirar la confianza al Gobierno:

"1. El movimiento armado, que se viene preparando en los últimos días y que se propone como fin la toma del poder, amenaza con provocar la guerra civil y crea condiciones favorables para los pogromos y la movilización de las centurias negras contrarrevolucionarias. Hará inevitablemente imposible la convocatoria de la Asamblea Constituyente, llevará a una nueva catástrofe en el frente y al fracaso de la revolución en circunstancias en que la economía nacional está completamente paralizada y el país se encuentra en ruina total.

El terreno para el éxito de la agitación arriba mencionada está creado, además de por las condiciones objetivas de la guerra y el desbarajuste económico, por el retraso en la aplicación de medidas urgentes. Por ello es necesario, en primer lugar, un decreto urgente sobre la entrega de la tierra a los comités agrarios y una acción decidida en la política exterior, proponiendo a los aliados proclamar las condiciones de la paz y entablar las negociaciones sobre ésta.

Para combatir las manifestaciones activas de anarquía y del movimiento pogromista, es necesario tomar medidas urgentes encaminadas a su liquidación, e instituir en Petrogrado un Comité de Salvación Pública, formado por representantes del municipio y de los organismos de la democracia revolucionaria, que actúe en contacto con el Gobierno Provisional".

Es curioso destacar que, por esta resolución, votaron también los mencheviques y los eseristas.

Cuando Kerenski se enteró, invitó a Avxéntiev al Palacio de Invierno para pedirle explicaciones. "Si esta resolución expresa la desconfianza en el Gobierno Provisional —declaró a Avxéntiev— le propongo que forme un nuevo gabinete". Entonces, los líderes conciliadores Dan, Gots y Avxéntiev perpetraron su última conciliación. Explicaron a Kerenski que la resolución no significaba una crítica del proceder del Gobierno.

En la esquina de las calles Morskaya y Nevski, destacamentos de soldados armados con fusiles y bayonetas detenían todos los automóviles particulares, hacían bajar a sus ocupantes y enviaban los vehículos al Palacio de Invierno. Un gran gentío observaba. Nadie sabía si aquellos soldados eran partidarios del Gobierno Provisional o del Comité Militar Revolucionario.

Junto a la Catedral de Kazán ocurría otro tanto. Los automóviles se dirigían desde allí por la Nevski. De pronto aparecieron cinco o seis marinos armados con fusiles. Riendo excitados, entablaron conversación con dos soldados. En sus gorros marineros llevaban las inscripciones del Aurora y Zariá Svobody (Alborada de la Libertad), nombres de los cruceros bolcheviques más conocidos de la Flota del Báltico.

"¡Viene Cronstadt!" —dijo uno de los marinos.

Estas palabras significaban lo mismo que en el París de 1792 cuando decían:

"¡Vienen los marselleses!". Porque en Cronstadt había veinticinco mil marinos, todos bolcheviques convencidos, dispuestos a ir a la muerte.

Había aparecido ya Rabochi i Soldat. Toda su primera plana estaba llena de un llamamiento en grandes caracteres tipográficos:

"¡Soldados! ¡Obreros! ¡Ciudadanos!

Anoche, los enemigos del pueblo pasaron a la ofensiva. Los oficiales kornilovistas del Estado Mayor han intentado llamar a Petrogrado a los junkers y batallones de choque de los alrededores. Los junkers de Oranienbaum y el batallón de choque de Tsárskoe Seló se han negado a intervenir. Se fragua un golpe traidor contra el Soviet de Diputados Obreros y Soldados de Petrogrado…".

Anoche los enemigos del pueblo pasaron a la ofensiva. Los oficiales kornilovistas del Estado Mayor han intentado llamar a Petrogrado a los junkers y batallones de choque de los alrededores. Los junkers de Oranienbaum y el batallón de choque de Tsárskoe Seló se han negado a intervenir. Se fragua un golpe traidor contra el Soviet de Diputados Obreros y Soldados de Petrogrado… La campaña de los conspiradores contrarrevolucionarios va dirigida contra el Congreso de los Soviets de toda Rusia en vísperas de su apertura, contra la Asamblea Constituyente, contra el pueblo. El Soviet de Diputados Obreros y Soldados de Petrogrado defiende la revolución. El Comité Militar Revolucionario dirige la réplica a la acometida de los conspiradores. Toda la guarnición y todo el proletariado de Petrogrado están dispuestos a asestar un golpe demoledor a los enemigos del pueblo.

El Comité Militar Revolucionario ordena:

Todos los comités de regimiento, de compañía y del mando, junto con los comisarios del Soviet, todas las organizaciones revolucionarias deben permanecer reunidos en sesión continua, concentrando en sus manos todos los datos sobre los planes y acciones de los conspiradores.

Ni un solo soldado debe ausentarse de su unidad sin permiso del Comité.

Enviar inmediatamente al Instituto Smolny dos representantes de cada unidad y cinco de cada Soviet distrital.

Dar cuenta inmediatamente al Instituto Smolny de todas las acciones de los conspiradores.

Se invita a todos los miembros del Soviet de Petrogrado y a todos los delegados al Congreso de los Soviets de toda Rusia a personarse inmediatamente en el Instituto Smolny para una reunión extraordinaria.

La contrarrevolución ha levantado su criminal cabeza. Un gran peligro amenaza todas las conquistas y esperanzas de los soldados, obreros y campesinos. Pero las fuerzas de la revolución son muy superiores a las de sus enemigos.

La causa del pueblo está en firmes manos. Los conspiradores serán aplastados.

¡Nada de vacilaciones ni dudas! ¡Firmeza, valor, disciplina y decisión!

¡Viva la Revolución!

El Comité Militar Revolucionario".

El Soviet de Petrogrado permanecía reunido constantemente en el Smolny, en el centro de la tempestad. Los delegados no se tenían en pie y se dormían allí mismo, en el suelo, pero luego se despertaban para participar inmediatamente en los debates. Trotski, Kámenev y Volodarski hablaban seis, ocho y doce horas al día. Descendí a la planta baja, a la habitación 18, donde conferenciaban los delegados bolcheviques. La voz enérgica de un orador, que no se veía tras la gente, afirmaba con seguridad: "Los conciliadores dicen que estamos aislados. ¡No les hagáis caso! En fin de cuentas tendrán que seguirnos o se quedarán solos…".

El orador levantó un papel: "¡Ya les arrastramos! Acaba de presentarse una delegación de los mencheviques y eseristas; dicen que condenan nuestros actos, pero que, si el Gobierno nos ataca, ¡ellos no lucharán contra la causa del proletariado!".

Una tempestad de entusiasmo…

Con la llegada de la noche, la enorme sala se llenó de soldados y obreros, de un denso gentío parduzco, que zumbaba sordamente envuelto en humo azul de tabaco. El viejo CEC se decidió por fin a saludar a los delegados del nuevo Congreso, que le deparaba su hundimiento y tal vez el de todo el orden revolucionario por él creado. En esta reunión, sin embargo, sólo los miembros del CEC tenían derecho a voto.

Era ya más de la medianoche cuando Gots ocupó la presidencia y Dan subió a la tribuna en medio de un tenso silencio, que a mí me pareció casi amenazador.

"El momento que atravesamos está teñido de los colores más trágicos —comenzó diciendo—. El enemigo se encuentra a las puertas de Petrogrado, las fuerzas de la democracia intentan organizar la resistencia y, entretanto, esperamos una efusión de sangre en las calles de la capital y el hambre amenaza con matar no sólo a nuestro Gobierno, sino a la misma revolución.

Las masas están extenuadas y tienen sentimientos enfermizos. Han perdido el interés por la revolución. Si los bolcheviques comienzan a toda costa, será el fin de la revolución…". (Gritos: "¡Mentira!"). "Los contrarrevolucionarios sólo esperan a los bolcheviques para emprender los pogromos y las matanzas. Si se produce cualquier subversión no habrá Asamblea Constituyente…". (Gritos: "¡Mentira! ¡Es una vergüenza!").

"Es totalmente inadmisible que en la zona de operaciones militares la guarnición de Petrogrado se niegue a cumplir las órdenes del Estado

Mayor. Deben subordinarse al Estado Mayor y al CEC que han elegido. Todo el poder a los Soviets es la muerte. Los bandidos y ladrones sólo esperan el momento para comenzar los saqueos e incendios. Cuando se lanzan consignas como '¡Entrad a saco en las casas, arrancad a los burgueses las botas y la ropa!'…". (Tumulto. Gritos: "¡No ha habido tales consignas! ¡Mentira!"). "Es igual, se puede empezar de distintas maneras, pero el fin será ése. El CEC tiene poder y derecho para actuar y todos deben obedecerlo. ¡No tememos las bayonetas! El CEC protegerá la revolución con su propio cuerpo…". (Gritos: "¡Hace tiempo que es un cadáver!").

Continuó el terrible tumulto, en el que apenas podía distinguirse la voz de Dan cuando éste, poniendo en tensión todas sus fuerzas y dando puñetazos sobre el borde de la tribuna, gritó: "¡Quien incita a esto comete un crimen!".

Una voz: "¡Vosotros cometisteis un crimen hace tiempo, cuando tomasteis el poder y lo entregasteis a la burguesía!".

Gots, agitando la campanilla de presidente: "¡Silencio o les haré salir de la sala!".

Una voz: "¡Haga la prueba!". Aplausos y silbidos.

"Nos referiremos ahora —prosiguió Dan— a la política de paz". (Hilaridad). "Por desgracia, Rusia no puede continuar la guerra. Habrá paz, pero no será una paz permanente, no será una paz democrática… Hoy, en el Consejo de la República, nosotros, para evitar el derramamiento de sangre, hemos aceptado una fórmula de transición que exige la entrega de la tierra a los comités agrarios y la apertura inmediata de negociaciones de paz…". (Hilaridad y gritos: "¡Tarde!").

En nombre de los bolcheviques subió a la tribuna Trotski, que fue recibido con atronadores aplausos. Toda la sala se puso en pie y le ovacionó. El rostro flaco y anguloso de Trotski tenía una expresión de maliciosa ironía mefistofélica.

"¡La táctica de Dan demuestra que las masas —amplias, necias e indiferentes— le siguen sin vacilar!". Homérica carcajada… El orador se vuelve con trágico gesto al presidente. "Cuando nosotros hablábamos de entregar la tierra a los campesinos, ustedes estaban en contra. Dijimos a los campesinos: ¡Si no os dan la tierra, tomadla! ¡Ahora los campesinos han seguido nuestro consejo y ustedes exhortan a lo que nosotros decíamos hace seis meses!

Creo que si Kerenski ha abolido la pena de muerte en el frente no ha sido impulsado por sus ideales. Creo que a Kerenski lo ha convencido la guarnición de Petrogrado, que se ha negado a obedecerle…

Hoy acusan a Dan de haber pronunciado en el Consejo de la República un discurso que lo identifica como bolchevique enmascarado... Llegará el día en que el propio Dan diga que en la insurrección del 3-5 de julio tomó parte la flor de la revolución... En la resolución de Dan, aprobada hoy por el Consejo de la República, no se hace ni la más leve alusión al reforzamiento de la disciplina en el Ejército, aunque este punto ocupa un lugar muy importante en la propaganda menchevique...

¡No! ¡La historia de los últimos siete meses muestra que las masas han abandonado a los mencheviques! Los mencheviques y los eseristas derrotaron a los kadetes, pero cuando alcanzaron el poder se lo entregaron a los kadetes...

Dan os dice que no tenéis derecho a la insurrección. ¡La insurrección es un derecho inalienable de cada revolucionario! Cuando las masas oprimidas se levantan, siempre tienen razón...".

Luego hizo uso de la palabra Líber, carilargo y mordaz, que fue recibido con irónico abucheo y risas.

"Marx y Engels decían que el proletariado no tiene derecho a tomar el poder hasta que no esté maduro para ello. En una revolución burguesa, como la nuestra... la toma del poder por las masas sería el fin trágico de la revolución... Como teórico socialdemócrata el propio Trotski es contrario a lo que les exhorta ahora...". (Gritos: "¡Basta! ¡Fuera!").

Luego habló Mártov, constantemente interrumpido: "Los internacionalistas no se oponen a la entrega del poder a las fuerzas democráticas, pero desaprueban los métodos bolcheviques. No es éste el momento de tomar el poder...".

Dan volvió a subir a la tribuna a protestar violentamente contra las acciones del Comité Militar Revolucionario, que había enviado un comisario para adueñarse de la redacción de Izvestia y para censurar este periódico. Se promovió un terrible alboroto. Mártov intentaba hablar, pero no se le oía. Los delegados del Ejército y de la Flota del Báltico se levantaron de sus asientos, gritando que su Gobierno era el Soviet.

En medio de una espantosa confusión Erlij propuso una resolución que invitaba a los obreros y soldados a conservar la calma y no responder a los provocadores que incitaban a las manifestaciones; se reconocía, además, la necesidad de crear inmediatamente un Comité de Seguridad Pública y también de que el Gobierno Provisional decretase urgentemente la entrega de la tierra a los campesinos y la apertura de las negociaciones de paz...

Entonces se levantó de un salto Volodarski, diciendo a gritos que en vísperas del Congreso de los Soviets, el CEC no tenía derecho a asumir las funciones de este Congreso. "El CEC prácticamente ha fenecido", declaró Volodarski, "y esta resolución no es más que una maniobra con el fin de sostener su agonizante poder…".

"¡Nosotros, los bolcheviques, no votaremos por esta resolución!". Después, todos los bolcheviques abandonaron el salón de sesiones y la resolución pasó…

A eso de las cuatro de la madrugada encontré en el vestíbulo a Zorin. Tenía un fusil a la espalda.

—¡Hemos comenzado! —me dijo tranquilamente, pero bastante satisfecho—. Ya hemos detenido al Subsecretario de Justicia y al Ministro de Cultos. Están ya en el sótano. Un regimiento ha marchado a tomar la Central Telefónica, otro se dirige a Telégrafos y otro al Banco del Estado. La Guardia Roja ha salido a la calle…

En la escalinata del Smolny, en medio de la fría oscuridad, vimos por primera vez a la Guardia Roja: un grupito apretado de muchachos con ropa de faena. Sostenían en las manos los fusiles con las bayonetas caladas y conversaban nerviosos.

De lejos, por el oeste, por encima de los tejados silenciosos, se oía tiroteo de fusilería. Los junkers intentaban levantar los puentes del Neva para impedir que los obreros y soldados de la barriada de Vyborg se uniesen a las fuerzas armadas del Soviet, que se encontraban al otro lado del río, pero los marinos de Cronstadt volvieron a tender los puentes…

A nuestras espaldas resplandecía de luces y zumbaba como una colmena el enorme edificio del Smolny…

CAPÍTULO IV: LA CAÍDA DEL GOBIERNO PROVISIONAL

El miércoles, 7 de noviembre (25 de octubre), me levanté muy tarde. Cuando salí a la Nevski, en la fortaleza de Pedro y Pablo retumbó el cañonazo de las doce. El día era húmedo y frío. Frente a las puertas cerradas del Banco del Estado había varios soldados armados con fusiles y la bayoneta calada.

"¿De quiénes son ustedes? —pregunté—. ¿Del Gobierno?".

"¡Ya no hay Gobierno! —respondió sonriente un soldado—. ¡Gracias a Dios!". Esto fue todo lo que logré sonsacarle…

Por la Nevski, como siempre, circulaban los tranvías. De todos sus salientes colgaban hombres, mujeres y niños. Los comercios estaban abiertos y, en general, la calle parecía incluso más tranquila que la víspera. Durante la noche, las paredes se habían cubierto de nuevas proclamas y llamamientos, advirtiendo contra la insurrección. Iban dirigidos a los campesinos, a los soldados del frente y a los obreros de Petrogrado. Una proclama rezaba:

"De la Duma Municipal de Petrogrado.

La Duma Municipal pone en conocimiento de los ciudadanos que en su reunión extraordinaria del 24 de octubre se constituyó un Comité de Seguridad Pública, formado por miembros de la Duma Central y de las dumas distritales y representantes de las organizaciones democráticas revolucionarias: del Comité Ejecutivo Central de los Sóviets de Diputados Obreros y Soldados, del Comité Ejecutivo de Diputados Campesinos de toda Rusia, de las organizaciones del Ejército, de Centroflot, del Sóviet de Diputados Obreros y Soldados de Petrogrado, del Consejo de los Sindicatos y otras.

Los miembros del Comité de Seguridad Pública hacen guardia en el edificio de la Duma Municipal. Teléfonos Nos. 15-40, 223-77 y 138-36".

En aquel momento, no comprendí aún que esta proclama de la Duma era una declaración formal de guerra a los bolcheviques.

Compré un número de Rabochi Put; creo que era el único que estaba en venta. Poco más tarde, logré comprar a un soldado por cincuenta kopeks un número ya leído de Dien. El periódico bolchevique, impreso en enormes planas en la tipografía incautada de Rússkaya Volia, comenzaba con un titular en grandes caracteres, que decía:

"¡Todo el poder a los Sóviets de Obreros, Soldados y Campesinos! ¡Paz! ¡Pan!

¡Tierra!".

El editorial llevaba la firma de Zinóviev, que se veía obligado a ocultarse, como Lenin. Comenzaba así:

"Todo soldado, todo obrero, todo verdadero socialista, todo demócrata honrado ve que el choque revolucionario inminente exige una solución inmediata.

Una de dos.

O el poder pasa a manos de la banda burgués-terrateniente y entonces eso significará... una sangrienta expedición punitiva en toda Rusia... que anegará el país entero en sangre de los soldados y marinos, campesinos y obreros. Entonces eso será la continuación de la odiosa guerra, la inevitable muerte y el hambre.

O el poder pasa a manos de los obreros, soldados y campesinos revolucionarios y entonces eso significará la abolición total de la tiranía de los terratenientes, el enfrentamiento inmediato de los capitalistas y la propuesta inmediata de una paz justa. Entonces los campesinos tendrán asegurada la tierra, estará asegurado el control sobre las fábricas, tendrán asegurado pan los hambrientos y será el fin de la insensata matanza...".

Dien contenía noticias fragmentarias de la agitada noche. Los bolcheviques se habían apoderado de la Central Telefónica, de la estación del Báltico y de la Central de Telégrafos; los junkers de Peterhof no podían abrirse paso a Petrogrado; los cosacos vacilaban; varios ministros estaban detenidos; había muerto el jefe de la milicia urbana, Méyer; detenciones, contradetenciones, escaramuzas entre las patrullas de soldados, junkers y guardias rojos...

En la esquina de Morskaya me encontré con el capitán Gómberg, menchevique defensista, secretario de la Sección Militar de su partido. Cuando le pregunté si era verdad la insurrección, se limitó a encogerse de hombros, cansado: "¡Chort ievó znáet! (¡El diablo lo sabe!)... Es posible; los bolcheviques pueden tomar el poder, pero no se mantendrán más de tres días. No tienen hombres capaces de gobernar el país. Quizá lo mejor sería dejarles probar: así se estrellarían".

El hotel militar en la esquina de la Plaza de San Isaac estaba acordonado por marinos armados. En el vestíbulo se habían reunido muchos elegantes jóvenes oficiales. Iban y venían, cruzando frases en voz baja. Los marinos no les dejaban salir a la calle.

De pronto, en la calle restalló un seco disparo y comenzó el tiroteo. Corrí afuera. Algo extraordinario estaba ocurriendo en torno al Palacio Mariinski, donde sesionaba el Consejo de la República Rusa. Una fila de soldados atravesaba la ancha plaza en diagonal. Tenían aprestados los fusiles y miraban al tejado del hotel.

"¡Provokatsia! ¡Disparan contra nosotros!" —gritó uno de ellos. Otro corrió al portal.

Junto a la esquina oeste del Palacio había un gran auto blindado con la bandera roja y siglas recién pintadas en rojo: "S. D. O. S". (Sóviet de Diputados Obreros y Soldados). Todas sus ametralladoras apuntaban a la Iglesia de San Isaac. Una barricada atravesaba la salida a la Calle Nueva: toneles, cajones, un colchón viejo y un vagón volcado. El extremo del malecón del Moika estaba cerrado con pilas de leña. Los cortos leños del vecino depósito habían sido dispuestos a lo largo del edificio y formaban un parapeto.

"¿Se va a combatir aquí?" —pregunté.

"¡Pronto, muy pronto! —respondió nervioso un soldado—. ¡Pasa, camarada, no te vayan a zumbar a ti! Vendrán de aquel lado…" —y señaló la parte del Almirantazgo.

"¿Quién vendrá?".

"Eso, hermano, yo no lo puedo decir" —respondió escupiendo.

A la entrada del Palacio se agolpaban soldados y marinos. Un marino contaba el fin del Consejo de la República Rusa. "Entramos —decía— y nuestros compañeros ocuparon todas las puertas. Yo me acerqué al kornilovista contrarrevolucionario que estaba en la presidencia. Ya no existe vuestro Consejo —le dije—. ¡Vete a casa!".

Todos soltaron la carcajada. Enseñando todos mis papeles, llegué hasta la puerta de la galería de prensa. Allí me detuvo un enorme marino sonriente. Le mostré el pase, pero él respondió: "Aunque fuese San Miguel en persona, no se puede pasar, camarada". A través del cristal de la puerta distinguí el rostro contraído y los brazos gesticulantes de un corresponsal francés encerrado dentro.

Cerca había un hombre de mediana estatura y bigote canoso, con uniforme de general, en el centro de un grupo de soldados. Tenía el rostro congestionado.

"¡Soy el general Alexéev! —gritaba—. ¡Como jefe de ustedes y como miembro del Consejo de la República, les ordeno que me dejen pasar!".

El centinela se rascaba la nuca e inquieto lanzaba miradas de reojo a todos lados; por fin hizo un guiño a un oficial que se aproximaba. Este dio muestras de gran agitación al enterarse de quién hablaba con él y empezó por llevarse la mano a la visera:

"Vashe Vysokoprevosjodítelstvo (Su Excelencia) —balbuceó como si se encontrara en el viejo régimen—. La entrada al Palacio está rigurosamente prohibida… Yo no tengo derecho…".

Llegó un automóvil en el que distinguí a Gots sonriente. Al parecer, todo lo que sucedía le divertía mucho. A los pocos momentos frenó otro auto con soldados armados en el asiento delantero; tras ellos se veía a los miembros del Gobierno Provisional detenidos. El letón Peters, miembro del Comité Militar Revolucionario, cruzaba presuroso la plaza.

"Yo creía que a todos esos señores los habían cazado anoche" —le dije señalando a los detenidos.

"¡Ah! —En su voz se percibió un timbre de decepción—. Estos botarates dejaron escapar a más de la mitad mientras nosotros decidíamos qué hacer con ellos…".

Por la Avenida de Voznesenski bajaba una muchedumbre de marinos y tras ellos, hasta donde alcanzaba la vista, se veían columnas de soldados en marcha.

Echamos por la Avenida del Almirantazgo hacia el Palacio de Invierno. Los centinelas custodiaban todas las entradas a la Plaza del Palacio, y el extremo oeste de la plaza estaba cerrado por un cordón de tropas sobre el cual presionaba un enorme gentío. Todos observaban con calma, menos unos cuantos soldados que sacaban leña del Palacio y la apilaban frente a la entrada principal.

No pudimos enterarnos a favor de quién estaban los centinelas: del Gobierno o del Sóviet. Nuestras credenciales del Smolny no les causaron la menor impresión. Entonces entramos por otro lado y, mostrando nuestros pasaportes norteamericanos, dijimos con aire de importancia: "¡En misión oficial!", y nos colamos dentro.

En el vestíbulo del Palacio nos tomaron cortésmente los gabanes y los sombreros los mismos viejos ujieres de libreas azules, botones de cobre y cuellos encarnados con pasamanos dorados. Subimos por la escalera. Varios viejos criados vagaban sin objeto por el pasillo oscuro y tenebroso, desnudo ya de tapices. A la puerta del despacho de Kerenski se paseaba un joven oficial, mordiéndose el bigote. Le preguntamos si podíamos entrevistar al Ministro-Presidente. Inclinó levemente la cabeza y dio un taconazo, haciendo sonar las espuelas.

"Lamentablemente, no es posible —respondió en francés—. Alexandr Fiódorovich está muy ocupado… —Nos miró—. Además, no está aquí…".

"¿Pues dónde está?".

"Marchó al frente. Y, saben, no tenía bastante gasolina para el automóvil. Hubo que pedir al Hospital Inglés".

"¿Y los ministros, están aquí?".

"Sí, están reunidos en una habitación, pero no sé en cuál".

"¿Qué le parece, vendrán los bolcheviques?".

"¡Claro! ¡Es indudable que vendrán! Yo espero de un momento a otro una llamada telefónica diciéndome que vienen, pero ¡estamos preparados! Los junkers protegen el Palacio. Están al otro lado de aquella puerta".

"¿Podemos pasar nosotros allá?".

"¡No! ¡Desde luego que no! Está prohibido…".

De pronto nos dio la mano y se fue. Nos volvimos hacia la intrigante puerta, montada en un tabique temporal que dividía en dos la estancia. Estaba cerrada por la parte nuestra. Al otro lado del tabique se oían voces y una risa que sonaba rara en el grave silencio del enorme y antiguo Palacio. Se nos acercó un viejo ujier.

"No, señor, no se puede entrar".

"¿Por qué está cerrada esta puerta?".

"Para que no se vayan los soldados" —respondió.

A los pocos minutos dijo que quería tomar un vaso de té y salió. Nosotros abrimos la puerta. En el umbral había dos centinelas, pero no nos dijeron nada. El pasillo terminaba en un gran salón de fastuoso ornamento con cornisas doradas y enormes arañas de cristal. Más allá seguía toda una enfilada de aposentos más pequeños, revestidos de madera oscura. A ambos lados, sobre el parqué, había tendidos bastos y sucios jergones y mantas; en algunos yacían tumbados los soldados. Por todas partes montones de colillas, mendrugos de pan, ropas tiradas y botellas vacías de vinos caros franceses.

A nuestro alrededor se iban juntando soldados con las hombreras rojidoradas de los junkers. El ambiente sofocante de humo de tabaco y de cuerpo humano sucio era irrespirable. Un junker tenía en las manos una botella de vino blanco de Borgoña, evidentemente robada de las bodegas del Palacio. Todos nos miraban con estupor y fuimos pasando de una habitación a otra hasta llegar a una enfilada de aposentos de gala, cuyas ventanas, altas pero sucias, daban a la plaza. De las paredes pendían enormes cuadros con pesados marcos dorados, escenas históricas y de batallas: "12 de octubre de 1812", "6 de noviembre de 1812", "16/28 de agosto de 1813". Uno de los cuadros tenía desgarrado todo el ángulo superior derecho.

Todo el local había sido convertido en enorme cuartel y, a juzgar por el estado de las paredes y los suelos, esta transformación se había operado varias semanas antes. En los repechos de las ventanas había emplazadas ametralladoras, y entre las colchonetas sobresalían las pirámides de fusiles.

Estábamos examinando los cuadros cuando inesperadamente me sopló por la izquierda un tufo alcohólico y una voz dijo en mal francés, pero de carrerilla: "Por la manera de mirar los cuadros veo que son ustedes extranjeros...". Ante nosotros teníamos a un hombre bajo y gordinflón. Cuando levantó un poco la gorra para saludarnos, vimos su calva:

"¿Norteamericanos? ¡Encantado! Vladímir Artsibáshev, Capitán de Estado Mayor, por entero al servicio de ustedes...". Parecía que no veía absolutamente nada de extraño en que cuatro extranjeros, entre ellos una mujer, se paseasen por el sector de defensa de un destacamento que esperaba el ataque. Empezó a quejarse de cómo andaban las cosas en Rusia.

"No se trata sólo de los bolcheviques —dijo—. El mal está en que se han perdido las nobles tradiciones del Ejército ruso. Miren en torno: todos estos son junkers, futuros oficiales... Pero, ¿son caballeros? Kerenski abrió las escuelas de oficiales para todos los que quisieran, para cada soldado que rinda el examen. Por eso, naturalmente, aquí hay muchos, muchísimos contaminados del espíritu de la revolución...".

Sin continuidad alguna cambió de tema. "Yo tengo grandes deseos de marchar de Rusia. He decidido alistarme en el Ejército norteamericano. ¿No serían tan amables de ayudarme a hacer las gestiones ante su cónsul? Les daré mi dirección".

Pese a nuestras protestas, escribió varias palabras en un trozo de papel y enseguida se sintió más alegre. Conservo su esquela: "Vtoraya Oranienbáumskaya Shkola Práporschikov, Stari Peterhof".

"Esta mañana hemos tenido revista —prosiguió, conduciéndonos por los aposentos y dándonos explicaciones—. El batallón femenino acordó mantenerse fiel al Gobierno".

"¿Acaso en el Palacio hay mujeres soldados?".

"Sí, están en las habitaciones traseras. Si ocurre algo, allí se encontrarán fuera de peligro". Suspiró. "¡Qué grave responsabilidad!".

Permanecimos un poco junto a la ventana, mirando la Plaza del Palacio donde habían formado tres compañías de junkers con largos capotes grises. Los mandaba un oficial alto, de aspecto muy enérgico, en quien reconocí a Stankiévich, Comisario General de Guerra del Gobierno Provisional. A los pocos minutos, dos de estas tres compañías tomaron los fusiles al hombro con rítmico chasquido y sus filas oscilantes, marcando el paso, atravesaron la plaza, pasaron bajo el arco rojo y desaparecieron, alejándose en dirección a la callada ciudad.

"¡Van a tomar la Central de Teléfonos!" —dijo una voz.

Cerca de nosotros había tres junkers. Hablamos con ellos. Nos dijeron que habían sido soldados y nos dieron sus nombres: Róbert Olev,

Alexéi Vasilenko y Erni Saks, un estonio. Ya no querían ser oficiales porque la oficialidad era muy impopular. Sencillamente, no sabían qué hacer. Estaba claro que se sentían muy inquietos.

Pronto se pusieron a fanfarronear: "¡Dejen que asomen los bolcheviques, les enseñaremos a pelear! No se atreverán a atacarnos, son todos unos cobardes... Pero si nos vencen, cada uno se guardará la última bala para sí mismo...".

En aquel momento, no lejos, se entabló un tiroteo. Todos los que estaban en la plaza corrieron en desbandada. Muchos se echaron de bruces al suelo. Los cocheros que estaban en las esquinas arrancaron al galope en todas direcciones. Se armó una barahúnda terrible. Los soldados corrían hacia atrás y hacia adelante, agarraban los fusiles y gritaban: "¡Vienen! ¡Vienen!". Pero, al cabo de unos minutos, renació la calma. Los cocheros regresaron a sus puestos y se levantaron los que estaban tendidos en la plaza. Bajo el arco rojo aparecieron los junkers. No llevaban el paso y a uno de ellos lo sostenían de los brazos dos compañeros.

Era ya bastante tarde cuando abandonamos el Palacio. De la plaza habían desaparecido todos los centinelas. El enorme hemiciclo de los edificios del Gobierno parecía desierto. Entramos a comer en el Hôtel de France. Apenas habíamos probado la sopa, vino corriendo un camarero terriblemente pálido y nos rogó que pasásemos a la sala general con las ventanas al patio: en el café que daba a la calle había que apagar las luces. "¡Va a haber muchos tiros!" —dijo.

Salimos de nuevo a la Morskaya. Estaba ya completamente oscuro y sólo en la esquina de la Nevski parpadeaba un farol callejero. Al pie del farol había un gran auto blindado con el motor en marcha y lanzando un chorro de humo de bencina. Al lado, un chiquillo se asomaba a la boca de la ametralladora. En torno se apiñaban soldados y marinos: algo esperaban, por lo visto. Nos encaminamos hacia el arco del Estado Mayor Central. Un grupo de soldados contemplaba el Palacio de Invierno, profusamente iluminado, y charlaba en voz alta.

"No, compañeros —decía uno—. ¿Cómo vamos a disparar estando allí un batallón femenino? Dirán que fusilamos a las mujeres rusas...".

Cuando salimos a la Nevski, doblaba la esquina otro automóvil blindado. De su torreta se asomó una cabeza.

"¡Adelante! —gritó—. ¡Nos abriremos paso y al ataque!".

Se acercó el chófer del otro blindado y gritó, sobreponiéndose al estruendo de la máquina:

"¡El Comité ha ordenado esperar! ¡Tienen escondida artillería tras las pilas de leña!...".

Aquí no circulaban los tranvías, eran escasos los peatones y no había ninguna luz, pero, pasadas unas cuantas casas, podía verse de nuevo el tranvía, el gentío, escaparates brillantemente iluminados y los rótulos eléctricos de los cinematógrafos. La vida seguía su curso habitual. Teníamos localidades para una función de ballet en el Teatro Mariinski —todos los teatros estaban abiertos—, pero era demasiado interesante lo que estaba sucediendo en la calle.

Tropezamos en la oscuridad con unas pilas de leña, la barricada del Puente de la Policía, y vimos junto al Palacio de Stróganov cómo varios soldados emplazaban piezas de tres pulgadas. Soldados con uniformes de distintas unidades iban de acá para allá sin rumbo fijo, sosteniendo interminables conversaciones…

En la Nevski parecía haberse volcado toda la ciudad. En cada esquina la muchedumbre hacía corro a alguna acalorada discusión. Piquetes de doce soldados armados con fusiles y bayoneta calada vigilaban los cruces; vejestorios de cara enrojecida y con ricos abrigos de pieles les enseñaban los puños y damas elegantes los cubrían de improperios. Los soldados respondían de muy mala gana y sonreían confusos. Por la calle patrullaban blindados en los que se veían aún los nombres viejos —Oleg, Riúrik, Sviatoslav—, nombres todos de antiguos príncipes rusos. Pero encima de los viejos letreros rojeaban ya siglas enormes: RSDRP (Rossíiskaya Sotsial-Demokratícheskaya Rabóchaya Partía, Partido Obrero Socialdemócrata de Rusia).

En la Avenida Mijáilovskaya apareció un vendedor de periódicos.

La multitud se abalanzó frenética hacia él, ofreciéndole un rublo, cinco, diez rublos por cada ejemplar, arrebatándoselos unos a otros. Era Rabochi i Soldat, que comunicaba la victoria de la revolución proletaria y la liberación de los bolcheviques presos y exhortaba a las unidades militares del frente y la retaguardia a respaldar la insurrección… Aquel número febril tenía cuatro páginas nada más, impresas en enormes caracteres. No traía ninguna noticia.

En la esquina de la Sadóvaya se habían congregado unos dos mil ciudadanos. La multitud miraba el tejado de una casa alta donde tan pronto se encendía como se apagaba una chispita roja.

“Mira —decía un campesino alto, señalándola—, allí hay un provocador. Ahora disparará contra el pueblo…”. Por lo visto, nadie quería ir a averiguar de qué se trataba.

Cuando llegamos al Smolny, su maciza fachada resplandecía de luces. De todas las calles convergía la gente, que se apresuraba en las tinieblas. Automóviles y motocicletas arribaban y arrancaban. Un enorme blindado gris en cuya torreta ondeaban dos banderas rojas salió reptando con ulular de sirena. Hacía frío y los guardias rojos que custodiaban la entrada se calentaban al amor de una fogata.

Junto a la puerta del interior ardía otra hoguera y, a su luz, los centinelas leyeron despacio nuestros pases y nos miraron de pies a cabeza. A ambos lados de la entrada había ametralladoras desenfundadas y, de sus recámaras, pendían, retorciéndose como culebras, las cintas de munición. En el patio, bajo los árboles del jardín, había muchos blindados con los motores en marcha. En las salas, enormes y vacías, mal alumbradas, retumbaban las pesadas botas, los gritos y las conversaciones… El ambiente era de decisión. Todas las escaleras estaban abarrotadas: obreros de blusas negras y gorros de piel, muchos con fusiles en bandolera; soldados con bastos capotes de un color sucio y gorros grises de piel. Entre toda esta gente se abrían paso presurosos Lunacharski y Kámenev; muchos les conocían. Hablaban al mismo tiempo, tenían cara de preocupación y llevaban cada uno bajo el brazo una cartera atiborrada de papeles.

Había terminado la reunión del Sóviet de Petrogrado. Detuve a Kámenev, un hombre bajo, de movimientos rápidos, cara ancha y vivaz, y cuello corto. Sin más preámbulos, me tradujo al francés la resolución recién aprobada:

"El Sóviet de Diputados Obreros y Soldados de Petrogrado saluda la victoriosa revolución del proletariado y de la guarnición de Petrogrado. El Sóviet destaca, en particular, la cohesión, la organización, la disciplina y la plena unanimidad de que han dado prueba las masas en esta insurrección extraordinariamente incruenta y feliz.

El Sóviet expresa la firme convicción de que el Gobierno obrero y campesino que será creado por la revolución como Gobierno soviético, y que asegurará el apoyo de toda la masa de los campesinos pobres al proletariado urbano, marchará firmemente hacia el socialismo, único medio para salvar al país de las inauditas calamidades y horrores de la guerra.

El nuevo Gobierno Obrero y Campesino propondrá inmediatamente una paz justa y democrática a todos los pueblos beligerantes.

Abolirá inmediatamente la propiedad terrateniente y entregará la tierra al campesinado. Establecerá el control obrero sobre la producción y la distribución de los productos, el control popular sobre los bancos, al mismo tiempo que transformará estos en una empresa del Estado.

El Sóviet de Diputados Obreros y Soldados de Petrogrado exhorta a todos los obreros y a todo el campesinado a apoyar abnegadamente con la mayor energía la revolución obrera y campesina. El Sóviet expresa la seguridad de que los obreros de las ciudades, en alianza con los campesinos pobres, darán pruebas de inflexible disciplina amistosa y crearán el más severo orden revolucionario, indispensable para el triunfo del socialismo.

El Sóviet está convencido de que el proletariado de los países de Europa Occidental nos ayudará a llevar la causa del socialismo a la victoria completa y firme".

"¿Ustedes creen que han vencido?".

Se encogió de hombros: "Aún tenemos que hacer mucho. Muchísimo. La cosa sólo comienza…".

En el rellano de la escalera vi a Riazánov, vicepresidente del Consejo de los Sindicatos. Miraba hosco, mordiéndose la canosa barba. "¡Es una locura, una locura! —exclamó—. ¡El proletariado europeo no se levantará! Rusia entera…". Hizo un ademán distraído y siguió corriendo.

Riazánov y Kámenev se habían opuesto a la insurrección y habían experimentado toda la terrible fuerza polémica de Lenin.

Había sido una reunión muy importante. En nombre del Comité Militar Revolucionario, Trotski declaró que el Gobierno Provisional ya no existía.

"La característica de los gobiernos burgueses y pequeñoburgueses —dijo— consiste en engañar a las masas. Actualmente a nosotros, a los Sóviets de Diputados Soldados, Obreros y Campesinos, nos espera un experimento sin parangón en la historia: fundar un poder que no conozca otros objetivos que las necesidades de los soldados, de los obreros y de los campesinos".

En la tribuna apareció Lenin. Lo recibieron con una estruendosa ovación. Predijo la revolución socialista mundial… Después habló Zinóviev, que exclamó: "Hoy hemos pagado la deuda al proletariado internacional y hemos asestado un golpe terrible a la guerra, un golpe al pecho de todos los imperialistas y en particular al verdugo Guillermo".

Luego Trotski declaró que ya se habían cursado telegramas al frente anunciando la victoria de la insurrección, pero no había llegado todavía la respuesta. Según rumores, las tropas avanzaban sobre Petrogrado. Era necesario enviar una delegación para explicarles toda la verdad.

Gritos: "¡Vosotros predetermináis la voluntad del Congreso de los Sóviets de toda Rusia!".

Trotski (fríamente): "¡La voluntad del Congreso de los Sóviets de toda Rusia ha sido predeterminada por el levantamiento de los obreros y soldados de Petrogrado!".

Entramos en el vasto salón de sesiones, abriéndonos paso a través del gentío clamoroso que se agolpaba en la puerta. Iluminados por enormes arañas blancas, en bancos y sillas, en los pasillos, en los repechos de las ventanas y hasta en el borde de la tarima presidencial estaban sentados los representantes de los obreros y soldados de toda Rusia que, en ansioso silencio o en medio de un ruido salvaje, esperaban el campanillazo del presidente.

En el local no había calefacción, pero hacía calor por las emanaciones de los cuerpos humanos sin lavar. Un desagradable humo azul de tabaco ascendía y flotaba en el aire denso. De vez en cuando uno de los dirigentes subía a la tribuna y rogaba a los compañeros que dejasen de fumar. Entonces todos los presentes, incluyendo los propios fumadores, se ponían a gritar: "¡Camaradas, no fumar!" y seguían fumando.

El anarquista Petrovski, delegado de la fábrica Obújov, me sentó a su lado. Sucio y sin afeitar, se caía de sueño: llevaba trabajando tres noches seguidas en el Comité Militar Revolucionario.

En el estrado se encontraban los líderes del viejo CEC; dominaban por última vez una reunión de los turbulentos Sóviets que habían manejado desde los primeros días de la revolución y que ahora se les rebelaban. Terminó el primer período de la revolución rusa que estos hombres habían tratado de frenar. Los tres más destacados no estaban en la presidencia: no estaba Kerenski, que había huido al frente a través de ciudades y pueblos ya presos de la agitación; no estaba Chjeídze, viejo águila, que se había retirado desdeñosamente a sus montañas georgianas donde se consumía de tisis; no estaba tampoco el alma cándida de Tsereteli, enfermo también de gravedad, que retornó más tarde y agotó toda su grandilocuencia en defender una causa perdida. Ocupaban la presidencia Gots, Dan, Líber, Bogdánov, Broido y Filippovski, todos lívidos e iracundos, con los ojos hundidos.

A sus pies se encrespaba y agitaba el II Congreso de los Sóviets de toda Rusia, y sobre sus cabezas trabajaba febrilmente el Comité Militar Revolucionario, que tenía en sus manos todos los hilos del alzamiento y asestaba golpes certeros y fuertes… Eran las 10:40 de la noche.

Dan, un hombre insignificante de rostro senil, con un uniforme demasiado grande de médico militar, agitó la campanilla. Inmediatamente se hizo un silencio tenso, interrumpido tan solo por las disputas y maldiciones de los que se agolpaban a la entrada.

"El poder está en nuestras manos —comenzó tristemente Dan. Se detuvo un momento y prosiguió en voz baja—: Compañeros: el Congreso de los Sóviets se reúne en un momento tan excepcional y en circunstancias tan extraordinarias que creo comprenderéis por qué el CEC considera superfluo abrir la presente reunión con un discurso político. Y quedará más claro para vosotros si recordáis que soy miembro de la presidencia del CEC y que, en estos momentos, nuestros compañeros de partido se encuentran en el Palacio de Invierno bajo el bombardeo, cumpliendo abnegadamente el deber de ministros que les encomendó el CEC". (Rumor confuso).

"Declaro abierta la primera reunión del II Congreso de los Sóviets de Diputados Obreros y Soldados".

Se eligió la presidencia en medio del ruido y la agitación general. Avanésov declaró que, por acuerdo entre los bolcheviques, socialistas-revolucionarios de izquierda y mencheviques internacionalistas, se había decidido formar la presidencia sobre la base de la representación proporcional.

Varios mencheviques se levantaron de sus asientos, protestando violentamente. Un soldado barbudo les gritó: "¡Acordaos de lo que hacíais con nosotros, los bolcheviques, cuando estábamos en minoría!".

La elección arrojó el siguiente resultado: catorce bolcheviques, siete socialistas-revolucionarios, tres mencheviques y un internacionalista (del grupo de Gorki). Hendelmann declaró, en nombre de los socialistas-revolucionarios de derecha y del centro, que se negaban a formar parte de la presidencia. Jinchuk hizo una declaración análoga en nombre de los mencheviques. Los mencheviques internacionalistas tampoco podían entrar en la presidencia hasta esclarecer determinadas circunstancias. Escasos aplausos y gritos. Una voz: "¡Renegados! ¡Y vosotros os llamáis socialistas!".

Un representante de los delegados de Ucrania solicitó y obtuvo un puesto en la presidencia. Después, el viejo CEC abandonó la presidencia y ocuparon su lugar Trotski, Kámenev, Lunacharski, Kollontái, Noguín...

Toda la sala puesta en pie aplaudió tempestuosamente. ¡A qué altura habían llegado estos bolcheviques, de una secta no reconocida y perseguida tan solo cuatro meses atrás, al puesto supremo de timoneles de la gran Rusia arrebatada por la tormenta de la insurrección!

En el orden del día, comunicó Kámenev, figuraban: primer punto, organización del poder; segundo, la guerra y la paz; tercero, la Asamblea Constituyente. Lozovski se levantó y anunció que, por un acuerdo entre la dirección de todas las fracciones, se proponía escuchar y discutir primero el informe del Sóviet de Petrogrado, luego conceder la palabra a los miembros del CEC y a los representantes de los partidos, y, por último, pasar al orden del día.

Inesperadamente se oyó un nuevo ruido, más fuerte que el tumulto, un ruido persistente y alarmante: el sordo tronar de los cañones. Todos fijaron sus ansiosas miradas en las oscuras ventanas y una especie de escalofrío recorrió la sala.

Mártov pidió la palabra y exclamó con voz ronca: "¡Ha empezado la guerra civil, camaradas! Nuestro primer punto debe ser la solución pacífica de la crisis. Por principio y como táctica urge que discutamos los medios de evitar la guerra civil. ¡En la calle están disparando contra nuestros hermanos! En el momento en que, ante la apertura del Congreso de los Sóviets, el problema del poder se decide mediante un complot militar organizado por uno de los partidos revolucionarios…".

Los gritos y el tumulto ensordecieron un instante sus palabras.

"¡Todos los partidos revolucionarios deben mirar los hechos a la cara! La misión del Congreso consiste ante todo en decidir el problema del poder, y este problema ha sido planteado ya en la calle, ¡está siendo resuelto ya por las armas! Debemos crear un poder que sea reconocido por toda la democracia. El Congreso, si quiere ser la voz de la democracia revolucionaria, no debe cruzarse de brazos ante la guerra civil que se despliega y que puede conducir tal vez a un peligroso estallido de la contrarrevolución. Las posibilidades de una solución pacífica hay que buscarlas en la creación de un poder democrático unido… Hay que elegir una delegación para las conversaciones con otros partidos y organizaciones socialistas…".

El metódico y lejano tronar de los cañones, las incesantes discusiones de los delegados… Así, bajo el estruendo artillero, en un ambiente de tinieblas y odio, de pánico salvaje y audacia sin límites, nacía la nueva Rusia.

Los socialistas-revolucionarios de izquierda y los socialdemócratas unidos apoyaron la proposición de Mártov. Fue aceptada.

Un soldado anunció que el Comité Ejecutivo de los Sóviets Campesinos de toda Rusia se había negado a enviar sus delegados al Congreso; propuso mandar allá una comisión con una invitación formal. "Aquí están presentes varios diputados campesinos —dijo—. Propongo concederles voto". La propuesta fue aceptada.

Pidió la palabra el capitán Jarash: "¡Los hipócritas políticos que encabezan este Congreso —gritó apasionadamente desde su sitio— nos dicen que debemos plantear el problema del poder cuando ha sido planteado ya a nuestras espaldas antes de la apertura del Congreso! ¡Están cañoneando el Palacio de Invierno, pero cada cañonazo clava la tapa en el ataúd del partido político que se ha arriesgado a tal aventura!".

Indignación general.

Tomó la palabra Gharra: "Mientras aquí se propone el arreglo pacífico del conflicto, se combate en las calles… Los socialistas-revolucionarios y los mencheviques no quieren verse envueltos en todo lo que aquí sucede y exhortan a todas las fuerzas sociales a oponer resistencia a los intentos de tomar el poder…".

El trudovique Kuchin, delegado del XII Ejército, exclamó: "Yo he sido enviado aquí solamente para información. ¡Me vuelvo inmediatamente al frente donde todos los comités del Ejército tienen la firme convicción de que la toma del poder por los Sóviets tres semanas antes de la apertura de la Asamblea Constituyente es una puñalada por la espalda al Ejército y un crimen ante el pueblo!".

Gritos furiosos: "¡Mentira! ¡Mientes!".

Se volvió a oír la voz del orador: "¡Hay que acabar con esta aventura en Petrogrado! ¡En nombre de la patria y la revolución llamo a todos los delegados a abandonar esta sala!".

Descendió de la tribuna. Un clamor de indignación. Muchos se levantaron amenazadores a su encuentro.

Tomó la palabra Jinchuk, oficial de puntiaguda barbita rojiza, de habla suave y persuasiva: "Yo hablo en nombre de los delegados del frente. El Ejército no está suficientemente representado en este Congreso y, además, no considera el Congreso de los Sóviets necesario en este momento, cuando faltan tres semanas nada más para la apertura de la Asamblea Constituyente…".

Gritos desaforados y creciente pataleo.

"El Ejército considera que el Congreso de los Sóviets carece de la necesaria autoridad…".

Los soldados presentes en la sala saltaron de sus asientos.

"¿En nombre de quién habla usted? ¿A quién representa?" —gritaron.

"Al Comité Ejecutivo Central del V Ejército, al Segundo Regimiento F, al Primer Regimiento N y Tercero S de Tiradores…".

"¿Cuándo le eligieron? ¡Usted representa a los oficiales y no a los soldados! Y los soldados, ¿qué dicen?". Gritos de protesta.

"¡Nosotros, el grupo del frente, declinamos toda responsabilidad por lo que está ocurriendo aquí y ocurrirá más adelante y consideramos necesario movilizar todas las fuerzas revolucionarias conscientes para salvar la revolución! El grupo del frente abandona el Congreso… ¡El lugar del combate está en las calles!".

Un grito estentóreo: "¡Usted habla en nombre del Estado Mayor y no del Ejército!".

"¡Llamo a todos los soldados sensatos a abandonar el Congreso!".

"¡Kornilovista! ¡Contrarrevolucionario! ¡Provocador!" —se oía en la sala.

Luego Jinchuk, en nombre de los mencheviques, declaró: "La única posibilidad de solución pacífica consiste en que el Congreso inicie las negociaciones con el Gobierno Provisional para formar un nuevo gabinete que se apoye en todas las capas de la sociedad".

El terrible alboroto no le permitió hablar durante varios minutos. Elevando la voz, leyó a gritos la declaración de los mencheviques:

"Como los bolcheviques han organizado un complot militar con la ayuda del Sóviet de Petrogrado y sin aconsejarse con otras fracciones y partidos, nosotros no consideramos posible permanecer en el Congreso y por eso lo abandonamos, invitando a todos los demás grupos y partidos a seguirnos y reunirnos para discutir la situación".

"¡Desertores!".

Hendelmann, interrumpido a cada instante por el tumulto general y los gritos, protestó en nombre de los socialistas-revolucionarios con voz apenas perceptible contra el bombardeo del Palacio de Invierno. "Nosotros no reconocemos semejante anarquía…".

No había terminado aún cuando subió corriendo a la tribuna un soldado joven de rostro delgado y ojos como ascuas. Levantó la mano con gesto dramático:

"¡Compañeros! —exclamó, y se hizo el silencio—. Mi apellido es Peterson. Hablo en nombre del Segundo Regimiento de Tiradores Letones. Habéis escuchado la declaración de dos representantes de los comités del Ejército y estas declaraciones tendrían algún valor si sus autores fuesen verdaderos representantes del Ejército…". (Tempestuosos aplausos).

"No representan a los soldados…". El orador agitó el puño.

"El XII Ejército viene insistiendo hace tiempo en la reelección del Sóviet y del Iskosol, pero nuestro comité, exactamente lo mismo que vuestro CEC, se niega a convocar a los representantes de las masas hasta fines (mediados) de septiembre, y por eso estos reaccionarios han podido enviar al presente Congreso a sus falsos delegados. Pero yo os digo que los tiradores letones han declarado ya más de una vez: '¡Ni una resolución más! ¡Basta de palabras! Se necesitan hechos. ¡Debemos tomar el poder en nuestras manos!'. ¡Que se vayan del Congreso esos delegados impostores! ¡El Ejército no está con ellos!".

La sala prorrumpió en tempestuosos aplausos. En los primeros momentos de la reunión, aturdidos por la rapidez de los acontecimientos y por el cañoneo, vacilaban. Durante una hora entera habían descargado sobre ellos los martillazos desde esta tribuna, juntándolos en una sola masa y aplastándolos al propio tiempo. ¿No se quedarían solos? ¿No se levantaría Rusia contra ellos? ¿Era cierto que las tropas avanzaban ya sobre Petrogrado? Pero empezó a hablar este joven soldado de ojos claros y todos comprendieron al momento que en sus palabras, fulgurantes como el rayo, estaba la verdad… Su voz era la voz de los soldados, de los millones de obreros y campesinos vestidos de uniforme, poseídos del mismo impulso, de los mismos pensamientos y sentimientos que los delegados.

Más soldados en la tribuna… Gzhelschak declaró en nombre de los delegados del frente que el problema de abandonar el Congreso había sido decidido por una mayoría insignificante de votos y, además, los delegados bolcheviques ni siquiera habían tomado parte en la votación, considerando que el acuerdo había que tomarlo por partidos políticos y no por grupos. "Centenares de delegados del frente —dijo— fueron elegidos sin participación de los soldados porque los comités del Ejército hace ya tiempo que dejaron de ser verdaderos representantes de la masa de soldados…".

Lukiánov gritó que los oficiales como Jarash o Jinchuk no representaban en el Congreso a los soldados, sino al Alto Mando. "Los habitantes de las trincheras esperan con impaciencia el paso del poder a manos de los Sóviets". Los ánimos empezaron a cambiar.

Luego habló Abramóvich, en nombre del Bund (Partido Socialdemócrata Judío). Temblaba de ira y sus ojos relampagueaban tras los gruesos cristales de los espejuelos:

"¡Los acontecimientos que tienen lugar en Petrogrado son una monstruosa calamidad! ¡El grupo del Bund se adhiere a la declaración de los mencheviques y de los socialistas-revolucionarios y abandona el Congreso!".

Elevó la voz y alzó la mano:

"Nuestro deber ante el proletariado ruso no nos permite quedarnos aquí y contraer la responsabilidad por este crimen. Como el cañoneo del Palacio de Invierno no cesa, la Duma Municipal, conjuntamente con los mencheviques, los socialistas-revolucionarios y el Comité Ejecutivo de los Sóviets Campesinos, ha decidido sucumbir junto con el Gobierno Provisional. ¡Nosotros nos uniremos a él! Inermes abrimos nuestro pecho a las ametralladoras de los terroristas… Exhortamos a los delegados a este Congreso…".

El resto del discurso se ahogó en una tempestad de gritos, amenazas y maldiciones que alcanzaron un estruendo infernal cuando cincuenta delegados se levantaron de sus asientos y empezaron a abrirse paso hacia la salida.

Kámenev agitaba la campanilla de presidente, gritando: "¡Permanezcan en sus sitios! ¡Pasamos al orden del día!". Trotski se levantó. Tenía el rostro pálido y cruel. Su voz poderosa sonaba con frío desprecio. "¡Que se vayan todos los llamados social-conciliadores, todos esos mencheviques, eseristas y bundistas asustados! ¡No son más que basura que será barrida al basurero de la historia!".

Riazánov comunicó en nombre de los bolcheviques que el Comité Militar Revolucionario, a petición de la Duma Municipal, había enviado una delegación para negociar con el Palacio de Invierno. "Por lo tanto, hemos hecho todo lo posible para evitar la efusión de sangre…".

Era hora de marcharnos. Nos detuvimos un momento en la habitación donde trabajaba febrilmente el Comité Militar Revolucionario, recibiendo y enviando a los sudorosos enlaces, mandando a todos los confines de la ciudad comisarios investidos con poderes de vida y muerte. Zumbaban sin cesar los teléfonos de campaña. Cuando se abrió la puerta nos dio en el rostro una bocanada de aire denso y humo de tabaco, y distinguimos a unos hombres desgreñados que se inclinaban sobre un plano, inundado por la viva luz de una lámpara eléctrica con pantalla… El camarada Iozéfov-Dujvinski, joven sonriente de pelambrera pajiza, nos entregó los pases.

Salimos a la fría noche. Ante el Smolny había una enorme concentración de automóviles que arribaban y partían. A través del ruido se oía el sordo tronar del lejano cañoneo. Un enorme camión trepidaba con el motor en marcha. Unos hombres llevaban hasta él paquetes de hojas impresas y otros los tomaban y los colocaban, teniendo a mano los fusiles.

"¿Adónde van ustedes?" —pregunté.

"¡Por toda la ciudad!" —me respondió sonriendo un obrero pequeño, con ademán amplio y entusiasmado.

Enseñamos nuestras credenciales. "¡Vénganse con nosotros!" —nos invitaron.

"Pero es probable que nos disparen…". Nos encaramamos al camión. La palanca del embrague accionó con agudo chirrido, la enorme máquina arrancó y todos fuimos lanzados hacia atrás, cayendo sobre los que todavía trepaban a nuestro camión.

Pasamos veloces junto a las hogueras de las puertas de dentro y de fuera, que alumbraban con luz roja a los obreros armados de fusiles e inclinados sobre el fuego. Saltando y zarandeando, el camión entró como una bala en la Avenida de Suvórov. Uno de nuestros acompañantes arrancó la envoltura de un paquete y se puso a arrojar al aire puñados de impresos. Nosotros le imitamos. Así corrimos por las oscuras calles, dejando una estela de papeles blancos en vuelo. Los peatones trasnochadores se detenían a recogerlos. En las encrucijadas, las patrullas dejaban sus fogatas y, alzando los brazos, atrapaban los volantes. A veces saltaban a nuestro encuentro gentes armadas. Se echaban los fusiles a la cara y gritaban: "¡Stoi!" (¡Alto!), pero nuestro chófer pronunciaba unas cuantas palabras ininteligibles y la carrera continuaba.

Tomé una de las proclamas y, aprovechando los escasos faroles callejeros, conseguí leer:

"¡A los ciudadanos de Rusia! El Gobierno Provisional ha sido depuesto. El poder del Estado ha pasado a manos del Comité Militar Revolucionario, que es un órgano del Sóviet de Diputados Obreros y Soldados de Petrogrado y se encuentra al frente del proletariado y de la guarnición de la capital.

Los objetivos por los que ha luchado el pueblo —la propuesta inmediata de una paz democrática, la supresión de la propiedad privada de los terratenientes, el control obrero en la industria y la constitución de un Gobierno soviético— están asegurados.

¡Viva la revolución de los obreros, soldados y campesinos!

El Comité Militar Revolucionario del Sóviet de Diputados Obreros y Soldados de Petrogrado".

Mi vecino, un bizco de tipo mongol, tocado con un gorro caucasiano de piel de cabra, advirtió: "¡Cuidado! ¡Los provocadores disparan siempre desde las ventanas!". Doblamos hacia la Plaza Známenskaya, a oscuras y casi desierta, dimos la vuelta al estúpido monumento obra de Trubetskói y salimos a la ancha Nevski. Tres de los nuestros tenían aprestadas las armas y vigilaban las ventanas.

La calle estaba muy animada. La gente, agachándose, corría en distintas direcciones. No oíamos ya los cañones, y cuanto más nos acercábamos al Palacio de Invierno tanto más calladas y desiertas estaban las calles. La Duma Municipal tenía encendidas todas las ventanas. Más allá se veía una densa muchedumbre y un cordón de marinos que gritaban furiosamente que nos detuviéramos. El camión aminoró la marcha y nosotros saltamos a la calzada.

Era un espectáculo sorprendente. Justamente en la esquina del canal de Catalina, bajo el farol de la calle, una fila de marinos atravesaba la Nevski, cerrando el paso a una columna de cuatro en fondo. Eran unos trescientos o cuatrocientos individuos —hombres de buenos gabanes, damas elegantes, oficiales—, gente de la más diversa condición. Reconocimos entre ellos a muchos delegados al Congreso, líderes mencheviques y eseristas. Allí estaban Avxéntiev, flaco, de barba pelirroja, presidente del Comité Ejecutivo de los Sóviets Campesinos; Sorokin, incondicional de Kerenski; Jinchuk, Abramóvich y, delante de todos, el viejo Shréider, de barba gris, alcalde de Petrogrado, y

Prokopóvich, Ministro de Abastos del Gobierno Provisional, detenido por la mañana y puesto ya en libertad. Vi también a Malkin, reportero del Russian Daily News.

"¡Vamos al Palacio de Invierno a morir!" —gritaba entusiasmado.

La procesión no se movía, pero de sus filas delanteras partían gritos estentóreos. Shréider y Prokopóvich discutían con un corpulento marinero, que parecía mandar el cordón.

"¡Exigimos que se nos deje pasar! —gritaban—. ¡Estos compañeros vienen del Congreso de los Sóviets! ¡Mire sus mandatos! ¡Vamos al Palacio de Invierno!".

El marino estaba perplejo. Se rascó sombrío la nuca con su manaza. "Tengo orden del Comité de no dejar entrar a nadie en el Palacio —refunfuñó—. Mandaré a un camarada a telefonear al Smolny…".

"¡Insistimos en que nos dejen pasar! ¡No llevamos armas! ¡Pasaremos, tanto si nos permiten como si no!" —gritó muy excitado Shréider.

"Tengo orden…" —repetía hosco el marino.

"¡Disparen si quieren! ¡Pasaremos! ¡Adelante! —gritaban de todos lados—. ¡Si tienen corazón para disparar contra rusos y compañeros, estamos dispuestos a morir! ¡Abrimos el pecho ante vuestras ametralladoras!".

"No —declaró el marino con terca mirada—. No puedo dejarles pasar".

"¿Y qué harán si pasamos? ¿Abrirán fuego?".

"No, yo no puedo disparar contra gente desarmada. No podemos disparar contra rusos desarmados…".

"¿Vamos? ¿Qué pueden hacer ustedes?".

"¡Algo haremos! —respondía el marino puesto evidentemente en un atolladero—. ¡No podemos dejarles pasar! Pero algo haremos…".

"¿Qué van a hacer? ¿Qué harán?".

Entonces apareció otro marino muy irritado. "¡A culatazos! —gritó con energía—. Y, si es preciso, dispararemos. ¡Márchense a casa y déjennos en paz!".

Se escuchó un salvaje clamor de ira e indignación. Prokopóvich se subió a un cajón y, agitando el paraguas, empezó un discurso.

"¡Compañeros y ciudadanos! —dijo—. ¡Emplean con nosotros la fuerza bruta! ¡No podemos permitir que las manos de estos ignorantes se manchen con nuestra sangre inocente! Está por debajo de nuestra dignidad ser fusilados por estos guardabarreras". (Yo me quedé sin comprender lo que él entendía por 'guardabarreras'). "¡Volvamos a la

Duma y discutamos los mejores medios de salvar el país y la revolución!".

Después de esto, la procesión, en profundo silencio, dio media vuelta y se puso en marcha por la Nevski, conservando la columna de cuatro en fondo. Aprovechamos la confusión para colarnos por el cordón y encaminarnos al Palacio de Invierno.

Allí reinaba absoluta oscuridad. Ni el menor movimiento, solo nos encontramos con patrullas de soldados y guardias rojos en estado de suma excitación. Frente a la Catedral de Kazán había en medio de la calle una pieza de artillería de campaña de tres pulgadas, un poco ladeada por el retroceso del último cañonazo, disparado por encima de los tejados. En todas las puertas había soldados. Hablaban en voz baja y miraban hacia el Puente de la Policía. Distinguí unas palabras: "Es posible que hayamos cometido un error…".

En todas las esquinas, las patrullas detenían a los transeúntes. La composición de estas patrullas era muy interesante: los soldados iban siempre mandados por guardias rojos. El tiroteo había cesado.

En el momento en que salíamos a la Morskaya alguien gritó: "¡Los junkers han mandado decir que esperan a que vayamos a echarlos!".

Se oyeron voces de mando y, en las profundas tinieblas, distinguimos una masa oscura que avanzaba en silencio, interrumpido solo por el rumor de las pisadas y el chasquido de las armas. Nos sumamos a las primeras filas.

Como un río negro que inundase la calle, sin canciones ni gritos, pasamos bajo el arco rojo. Un hombre que iba delante de mí dijo en voz baja: "¡Cuidado, compañeros, no se fíen! ¡Seguro que dispararán!".

Al salir a la plaza echamos a correr, agachándonos y apretándonos unos a otros. Corrimos así hasta chocar con el pedestal de la Columna de Alejandro.

"¿Han matado a muchos de ustedes?" —pregunté.

"No sé. A diez, lo menos…".

Tras unos minutos de permanencia allí, el destacamento, que contaba con varios cientos de hombres, cobró ánimos y, de pronto, sin ninguna orden, volvió a lanzarse adelante. En ese momento, a la viva luz que salía de las ventanas del Palacio de Invierno, observé que los doscientos o trescientos hombres de la vanguardia eran todos guardias rojos. Había muy pocos soldados entre ellos.

Trepamos a las barricadas de leña y, al saltar abajo, lanzamos gritos de triunfo: a nuestros pies había montones de fusiles abandonados por los junkers. Las puertas del edificio, a ambos lados de las entradas principales, estaban abiertas de par en par. De allí salía la luz a raudales, pero en el enorme edificio no se oía el menor ruido.

Arrastrados por la impetuosa oleada humana, entramos corriendo en el Palacio por el portal derecho que daba a una habitación abovedada, enorme y vacía, sótano del ala este, de donde arrancaba un laberinto de pasillos y escaleras. Allí había infinidad de cajones. Los guardias rojos y soldados se lanzaron furiosos a ellos, rompiéndolos a culatazos y sacando tapices, cortinajes, lencería y vajilla de porcelana y cristal. Alguien se echó al hombro un reloj de bronce. Otro encontró una pluma de avestruz y se la clavó en el gorro.

Pero, en cuanto empezó el saqueo, alguien gritó: "¡Compañeros! ¡No toquéis nada! ¡No toméis nada! ¡Esto pertenece al pueblo!". Inmediatamente le apoyaron veinte voces, por lo menos: "¡Alto! ¡Déjalo todo donde estaba! ¡No toméis nada! ¡Pertenece al pueblo!". Decenas de brazos se tendieron hacia los ladrones, les arrebataron los brocados y tapices. Dos hombres recuperaron el reloj de bronce. Los objetos eran metidos de cualquier manera y a toda prisa en los cajones, junto a los cuales se pusieron, sin que nadie lo ordenase, unos centinelas. Todo esto se hacía espontáneamente. Por los pasillos y escaleras se oían gritos cada vez más débiles y ahogados por la distancia: "¡Disciplina revolucionaria! ¡Propiedad del pueblo!".

Nos dirigimos a la entrada izquierda, es decir, al ala oeste del Palacio. Allí ya se había restablecido también el orden.

"¡Despejen el Palacio! —gritaban los guardias rojos, asomándose por las puertas interiores—. ¡Vamos, compañeros, que sepan todos que no somos ladrones ni bandidos! ¡Fuera todos del Palacio menos los comisarios! ¡Poned centinelas!".

Dos guardias rojos —un soldado y un oficial— estaban revólver en mano. Tras ellos, se había sentado a una mesa otro soldado, armado de pluma y papel. Por todas partes se oían gritos: "¡Fuera todos! ¡Fuera todos!". Todo el ejército empezó a salir, empujándose, quejándose y discutiendo.

Un comité, que nadie había nombrado, detenía a todo el que salía, le hacía volver del revés los bolsillos y lo cacheaba. Todo lo que evidentemente no podía ser propiedad del registrado era incautado; el soldado sentado a la mesa apuntaba los objetos confiscados y otros los llevaban a una habitación contigua. Se confiscaron los objetos más heterogéneos: estatuillas, frascos de tinta, sábanas con monogramas imperiales, palmatorias, miniaturas al óleo, pisapapeles, espadas con empuñaduras de oro, trozos de jabón, ropas de todas clases y mantas.

Un guardia rojo llegó con tres fusiles y declaró que se los había quitado a los junkers. Otro trajo cuatro portafolios repletos de documentos. Los culpables callaban sombríos o se justificaban como niños. Los miembros del comité explicaban al unísono que el robo era indigno de los luchadores del pueblo. Muchos de los pillados in fraganti ayudaban a registrar a los demás compañeros.

Comenzaron a aparecer los junkers en grupos de tres o cuatro. El comité se abalanzaba a ellos con excesivo celo, acompañando el registro de exclamaciones:

"¡Provocadores! ¡Kornilovistas! ¡Contrarrevolucionarios! ¡Verdugos del pueblo!". Aunque no se había cometido ningún acto de violencia, los junkers parecían aterrorizados. Llevaban los bolsillos llenos también de cosas robadas. El comité apuntaba cuidadosamente todas estas cosas y las enviaba a la habitación contigua. Los junkers eran desarmados.

"¿Qué, vais a levantar otra vez las armas contra el pueblo?" —les preguntaban a voces.

"¡No!" —respondían los junkers, uno tras otro. Después, los ponían en libertad.

Preguntamos si podíamos pasar nosotros a las habitaciones interiores. El comité dudó, pero un guardia rojo de imponente estatura dijo que estaba prohibido.

"¿Y quiénes son ustedes? —inquirió—. ¿Cómo sé yo que no son de Kerenski?". (Éramos cinco, incluyendo dos mujeres).

"¡Pozháluista, továrischi!" ("¡Por favor, compañeros!").

En el umbral aparecieron soldados y un guardia rojo, apartando a la gente y despejando el camino, y detrás varios obreros más, armados de fusiles con la bayoneta calada. Les seguían en fila india media docena de paisanos; eran miembros del Gobierno Provisional.

Delante iba Kishkin, con la cara alargada y pálida; luego Rútenberg, que miraba sombrío al suelo; Teréschenko, que miraba de mal talante a los lados. Su fría mirada se detuvo en nuestro grupo… Pasaron en silencio.

Los vencedores acudían a mirarles, pero eran muy pocos los gritos de indignación. Más tarde nos enteramos de que, en la calle, el pueblo quería linchar a los detenidos y que hasta hubo tiros, pero los soldados los condujeron sanos y salvos a la fortaleza de Pedro y Pablo.

Entretanto, pasamos sin obstáculos al interior del Palacio. Infinidad de gente entraba y salía, registrando nuevos y nuevos aposentos del vasto edificio, buscando a los junkers escondidos, que en realidad no existían. Subimos por la escalera y empezamos a recorrer una habitación tras otra.

Esta parte del Palacio la ocupaba otro destacamento que había atacado por el lado del Neva.

Los cuadros, las estatuas, los cortinajes y los tapices de los vastos aposentos de gala estaban intactos. En las oficinas, por el contrario, todas las mesas de escritorio y escribanías habían sido vueltas patas arriba, y el suelo estaba lleno de papeles. Las alcobas también habían sido registradas; habían quitado las colchas de las camas y los guardarropas estaban abiertos de par en par. El botín más codiciado era la ropa, de la que tan necesitado se hallaba el pueblo.

En una habitación donde había muchos muebles, sorprendimos a dos soldados que arrancaban de los sillones el tafilete español. Nos dijeron que era para hacerse unas botas.

Los viejos servidores del Palacio, con sus libreas azules y adornos rojos, estaban allí nerviosos, repitiendo por la fuerza de la costumbre: "Aquí, señor, no se puede... está prohibido...".

Por fin, penetramos en una sala de malaquita con ornamento dorado y colgaduras de brocado carmesí donde los ministros habían permanecido reunidos en consejo todo el último día y la noche; el camino hasta allí se lo mostraron los ujieres a los guardias rojos. La larga mesa cubierta con tapete verde estaba en la misma posición que antes de la detención del Gobierno. Sobre esta mesa, frente a cada silla vacía, había un tintero, papel y pluma. Las hojas de papel contenían fragmentos de planes de acción y borradores de llamamientos y manifiestos.

Casi todo esto estaba tachado, como si los mismos autores se hubiesen convencido poco a poco de lo desesperado de sus planes. En el lugar libre se veían insensatos planos geométricos. Diríase que los reunidos los habían dibujado maquinalmente, mientras escuchaban sin esperanza cómo los oradores proponían nuevos y nuevos proyectos quiméricos.

Tomé de recuerdo una de aquellas hojas, escrita de puño y letra por Konoválov:

"El Gobierno Provisional —leí— llama a todas las clases de la población a sostener el Gobierno Provisional...".

No hay que olvidar que, aunque el Palacio de Invierno estaba rodeado, el Gobierno Provisional se hallaba en constante comunicación con el frente y con los centros provinciales. Los bolcheviques se habían apoderado del Ministerio de la Guerra por la mañana, pero no sabían que en el ático había un telégrafo; tampoco sabían que el edificio del Ministerio estaba unido con el Palacio de Invierno por un cable secreto. Entretanto, en el ático estuvo todo el día un joven oficial transmitiendo a todo el país un verdadero torrente de proclamas y llamamientos. Y cuando se enteró de que había caído el Palacio de Invierno, se puso la gorra y abandonó tranquilamente el edificio.

Nos seducía tanto lo que nos rodeaba que no prestábamos ninguna atención a los soldados y guardias rojos, pero su actitud había cambiado de modo raro. Un pequeño grupo nos seguía buen rato de habitación en habitación. Finalmente, cuando llegamos a la vasta galería de pintura donde habíamos conversado por la mañana con los junkers, nos rodeaban cerca de un centenar de personas.

Ante nosotros teníamos a un soldado gigantesco de rostro sombrío y suspicaz.

"¿Quiénes son ustedes? —gritó—. ¿Qué hacen aquí?".

Nos rodeó más gente. Nos miraban con fijeza. Empezaron a murmurar. A mis oídos llegó: "¡Provocátory!". ("¡Provocadores!"). Enseñé nuestras credenciales extendidas por el Comité Militar Revolucionario. El soldado las tomó, las volvió con las letras hacia abajo y se quedó mirándolas sin comprender. Era evidente que no sabía leer. Luego me devolvió los documentos y escupió al suelo.

"¡Bumagui!" ("¡Papeles!") —pronunció despectivamente.

El gentío empezó a estrecharse en torno nuestro como los caballos salvajes en torno al cowboy a pie. Distinguí de lejos a un oficial que miraba impotente y le llamé. Se abrió paso hasta nosotros.

"Soy comisario —me dijo—. ¿Quiénes son ustedes, qué pasa?".

La gente retrocedió un poco y quedó a la expectativa. Volví a enseñar los papeles.

"¿Ustedes son extranjeros? —preguntó rápidamente el oficial en francés—. Mala cosa…".

Se volvió a la gente y agitó en el aire nuestros documentos.

"¡Compañeros! —gritó—. ¡Son nuestros camaradas extranjeros, norteamericanos! ¡Han venido aquí para contar luego a sus compatriotas la bravura y la disciplina revolucionaria del Ejército proletario!".

"¿Y usted cómo lo sabe? —replicó el soldado alto—. Le digo yo que son unos provocadores. Dicen que han venido aquí a ver la disciplina revolucionaria del Ejército proletario y se pasean por todo el Palacio. ¿De dónde sabemos nosotros que no se han atiborrado los bolsillos?".

"¡Právilno!" ("¡Tiene razón!") —gritó la multitud, avanzando sobre nosotros.

En la frente del oficial asomó el sudor.

"¡Compañeros, compañeros! —exclamó—. Yo soy comisario del Comité Militar Revolucionario. ¿A mí me creen? ¡Pues yo les digo que estos pases tienen las mismas firmas que el mío!".

Nos acompañó por el Palacio y abrió ante nosotros la puerta que daba al malecón del Neva. Ante esta puerta se hallaba el mismo comité que registraba los bolsillos.

"Han tenido suerte" —murmuró, enjugándose el rostro.

"¿Y qué ha sido del batallón femenino?" —le preguntamos.

"¡Ah, estas mujeres! —sonrió—. Se metieron todas en las habitaciones traseras. Fue terrible para nosotros decidir qué hacer con ellas: son todas unas histéricas, y si solo fuera eso… Por fin las mandamos a la estación de Finlandia y las metimos en un tren para Leváshovo: allí tienen el campamento…".

Y otra vez salimos a la noche fría e inquieta, llena del rumor confuso de los ejércitos en movimiento, electrizada por las patrullas. Desde el río, donde negreaba imprecisa la mole enorme de la fortaleza de Pedro y Pablo, llegaban roncas exclamaciones.

La acera a nuestros pies estaba llena de estuco, desprendido de la cornisa del Palacio donde habían hecho impacto dos proyectiles del Aurora. El bombardeo no había causado otras destrucciones.

Eran más de las tres de la madrugada. En la Nevski ardían de nuevo todos los faroles, habían retirado ya el cañón y la única señal de las operaciones militares eran los guardias rojos y los soldados que se agolpaban en torno a las fogatas. La ciudad estaba tranquila, tal vez más tranquila que nunca. Aquella noche no ocurrió ni un atraco, ni un robo.

El edificio de la Duma Municipal estaba iluminado de arriba abajo. Entramos en la Sala de Alejandro, rodeada de galerías donde pendían los retratos de los zares en pesados marcos dorados, tapados con tela roja. En torno a la tribuna se agrupaban unos cien hombres.

Hablaba Skóbelev. Insistía en que el Comité de Seguridad Pública fuese ampliado con el fin de unir a todos los elementos antibolcheviques en una sola organización: el Comité de Salvación de la Patria y la Revolución. Mientras nos hallábamos en la sala, se formó el Comité. Era el mismo Comité que posteriormente se convirtió en el enemigo más poderoso de los bolcheviques, actuando en el transcurso de la semana siguiente tanto en nombre propio como en calidad de Comité de Seguridad Pública, estrictamente al margen de los partidos.

Allí se encontraban Dan, Gots, Avxéntiev, varios delegados al Congreso que se habían escindido, los miembros del Comité Ejecutivo de los Soviets Campesinos, el viejo Prokopóvich y hasta los miembros del Consejo de la República, entre ellos Vinaver y otros kadetes. Líber gritaba que el Congreso de los Soviets era ilegal, que el viejo CEC seguía conservando sus atribuciones… Allí mismo se redactaba un llamamiento al país.

Salimos y llamamos un coche. "¿Adónde vamos?". Cuando dijimos "al Smolny", el cochero entonces negó con la cabeza: "¡Niet!" (¡No!) —declaró—. "Allí están esos demonios…". Solo tras largo y fatigoso errar logramos dar con un cochero que accedió a llevarnos, pero nos pidió treinta rublos y se detuvo dos cuadras antes.

Las ventanas del Instituto aún estaban iluminadas. Llegaban y partían automóviles. Alrededor de las hogueras, que seguían ardiendo con viva llama, se apiñaba la guardia, que preguntaba ansiosamente a todos las últimas noticias. Los pasillos estaban llenos de gente presurosa, con los ojos hundidos. En varias habitaciones de los comités, los hombres dormían en el suelo, con el fusil al lado.

Pese a la salida de los delegados escindidos, el salón de sesiones se hallaba repleto y encrespado como un mar. Cuando entramos, Kámenev leía la lista de los ministros detenidos. El nombre de Teréschenko fue cubierto de atronadores aplausos, alegres gritos y risas. Rútenberg causó menos impresión, pero cuando se mencionó a Palchinski estalló una tempestad de gritos y aplausos. Se anunció que Chudnovski había sido designado comisario del Palacio de Invierno.

Entonces ocurrió un episodio verdaderamente dramático. Un campesino alto, con el rostro contraído por la ira, subió a la tribuna y asestó un puñetazo sobre la mesa de la presidencia.

"¡Nosotros, los socialistas-revolucionarios, insistimos en la inmediata liberación de los ministros socialistas detenidos en el Palacio de Invierno! Compañeros: ¿Sabéis que cuatro de nuestros camaradas, que sacrificaron la vida y la libertad en la lucha contra la tiranía zarista, han sido arrojados a la fortaleza de Pedro y Pablo, tumba histórica de la libertad rusa?".

Se levantó un general alboroto. El campesino seguía gritando y asestando puñetazos. Subió a la tribuna otro delegado, se puso a su lado y, señalando a la presidencia, gritó:

"¿Pueden los representantes de las masas revolucionarias permanecer aquí tranquilamente reunidos en los momentos en que la Ojrana bolchevique tortura a sus líderes?".

Trotski demandó silencio con un gesto.

"Nosotros hemos cazado a estos 'camaradas' en el momento en que, junto con el aventurero Kerenski, fraguaban un plan para aplastar los Sóviets. ¿Por qué razón hemos de tratarlos con miramientos? ¿Los tuvieron ellos con nosotros después de las jornadas del 3 al 5 de julio?".

En su voz aparecieron notas triunfales.

"Ahora que los oborontsi (defensistas) y los pusilánimes se han ido y la tarea de defender y salvar la revolución cae por entero sobre nuestros hombros, es particularmente necesario: ¡trabajar, trabajar y trabajar! ¡Hemos decidido antes morir que rendirnos!".

Subió a la tribuna el comisario de Tsárskoe Seló, respirando anhelosamente y cubierto de barro del camino.

"¡La guarnición de Tsárskoe Seló se encuentra en los accesos de Petrogrado dispuesta a defender el Congreso de los Sóviets y el Comité Militar Revolucionario!".

Tempestuosos aplausos.

"El Cuerpo de Ciclistas, enviado del frente, ha llegado a Tsárskoe y se ha pasado a nuestro lado. Reconoce el Poder de los Sóviets, reconoce la necesidad de la entrega inmediata de la tierra a los campesinos y del control en la industria a los obreros. El Quinto Batallón Ciclista, acantonado en Tsárskoe, es nuestro...".

Intervino un delegado del Tercer Batallón Ciclista. En medio de delirante entusiasmo, contó cómo el Cuerpo Ciclista había recibido la orden tres días antes de dejar el frente suroeste y marchar "a defender Petrogrado". Pero los soldados sospecharon que la orden tenía otro sentido. En la estación de Peredolsk fueron recibidos por representantes del Quinto Batallón de Tsárskoe. Se celebró un mitin conjunto y resultó que "entre los ciclistas no había ni uno que accediese a derramar sangre fraterna o a sostener al Gobierno de terratenientes y capitalistas".

Kapelinski propuso, en nombre de los mencheviques internacionalistas, formar una comisión especial para buscar una solución pacífica y evitar la guerra civil.

"¡No existe ninguna solución pacífica!" —tronó toda la sala—. "¡La única solución es la victoria!".

La propuesta fue rechazada por abrumadora mayoría, y los mencheviques internacionalistas abandonaron el Congreso bajo un chaparrón de burlas y denuestos. Entre los delegados no había ni asomo de pánico.

Kámenev gritó desde la tribuna a los que salían:

"Los mencheviques internacionalistas han presentado su propuesta de solución pacífica como una cuestión incidental, pero siempre votaron por la violación del orden del día en favor de las declaraciones de los que querían abandonar el Congreso. ¡Es evidente que la salida de todos estos renegados estaba decidida de antemano!".

La asamblea decidió no tomar en consideración la salida de varios grupos y escuchó el llamamiento a los obreros, soldados y campesinos de toda Rusia:

"¡A los obreros, a los soldados y a los campesinos! Ha comenzado sus labores el II Congreso de los Sóviets de Diputados Obreros y

Soldados de toda Rusia. En él está representada la inmensa mayoría de los Sóviets. Apoyándose en la voluntad de la inmensa mayoría de los obreros, de los soldados y de los campesinos y en la insurrección victoriosa de los obreros y de la guarnición de Petrogrado, el Congreso toma en sus manos el poder.

Ha sido derribado el Gobierno Provisional y la mayoría de sus miembros ya han sido detenidos.

El Poder de los Sóviets propondrá una paz democrática inmediata a todos los pueblos y el armisticio inmediato en todos los frentes. Asegurará el paso sin indemnización de las tierras de los terratenientes, de la Corona y de los conventos a los comités campesinos; defenderá los derechos del soldado llevando a cabo la completa democratización del Ejército; implantará el control obrero sobre la producción; asegurará la reunión de la Asamblea Constituyente en el plazo acordado; se preocupará de abastecer a las ciudades de pan y al campo de artículos de primera necesidad, y garantizará a todas las nacionalidades que pueblan Rusia el verdadero derecho de autodeterminación".

El Congreso acuerda: todo el poder en las localidades pasa a los Soviets de Diputados Obreros, Soldados y Campesinos, llamados a asegurar un orden verdaderamente revolucionario.

El Congreso exhorta a los soldados de las trincheras a la vigilancia y firmeza. El Congreso de los Soviets está convencido de que el Ejército revolucionario sabrá defender la revolución contra todos los ataques del imperialismo, mientras que el nuevo Gobierno no obtenga la paz democrática que va a proponer directamente a todos los pueblos. El nuevo Gobierno tomará todas las medidas para asegurar al Ejército revolucionario de cuanto necesite por medio de una enérgica política de requisas y de imposiciones sobre las clases poseedoras; mejorará también la situación de las familias de los soldados.

Los kornilovistas —Kerenski, Kaledin y otros— intentan enviar tropas contra Petrogrado. Algunos destacamentos que, con engaños, habían sido enviados por Kerenski, se han pasado al pueblo insurreccionado.

¡Soldados, opongan una resistencia activa al kornilovista Kerenski! ¡Estad alerta!

¡Ferroviarios! ¡Detengan todos los trenes dirigidos por Kerenski sobre Petrogrado!

¡Soldados, obreros, empleados: La suerte de la revolución y de la paz democrática está en sus manos!

¡Viva la revolución!

El Congreso de los Soviets de Diputados Obreros y Soldados de toda Rusia. Los delegados de los Soviets Campesinos.

Eran exactamente las 5 y 17 minutos de la mañana cuando Krylenko, tambaleándose de fatiga, subió a la tribuna y mostró a los reunidos un telegrama.

"¡Camaradas! ¡Es del Frente Norte! ¡El XII Ejército saluda al Congreso de los Soviets y comunica la creación de un Comité Militar Revolucionario, que ha asumido el mando del Frente Norte!…".

Comenzó algo completamente indescriptible. Los hombres lloraban y se abrazaban unos a otros. "El general Cheremísov ha reconocido el Comité. ¡El comisario del Gobierno Provisional Voitinski ha presentado la dimisión!".

La revolución era un hecho consumado…

Lenin y los obreros de Petrogrado habían decidido el levantamiento, el Soviet de Petrogrado derribó al Gobierno Provisional y colocó al Congreso de los Soviets ante el hecho del golpe de Estado. Ahora había que ganarse toda la inmensa Rusia y luego el mundo entero. ¿Respondería Rusia, se levantaría? ¿Y el mundo, qué diría el mundo?

¿Responderían los pueblos al llamamiento de Rusia, se alzaría una ola roja mundial?

Eran las seis de la mañana. La noche había sido fría y pesada. Sólo una luz débil y pálida, como ultraterrena, se abría paso tímidamente por las calles silenciosas, haciendo, palidecer las hogueras de los centinelas. La sombra de un temible amanecer se levantaba sobre Rusia.

CAPÍTULO V: AVANCE INCONTENIBLE

Jueves, 8 de noviembre (26 de octubre).

La mañana sorprende a la ciudad sumamente excitada y confusa. En medio del fragor de la tempestad se alzaba un pueblo entero. En la superficie, todo estaba tranquilo. Cientos de miles de personas se acostaron a la hora de costumbre, se levantaron temprano y marcharon al trabajo. En Petrogrado circulaban los tranvías, estaban abiertos los comercios y restaurantes, funcionaban los teatros, y las exposiciones de pintura reunían público. La compleja rutina de la vida cotidiana —no alterada siquiera en los tiempos de guerra— seguía su curso. No hay nada más asombroso que la vitalidad del organismo social: continúa con sus asuntos, se alimenta, viste y divierte incluso en la época de las mayores calamidades.

La ciudad estaba llena de rumores sobre Kerenski. Decían que había llegado al frente y conducía un enorme ejército a la capital. Volia Naroda publicó la orden dada por él en Pskov:

"Los disturbios provocados por la locura de los bolcheviques ponen nuestro país al borde del precipicio y exigen la tensión de toda la voluntad, el coraje y el cumplimiento del deber de cada uno para salir de la prueba mortal que atraviesa nuestra Patria.

Hasta la proclamación del nuevo Gobierno Provisional, si esta se produce, cada cual debe permanecer en su puesto y cumplir con su responsabilidad ante la Patria martirizada. Hay que tener presente que la menor alteración de la organización existente del Ejército puede acarrear daños irreparables, abriendo el frente para un nuevo golpe del enemigo. Por eso es preciso conservar a toda costa la capacidad combativa del Ejército, manteniendo pleno orden, preservando al Ejército de nuevas conmociones y fomentando absoluta confianza mutua entre jefes y subordinados. Ordeno a todos los jefes y comisarios, en nombre de la salvación de la Patria, permanecer en sus puestos como yo permanezco en el de Jefe Supremo hasta que el Gobierno Provisional de la República declare su voluntad…".

Como respuesta, en todas las paredes apareció este llamamiento:

"Del Congreso de los Sóviets de toda Rusia.

Los exministros Konoválov, Kishkin, Teréschenko, Maliantóvich, Nikitin y otros han sido detenidos por el Comité Revolucionario. Kerenski ha huido. Se ordena a todas las organizaciones del Ejército tomar medidas para la detención inmediata de Kerenski y su traslado a Petrogrado. Cualquier apoyo a Kerenski será considerado un grave crimen de Estado".

Habiendo adquirido plena libertad de acción, el Comité Militar Revolucionario expandía órdenes, llamamientos y decretos como chispas a todos lados. Se ordenó llevar a Kornílov a Petrogrado. Los miembros de los comités agrarios campesinos, detenidos por el Gobierno Provisional, fueron puestos en libertad. Se declaró abolida la pena de muerte en el Ejército. Se ordenó a los funcionarios públicos continuar con su trabajo, amenazando con severos castigos por el desacato. El pillaje, los disturbios y la especulación fueron prohibidos bajo pena capital.

Se designaron comisarios interinos para todos los ministerios:

Negocios Extranjeros: Uritski y Trotski.

Interior y Justicia: Rykov.

Trabajo: Shliápnikov.

Finanzas: Menzhinski.

Asistencia Social: Kollontái.

Comercio y Vías de Comunicación: Riazánov.

Marina: el marinero Korbir.

Correos y Telégrafos: Spiro.

Teatros: Muraviov.

Imprentas del Estado: Dérbyshev.

Comisario de Petrogrado: teniente Nésterov.

Comisario del Frente Norte: Pozern.

Se invitaba al Ejército a elegir comités militares revolucionarios. A los ferroviarios se les instaba a mantener el orden y especialmente a no demorar el transporte de víveres a las ciudades y los frentes. Por ello, se les prometía una representación en el Ministerio de Vías de Comunicación.

*"¡Hermanos cosacos!

Los llevan a Petrogrado.

Quieren enfrentaros con los soldados y obreros revolucionarios de la capital.

No crean ni una palabra de nuestros enemigos comunes: los terratenientes y capitalistas.

En nuestro Congreso están representados todos los obreros organizados, soldados y campesinos conscientes de Rusia. El Congreso quiere ver en su familia también a los cosacos trabajadores.

Los generales de las centurias negras, servidores de los terratenientes, servidores de Nicolás el Sanguinario, son nuestros enemigos.

Dicen que los Sóviets quieren despojar a los cosacos de su tierra. La revolución quitará la tierra solamente a los cosacos terratenientes y la entregará al pueblo.

¡Organicen Sóviets de Diputados Cosacos! ¡Únanse a los Sóviets Obreros, Soldados y Campesinos!

¡Demuestren a las centurias negras que no son traidores al pueblo, que no quieren ganarse la maldición de toda la Rusia revolucionaria!

¡Hermanos, cosacos! ¡No obedezcan ninguna orden de los enemigos del pueblo! Envíen a sus delegados a Petrogrado para ponerse de acuerdo con nosotros.

Los cosacos de la guarnición de Petrogrado, para su honor, no han justificado las esperanzas de los enemigos del pueblo.

¡Hermanos cosacos! El Congreso de los Sóviets de toda Rusia les tiende la mano fraternal.

¡Viva la alianza de los cosacos con los soldados, obreros y campesinos de toda Rusia!"

Por otro lado, ¡qué tempestad de proclamas y carteles fijados y repartidos por todas partes! Los periódicos protestaban, maldecían y predecían el hundimiento. Había llegado el momento del pugilato de las máquinas de imprimir, pues todas las demás armas estaban en manos de los Sóviets.

Primero apareció un llamamiento del Comité de Salvación de la Patria y la Revolución, difundido ampliamente por toda Rusia y Europa:

"A los ciudadanos de la República Rusa.

El 25 de octubre, los bolcheviques de Petrogrado, en contra de la voluntad del pueblo revolucionario, detuvieron criminalmente a una parte del Gobierno Provisional, disolvieron el Consejo Provisional de la República Rusa y proclamaron un poder ilegal.

La violencia cometida contra el Gobierno de la Rusia revolucionaria en los momentos de mayor peligro exterior es un crimen inaudito contra la patria.

La rebelión de los bolcheviques asesta un golpe mortal a la causa de la defensa y retrasa la paz tan deseada.

La guerra civil emprendida por los bolcheviques amenaza con precipitar al país en los indescriptibles horrores de la anarquía y la contrarrevolución y malograr la convocatoria de la Asamblea Constituyente, que debe consolidar el régimen republicano y entregar para siempre la tierra al pueblo.

Preservando la continuidad del único poder gubernamental, el Comité de Salvación de la Patria y la Revolución asume la iniciativa de formar un nuevo Gobierno Provisional que, apoyándose en las fuerzas de la democracia, conducirá el país a la Asamblea Constituyente y lo salvará de la contrarrevolución y la anarquía.

Ciudadanos, el Comité de Salvación de la Patria y la Revolución les dice:

¡No acepten el poder de la violencia!

¡No cumplan sus órdenes!

¡Levántense en defensa de la Patria y la Revolución!

¡Apoyen al Comité de Salvación de la Patria y la Revolución de toda Rusia!".

El Comité de Salvación de la Patria y la Revolución de toda Rusia integrado por representantes de la Duma Municipal de Petrogrado, del Consejo Provisional de la República Rusa, del Comité Ejecutivo Central de los Soviets de Diputados Campesinos de toda Rusia, del Comité Ejecutivo Central de los Soviets de Diputados Obreros y Soldados, de los grupos del frente, del II Congreso de los Soviets de Diputados Obreros y Soldados; de las minorías socialista-revolucionaria, socialdemócrata (menchevique) y socialistas populares, del grupo "Yedinstvo", etc.

Llamamientos del partido eserista, de los mencheviques defensistas, del Comité Ejecutivo de los Sóviets Campesinos, de los comités del Ejército, de Centroflot…

"… ¡El hambre acabará con Petrogrado! —gritaban todos—. Los ejércitos alemanes pisotearán nuestra libertad. Los pogromos de las centurias negras azotarán a Rusia si todos nosotros —obreros conscientes, soldados, ciudadanos— no nos unimos…

¡No crean las promesas de los bolcheviques! ¡La promesa de una paz inmediata es mentira! ¡La promesa del pan es un engaño! ¡La promesa de la tierra es un cuento!…".

Y así todo por el estilo.

"¡Camaradas!… ¡Los han engañado vil y criminalmente! El poder lo han tomado los bolcheviques solos… Los bolcheviques ocultaron su plan a los otros partidos socialistas que componen los Sóviets…

Les han prometido tierra y libertad, pero la contrarrevolución aprovechará la anarquía sembrada por los bolcheviques para quitarles la tierra y la libertad…".

Con la misma violencia se expresaban los periódicos:

""Nuestro deber —exclamaba Dielo Naroda— es desenmascarar a estos traidores a la clase obrera. Nuestro deber es movilizar todas las fuerzas y defender la causa de la revolución".

Izvestia, que hablaba por última vez en nombre del viejo CEC, amenazaba con una terrible expiación:

"... Y por lo que se refiere al Congreso de los Sóviets, afirmamos que no ha habido Congreso de los Sóviets, que solo ha tenido lugar una conferencia reservada del grupo bolchevique. En este caso no tenían derecho a privar de sus prerrogativas al CEC".

Nóvaya Zhizn se pronunciaba por un nuevo Gobierno que uniera a todos los partidos socialistas, criticaba duramente el proceder de los eseristas y mencheviques, que habían abandonado el Congreso, y afirmaba que la insurrección de los bolcheviques había establecido con claridad incontestable una circunstancia fundamental: que eran completamente vanas todas las ilusiones de colaboración con la burguesía.

Rabochi Put se convirtió de nuevo en Pravda, el periódico de Lenin suspendido en el mes de julio. Declaraba con dureza:

"¡Obreros, soldados, campesinos! En febrero derrotaron la tiranía de la camarilla de los nobles. Ayer derrotaron la tiranía de la banda burguesa...

Y la primera tarea ahora es guardar todos los accesos a Petrogrado.

La segunda tarea es desarmar y reducir definitivamente a la impotencia a los elementos contrarrevolucionarios en Petrogrado.

La tercera tarea es organizar definitivamente el poder revolucionario y asegurar la realización del programa popular...".

Los pocos periódicos kadetes y burgueses que seguían apareciendo adoptaron una actitud irónica y tranquila hacia todo lo que sucedía, como diciendo despectivamente a todos los demás partidos: "¿Qué les decíamos?". Los miembros influyentes del partido kadete rondaban la Duma Municipal y el Comité de Salvación. En conjunto, la burguesía callaba, aguardando su hora, que le parecía próxima. Tal vez nadie, excepto Lenin, Trotski, los obreros de Petrogrado y los simples soldados, pensaba que los bolcheviques se sostendrían en el poder más de tres días.

Aquel día vi, en el vasto anfiteatro de la Sala de Nicolás, una borrascosa sesión de la Duma Municipal, reunida permanentemente. Allí estaban representadas todas las fuerzas de la oposición antibolchevique. El alcalde Shréider, majestuoso, de grises barbas y cabellos, describía a los reunidos su visita de la noche anterior al Smolny para protestar en nombre de la administración municipal.

"La Duma, que es en el momento actual el único Gobierno legal en la ciudad, elegido sobre la base del sufragio igual, directo y secreto, no reconoce el nuevo poder", declaró a Trotski. A lo que Trotski respondió: "Bien, existe un remedio constitucional para ello. La Duma puede ser disuelta y elegida de nuevo…".

Esta comunicación provocó una furiosa protesta.

"Si se reconoce en general un Gobierno creado por las bayonetas —prosiguió el anciano, dirigiéndose a la Duma—, ese Gobierno lo tenemos. Pero yo considero legítimo solo al Gobierno reconocido por el pueblo, por la mayoría, y no al creado por un puñado de usurpadores".

Frenéticos aplausos en todos los escaños menos en los bolcheviques. En medio del nuevo tumulto, el alcalde anunció que los bolcheviques ya habían violado la autonomía municipal, designando a sus comisarios para varios departamentos.

Un orador bolchevique, tratando de hacerse oír, gritó que el apoyo otorgado por el Congreso de los Sóviets a los bolcheviques era el apoyo de toda Rusia.

"¡Ustedes no son verdaderos representantes de la población de Petrogrado!", exclamó.

Gritos: "¡Eso es un insulto! ¡Eso es un insulto!". El alcalde recordó con dignidad que la Duma fue elegida sobre la base del derecho electoral más libre que puede existir.

"Cierto —respondió el orador bolchevique—. Pero la Duma fue elegida hace tiempo, hace tanto tiempo como el CEC y los comités del Ejército…".

"¡Hasta ahora no ha habido nuevo Congreso de los Sóviets!" —le replicaron.

"El grupo bolchevique se niega a permanecer en este nido de la contrarrevolución…". Tumulto. "¡Exigimos la reelección de la Duma!". Los bolcheviques abandonaron el salón de sesiones.

"¡Agentes alemanes! —les gritaron al salir—. ¡Abajo los traidores!".

Shingariov, kadete, pidió que todos los funcionarios municipales que hubiesen aceptado ser comisarios del Comité Militar Revolucionario fueran destituidos y procesados. Shréider se levantó y propuso protestar contra la amenaza de los bolcheviques de disolver la Duma. La Duma, como representante legítima de la población, debía negarse a abandonar su puesto.

Entretanto, la Sala de Alejandro se hallaba también abarrotada. Estaba reunido el Comité de Salvación. Hablaba Skóbelev:

"Jamás había pasado la revolución por un trance tan crítico —señaló—, jamás había generado tanta ansiedad el problema de la existencia misma del Estado ruso. Jamás la historia había planteado tan ruda y categóricamente ante Rusia la cuestión de ser o no ser. Ha llegado la gran hora de salvar la revolución y, conscientes de ello, nosotros guardamos la estrecha unidad de todas las fuerzas vivas de la democracia revolucionaria, cuya voluntad organizada ya ha creado un centro para la salvación de la patria y la revolución. Moriremos, pero no abandonaremos nuestro glorioso puesto…".

Y continuó de la misma manera.

En medio de atronadores aplausos se anunció que el Sindicato Ferroviario se adhería al Comité de Salvación. A los pocos minutos se presentaron unos empleados de correos y telégrafos. Luego entraron varios mencheviques internacionalistas; los recibieron con aplausos. Los ferroviarios declararon que no reconocían a los bolcheviques, que habían tomado en sus manos todo el aparato de los ferrocarriles y se negaban a entregarlo a los usurpadores del poder. Los delegados de los empleados de telégrafos anunciaron que sus compañeros se habían negado terminantemente a trabajar mientras se encontrase el comisario bolchevique en el Ministerio. Los empleados de correos se negaban a recibir y despachar la correspondencia del Smolny… Todos los cables telefónicos del Smolny habían sido desconectados. La asamblea escuchó con inmenso deleite el relato de cómo Uritski se había presentado en el Ministerio de Negocios Extranjeros a exigir los tratados secretos y Nerátov le había hecho retirarse. Los funcionarios públicos abandonaban el trabajo en todas partes…

Era una guerra, una guerra deliberada y meditada de tipo puramente ruso, una guerra mediante las huelgas y el sabotaje. En nuestra presencia, el presidente dio lectura a una lista de nombres y misiones: Fulano debía recorrer todos los ministerios, Zutano dirigirse a los bancos; diez o doce hombres fueron destinados a los cuarteles para convencer a los soldados de que observasen neutralidad: «¡Soldados rusos, no derraméis sangre fraterna!». Se designó una comisión especial para conferenciar con Kerenski. Varios hombres fueron enviados a las ciudades de provincias para organizar secciones locales del Comité de Salvación y para unir a todos los elementos antibolcheviques.

Los ánimos estaban exaltados. "¿Estos bolcheviques quieren dictar su voluntad a la intelectualidad?… ¡Nosotros les enseñaremos lo que es bueno!…". Asombraba el contraste entre esta asamblea y el Congreso de los Soviets. Allí las grandes masas de soldados harapientos, de obreros cubiertos de grasa y campesinos, todos pobres, agobiados y atormentados en la lucha brutal por la existencia; aquí, los líderes mencheviques y eseristas, los Avxéntiev, los Dan, los Liber, los ex ministros socialistas Skóbelev y Chernov y a su lado kadetes como el melifluo Shatski y el aseado Vinaver. Aquí también periodistas, estudiantes, intelectuales de todos los géneros y pelaje. Esta multitud de la Duma estaba bien alimentada y vestida; no vi aquí a más de tres proletarios…

Se recibieron nuevas noticias. Tekineses, fieles a Kornílov, habían matado a la guardia en Byjov y Kornílov había huido. Kaledin avanzaba sobre el Norte. El Soviet de Moscú había organizado un Comité Militar Revolucionario y entablado negociaciones con el comandante de la ciudad, exigiendo la entrega del arsenal. El Soviet quería armar a los obreros.

Estos hechos se mezclaban con infinidad de rumores, chismes y francas mentiras de toda especie. Por ejemplo, un joven intelectual kadete, exsecretario particular de Miliukov y luego de Teréschenko, nos llevó aparte y nos contó todos los pormenores de la toma del Palacio de Invierno.

"¡A los bolcheviques los mandaban oficiales alemanes y austriacos!" —afirmaba.

"¿Cómo es eso? —preguntamos cortésmente—. ¿De dónde lo sabe usted?".

"Allí estuvo un amigo mío. El me lo contó".

"¿Y cómo supo que eran oficiales alemanes?".

"¡Porque llevaban el uniforme alemán!…".

Rumores tan absurdos se propalaban a centenares. Por si no bastara con ser publicados en toda la prensa antibolchevique, les daban crédito incluso personas como los mencheviques y eseristas, que siempre se habían distinguido por una actitud más cautelosa hacia los hechos.

Mucho más serias eran las historias sobre los actos de violencia y el terrorismo de los bolcheviques. Por ejemplo, se decía y se imprimía en todas partes que los guardias rojos no sólo habían entrado a saco en el Palacio de Invierno, sino que habían masacrado a los junkers inermes y habían degollado a sangre fría a varios ministros. En cuanto a las mujeres-soldados, la mayoría habían sido violadas y hasta se suicidaron no pudiendo soportar las torturas… La multitud de la Duma se tragaba enteras estas patrañas… Pero lo peor era que los padres y las madres de los junkers y de las mujeres leían todos estos relatos terroríficos en los periódicos, donde a menudo se mencionaban incluso los nombres de las víctimas, y por la tarde asediaba la Duma una muchedumbre de ciudadanos enloquecidos de pena y horror…

Un caso típico era el del príncipe Tumánov, cuyo cadáver, según afirmaban muchos periódicos, había sido encontrado en el canal Moika.

A las pocas horas, esta noticia fue desmentida por la familia del propio príncipe, que declaró que estaba detenido. Entonces se publicó que el ahogado no era el príncipe Tumánov, sino el general Denísov. El general también resultó estar sano y salvo. Nosotros llevamos a cabo una investigación, pero no descubrimos el menor indicio de que se hubiera encontrado un cadáver en el canal.

Al salir de la Duma, dos boy scouts repartían proclamas al enorme gentío que abarrotaba la Nevski frente a las puertas. Este gentío estaba formado casi exclusivamente por negociantes, tenderos, funcionarios y oficinistas. He aquí lo que decía la proclama:

"De la Duma Municipal.

La Duma Municipal, en su sesión del 26 de octubre, en vista de los acontecimientos, decreta: Proclamar la inviolabilidad de los domicilios particulares. A través de los comités de casa, llama a la población de Petrogrado a dar una respuesta decisiva a todos los intentos de irrumpir en los domicilios particulares, sin dudar en hacer uso de las armas para la autodefensa de los ciudadanos".

En la esquina de la Litéinaya, cinco guardias rojos y dos marinos habían rodeado a un vendedor de periódicos, exigiendo que les entregara un paquete de ejemplares de Rabóchaya Gazeta (La Gaceta de los Obreros), un periódico menchevique. El vendedor les gritaba furioso y amenazaba con el puño cuando un marino logró arrebatarle finalmente los periódicos. Alrededor se formó un gran gentío que cubría de improperios a la patrulla. Un obrero bajito trataba obstinadamente de convencer al vendedor y a la multitud, repitiendo sin cesar:

"Aquí viene una proclama de Kerenski. Dice que nosotros disparamos contra el pueblo ruso. Que habrá derramamiento de sangre...".

En el Smolny reinaba mayor tensión que antes, si eso era posible. Los mismos hombres corrían por los oscuros pasillos, los mismos destacamentos obreros armados con fusiles, los mismos dirigentes con los portafolios repletos, discutiendo, explicando y dando órdenes. Estos hombres iban siempre apurados y tras ellos corrían sus amigos y ayudantes. Estaban literalmente exhaustos, la viva personificación del trabajo incansable. Sin afeitar, desaliñados, con los ojos encendidos de agotamiento, marchaban a toda velocidad hacia su meta, consumidos por la exaltación. Tenían tanto, tantísimo que hacer: formar el Gobierno, poner orden en la ciudad, mantener a la guarnición de su lado, vencer a la Duma y al Comité de Salvación, resistir frente a los alemanes, prepararse para el enfrentamiento con Kerenski, informar a las provincias y hacer propaganda en toda Rusia, desde Arjánguelsk hasta Vladivostok.

Los funcionarios públicos y municipales se negaban a obedecer a los comisarios, los empleados de correos y telégrafos habían cortado la comunicación del Smolny con el mundo exterior, los ferroviarios se resistían a cumplir las peticiones de trenes y Kerenski avanzaba. Además, la guarnición no era del todo confiable, los cosacos se preparaban para intervenir, y frente a ellos se encontraban, además de la burguesía organizada, todos los partidos socialistas, excepto los eseristas de izquierda y algunos mencheviques internacionalistas y adeptos de Nóvaya Zhizn, quienes, incluso, vacilaban sin saber a qué lado inclinarse.

Es cierto que las masas de obreros y soldados apoyaban a los bolcheviques —aunque la actitud de los campesinos aún no se definía del todo—, pero el Partido bolchevique no tenía muchos hombres instruidos y preparados.

Riazánov, subiendo por la escalera, decía con tono cómico que, como Comisario de Comercio e Industria, no entendía absolutamente nada de comercio. Arriba, en un rincón del comedor, estaba sentado un hombre con gorro de piel. Llevaba la misma ropa con la que había pasado la noche en vela, sin duda. Con una barba de tres días, escribía nerviosamente algo en un sobre sucio mientras mordisqueaba un lápiz, pensativo. Era Menzhinski, Comisario de Finanzas, cuya única preparación consistía en haber sido oficinista del Banco Francés.

Por los pasillos corrían comisarios recién designados, escribiendo notas apresuradas en trozos de papel mientras se dirigían a diferentes rincones de Rusia con la misión de convencer y, si era necesario, luchar.

El Congreso debía abrirse a la una de la tarde, pero, aunque la vasta sala ya estaba repleta de delegados, eran casi las siete y la presidencia seguía sin aparecer. Los bolcheviques y los eseristas de izquierda estaban reunidos en sus propias habitaciones. Lenin y Trotski habían pasado todo el día enfrentándose a los partidarios del compromiso.

Una parte considerable de los bolcheviques estaba a favor de formar un Gobierno que incluyera a todas las fuerzas socialistas.

"¡No podremos sostenernos! —gritaban—. ¡Hay demasiadas fuerzas en nuestra contra! No tenemos gente. Quedaremos aislados y todo se perderá…".

Kámenev, Riazánov y otros insistían en esta posición, pero Lenin, apoyado por Trotski, permanecía inamovible:

"¡Que los conciliadores acepten nuestro programa y entren en el Gobierno! Nosotros no cederemos ni una pulgada. ¡Si hay camaradas que no tienen el coraje ni la voluntad para hacer lo que estamos haciendo, que se vayan con los cobardes y conciliadores! Tenemos a los obreros y soldados de nuestro lado, y es nuestro deber continuar con esta causa".

A las siete y cinco, los eseristas de izquierda informaron que permanecerían en el Comité Militar Revolucionario.

"Así es —dijo Lenin—. ¡Nos siguen!".

Más tarde, mientras estaba sentado en la gran sala, un anarquista que colaboraba con periódicos burgueses me propuso ir juntos a buscar a la presidencia. No encontramos a nadie ni en la habitación del CEC ni en la del Buró del Soviet de Petrogrado. Recorrimos todo el Smolny, pero parecía que nadie tenía idea de dónde estaban los líderes del Congreso.

Finalmente, llegamos a la habitación número 17, sede del Comité Militar Revolucionario. Nos detuvimos frente a la puerta, mientras la gente pasaba apresurada. De repente, la puerta se abrió y salió un hombre rechoncho, de rostro redondo, con uniforme militar sin distintivos. Parecía sonreír, pero, al observarlo bien, se podía notar que era una mueca de extrema fatiga. Era Krylenko.

Mi compañero, un joven elegante de aspecto muy civilizado, lanzó un grito de alegría y dio unos pasos adelante.

"¡Nikolái Vasílievich! —exclamó, tendiendo la mano—. ¿No se acuerda de mí? Estuvimos presos en la misma cárcel".

Krylenko hizo un esfuerzo, se concentró y miró. "Ah, sí —respondió por fin, examinando a su interlocutor con la expresión más amistosa—. Usted es S... Zdrávstvuitie! (¡Muy buenas!)". Se besaron. "¿Qué hace usted por aquí?" —y Krylenko hizo un amplio ademán.

"Oh, yo solamente miro... ¿Usted parece que tiene gran éxito?".

"Sí —respondió Krylenko con cierta obstinación—. ¡La revolución proletaria es un gran éxito!". Sonrió. "¡Quizá, quizá volvamos a encontrarnos en la cárcel!".

Echamos por el pasillo y mi compañero se puso a explicarme la situación.

"Comprende, yo soy discípulo de Kropotkin. Desde nuestro punto de vista la revolución ha sufrido un enorme fracaso: no ha levantado el patriotismo de las masas. Claro, esto demuestra solamente que nuestro pueblo no está maduro aún para la revolución...".

Eran exactamente las 8.40 cuando una atronadora ola de aclamaciones y aplausos anunció la entrada de la presidencia y de Lenin —el gran Lenin— con ella. Era un hombre bajito y fornido, de gran calva y cabeza abombada sobre robusto cuello. Ojos pequeños, nariz grande, boca ancha y noble, mentón saliente, afeitado, pero ya asomaba la barbita tan conocida en el pasado y en el futuro. Traje bastante usado, pantalones un poco largos para su talla. Nada que recordase a un ídolo de las multitudes, sencillo, amado y respetado como tal vez lo hayan sido muy pocos dirigentes en la historia. Líder que gozaba de suma popularidad —y líder merced exclusivamente a su intelecto—, ajeno a toda afectación, no se dejaba llevar por la corriente, firme, inflexible, sin apasionamientos efectistas, pero con una poderosa capacidad para explicar las ideas más complicadas con las palabras más sencillas y hacer un profundo análisis de la situación concreta en el que se conjugaban la sagaz flexibilidad y la mayor audacia intelectual.

Kámenev leyó un informe sobre las acciones del Comité Militar Revolucionario: abolición de la pena de muerte en el Ejército, restablecimiento de la libertad de propaganda, liberación de los soldados y oficiales arrestados por delitos políticos, órdenes de detención de Kerenski y de confiscación de las existencias de comestibles en los almacenes privados. Tremendos aplausos.

De nuevo tomó la palabra un representante del Bund. Dijo que la posición intransigente de los bolcheviques estaba destruyendo la revolución y, por ello, los delegados del Bund se veían obligados a renunciar a seguir participando en el Congreso.

Gritos en la sala: "¡Nosotros creíamos que ya se habían ido anoche! ¿Cuántas veces van a irse?".

Luego, intervino un representante de los mencheviques internacionalistas. Más gritos: "¡¿Cómo?! ¿Pero aún están aquí?". El orador explicó que solo una parte de los mencheviques internacionalistas había abandonado el Congreso, pero que otra parte decidió quedarse.

"Consideramos peligrosa y tal vez mortal para la revolución la entrega del poder a los Sóviets...", dijo, entre interrupciones. "Pero creemos que es nuestro deber permanecer en el Congreso y votar en contra de esta entrega".

Hablaron también otros oradores, que, al parecer, recibieron la palabra sin estar en la lista. Un delegado de los mineros de la cuenca del Donets llamó al Congreso a tomar medidas contra Kaledin, quien podía dejar a la capital sin carbón y sin pan. Varios soldados recién llegados del frente transmitieron a la reunión el entusiasta saludo de sus regimientos.

Subió Lenin. Estaba de pie, agarrado a los bordes de la tribuna, recorriendo con los ojos entornados a la masa de delegados, y esperaba, sin dar importancia aparente, a la creciente ovación que duró varios minutos. Cuando esta cesó, dijo breve y simplemente:

"¡Ha llegado el momento de emprender la construcción del orden socialista!". Nuevo estallido atronador de aplausos.

"Lo primero que debemos hacer es adoptar medidas prácticas para lograr la paz. Debemos ofrecer la paz a los pueblos de todos los países beligerantes en las condiciones soviéticas: sin anexiones, sin contribuciones y sobre la base de la autodeterminación de los pueblos. Al mismo tiempo, tal como prometimos, debemos publicar los tratados secretos y negarnos a observarlos. El problema de la guerra y la paz es tan claro que creo que puedo leer sin más preámbulos el proyecto de llamamiento a los pueblos de todos los países beligerantes".

Lenin hablaba abriendo mucho la boca, como si sonriera; su voz era un poco ronca, no desagradable, sino como con el hábito de muchos años de hablar en público. Sonaba tan uniforme que daba la sensación de poder continuar indefinidamente. Para dar énfasis a su pensamiento, Lenin se inclinaba un poco hacia adelante. No hacía gestos innecesarios. Miles de rostros sencillos lo miraban con adoración.

"Llamamiento a los pueblos y los gobiernos de todos los países beligerantes.

El Gobierno obrero y campesino, creado por la Revolución del 24-25 de octubre y que se apoya en los Sóviets de Diputados Obreros, Soldados y Campesinos, propone a todos los pueblos beligerantes y a sus gobiernos entablar negociaciones inmediatas para una paz justa y democrática.

El Gobierno considera la paz inmediata, sin anexiones (es decir, sin conquistas de territorios ajenos ni incorporación de pueblos extranjeros por la fuerza) ni contribuciones, como una paz justa o democrática, tal como la ansía la inmensa mayoría de los obreros y de las clases trabajadoras de todos los países beligerantes, agotados, atormentados y martirizados por la guerra; la paz que los obreros y campesinos rusos han reclamado del modo más categórico y tenaz después del derrocamiento de la monarquía zarista.

Esta es la paz cuya aceptación inmediata propone el Gobierno de Rusia a todos los pueblos beligerantes, declarándose dispuesto a tomar, sin dilación alguna, cuantas gestiones sean necesarias para la ratificación definitiva de todas las condiciones de una paz semejante por las asambleas autorizadas de los representantes del pueblo de todos los países y de todas las naciones.

De acuerdo con la conciencia jurídica de la democracia en general, y de las clases trabajadoras en particular, el Gobierno entiende por anexión o conquista de territorios ajenos toda incorporación a un Estado grande o poderoso de una nacionalidad pequeña o débil, sin el deseo ni el consentimiento explícito, claro y libremente expresado por esta última. Esto aplica independientemente de la época en que se haya realizado esta incorporación forzosa, del grado de desarrollo o atraso de la nación afectada, o de si se encuentra en Europa o en los lejanos países de ultramar.

Si una nación cualquiera es mantenida por la fuerza dentro de los límites de un Estado, si no se le concede el derecho de decidir libremente, sin coacción, sobre su existencia estatal, tal incorporación constituye una anexión, es decir, una conquista y un acto de violencia.

El Gobierno declara su firme decisión de poner fin a esta guerra de repartos entre naciones fuertes y ricas a costa de pueblos débiles y proclama su disposición a firmar sin demora unas cláusulas de paz que pongan fin a este crimen contra la humanidad.

Al mismo tiempo, el Gobierno no considera estas condiciones como un ultimátum, es decir, que está dispuesto a examinar otras propuestas de paz, siempre que sean presentadas con claridad, rapidez y sin secretos.

El Gobierno pone fin a la diplomacia secreta y manifiesta su firme resolución de llevar todas las negociaciones a la luz del día, ante el pueblo entero. Procederá inmediatamente a la publicación íntegra de los tratados secretos, anulando todas las cláusulas que favorezcan a los terratenientes y capitalistas rusos.

El Gobierno invita a todos los países beligerantes a concertar de inmediato un armisticio que dure al menos tres meses, tiempo suficiente para concluir las negociaciones de paz y convocar a las asambleas necesarias para ratificar las condiciones de la paz".

Al dirigir esta proposición de paz a los gobiernos y a los pueblos de todos los países beligerantes, el Gobierno Provisional Obrero y Campesino de Rusia se dirige también, y sobre todo, a los obreros conscientes de las tres naciones más adelantadas de la humanidad y de los tres Estados más importantes que toman parte en la actual guerra: Inglaterra, Francia y Alemania. Los obreros de estos tres países han prestado los mayores servicios a la causa del progreso y del socialismo; han dado los magníficos ejemplos del movimiento cartista en Inglaterra, de las revoluciones de importancia histórico-mundial realizadas por el proletariado francés y, finalmente, de la lucha heroica contra la ley de excepción en Alemania y del trabajo prolongado, tenaz y disciplinado para crear las organizaciones proletarias de masas en este país, trabajo que sirve de ejemplo a los obreros de todo el mundo. Todos estos ejemplos de heroísmo proletario y de iniciativa histórica nos garantizan que los obreros de esos países comprenderán el deber en que están hoy de librar a la humanidad de los horrores de la guerra y de sus consecuencias, que esos obreros, con su actividad múltiple, resuelta, abnegada y enérgica, nos ayudarán a llevar a feliz término la causa de la paz y, con ella, la causa de la liberación de las masas trabajadoras y explotadas de toda esclavitud y de toda explotación».

"La revolución",

Cuando cesó la tempestad de aplausos, Lenin prosiguió:

"Proponemos al Congreso aprobar y confirmar este llamamiento. Nos dirigimos no sólo a los pueblos, sino también a los gobiernos porque el llamamiento a los pueblos nada más de los países beligerantes podría dilatar la conclusión de la paz. Las condiciones de paz serán elaboradas durante el armisticio y ratificadas por la Asamblea Constituyente. Al establecer el plazo del armisticio en tres meses, queremos dar a los pueblos el mayor descanso posible de la sangrienta matanza y tiempo suficiente para elegir a sus representantes. Algunos gobiernos imperialistas se resistirán a nuestras condiciones de paz, no nos hacemos ilusiones a este respecto. Pero confiamos que pronto en todos los países beligerantes estallará la revolución y por eso nos dirigimos con particular insistencia a los obreros franceses, ingleses y alemanes…".

"La Revolución del 24-25 de Octubre —concluyó— inicia la era de la Revolución Socialista… El movimiento obrero, en nombre de la paz y el socialismo, alcanzará la victoria y cumplirá su misión…".

Sus palabras infundían serenidad y fuerza, calaban profundamente en las almas de los hombres.

Estaba completamente claro por qué el pueblo siempre daba crédito a lo que decía Lenin.

Se propuso y se aprobó inmediatamente en votación abierta conceder la palabra solamente a los representantes de las fracciones políticas y limitar las intervenciones a quince minutos.

Primero hizo uso de la palabra Karelin en nombre de los eseristas de izquierda:

"Nuestro grupo no ha tenido la oportunidad de presentar enmiendas al texto del llamamiento; por eso es un documento privado de los bolcheviques. Sin embargo, lo votaremos porque estamos de pleno acuerdo con su espíritu…".

En nombre de los socialdemócratas internacionalistas habló Kramarov, hombre alto, estrecho de pecho y miope, destinado a ganarse la fama no muy lisonjera de payaso de la oposición. Sólo un Gobierno formado por representantes de todos los partidos socialistas —declaró— puede poseer suficiente autoridad para decidirse a una acción tan importante. Si se forma esta coalición socialista, nuestro grupo apoyará el programa entero; si no, lo apoyará en parte. En cuanto al llamamiento, los internacionalistas están de pleno acuerdo con sus puntos fundamentales.

Después, en un ambiente de creciente entusiasmo, hablaron un orador tras otro. Se adhirieron al llamamiento los representantes de la socialdemocracia ucraniana, de la socialdemocracia lituana, de los socialistas populares y de la socialdemocracia polaca y letona. El Partido Socialista Polaco se pronunció también a favor del llamamiento, pero con la salvedad de que preferiría una coalición socialista... Algo se había despertado en estos hombres. Uno habló de la "revolución mundial venidera de la que nosotros somos la vanguardia», otro de la «nueva era de fraternidad que unirá a todos los pueblos en una gran familia...". Un delegado declaró en su propio nombre: "Aquí hay una contradicción. Primero proponéis una paz sin anexiones ni indemnizaciones y luego decís que examinaréis todas las proposiciones de paz. Examinar es aceptar...".

Lenin se levantó inmediatamente de su sitio: "Nosotros queremos una paz justa, pero no tememos la guerra revolucionaria... Es muy probable que los gobiernos imperialistas no respondan a nuestro llamamiento, pero no debemos plantearles un ultimátum que sea demasiado fácil rechazar... Si el proletariado alemán ve que estamos dispuestos a examinar cualquier proposición de paz es posible que eso sea la última gota que desborde la taza y en Alemania estalle una revolución...

Estamos conformes en examinar cualesquiera condiciones de paz, pero eso no significa, ni mucho menos, que las aceptemos. Lucharemos hasta el fin por algunas de nuestras condiciones, pero es muy posible que haya entre ellas algunas por las cuales no consideremos necesario continuar la guerra... Lo principal es que queremos poner fin a la guerra...".

Eran exactamente las 10 y 35 cuando Kámenev propuso a todos los que votasen a favor del llamamiento levantar sus mandatos. Un delegado probó a votar en contra, pero en torno suyo estalló tal explosión de ira que bajó precipitadamente el brazo... Fue aprobado por unanimidad.

Un impulso inesperado y espontáneo nos levantó a todos de pie y nuestra unanimidad se tradujo en los acordes armoniosos y emocionantes de La Internacional. Un soldado viejo y canoso lloraba como un niño. Alexandra Kollontái se limpió a hurtadillas una lágrima. El potente himno inundó la sala, atravesó ventanas y puertas y voló al cielo sereno. "¡Es el fin de la guerra! ¡Es el fin de la guerra!" —decía sonriendo alegremente mi vecino, un joven obrero. Cuando terminamos de cantar La Internacional y guardábamos un embarazoso silencio, una voz gritó desde las filas traseras: "¡Compañeros! ¡Recordemos a los que cayeron por la libertad!". Y entonamos la Marcha Fúnebre, lenta y melancólica, que es también un canto triunfal, profundamente ruso y conmovedor. Porque La Internacional, al fin y al cabo, es un himno creado en otro país. La Marcha Fúnebre ponía al desnudo toda el alma de las masas oprimidas, cuyos delegados estaban reunidos en aquella sala, construyendo con sus vagas visiones la nueva Rusia y tal vez algo más grande…

Vosotros caísteis en lucha fatal, Amigos sinceros del pueblo, Por él inmolasteis la libertad, Por él fue vuestro último aliento. Llegó al fin la hora y el pueblo surgió, Liberto, gigante, potente. ¡Dormid, hermanos, cubristeis de honor La senda más noble y valiente! Por eso fueron a yacer en su fría fosa común del Campo de Marte los mártires de la Revolución de Marzo, por eso miles y decenas de miles sucumbieron en las cárceles, en la deportación y las minas siberianas. No importa que no se realizara todo como ellos se imaginaban ni como esperaba la intelectualidad. Pese a todo, se había consumado, tempestuosa, pujante, impacientemente, desechando las fórmulas, desdeñando el sentimentalismo, de un modo real…

Lenin leyó el Decreto sobre la Tierra:

"1. Queda abolida en el acto sin ninguna indemnización la propiedad terrateniente.

2. Las fincas de los terratenientes, así como todas las tierras de la Corona, de los monasterios y de la Iglesia, con todo su ganado de labor y aperos de labranza, edificios y todas las dependencias, pasan a disposición de los comités agrarios subdistritales y de los Soviets de Diputados Campesinos de distrito hasta que se reúna la Asamblea Constituyente.

3. Cualquier deterioro de los bienes confiscados, que desde este momento pertenecen a todo el pueblo, será considerado un grave delito, punible por el tribunal revolucionario. Los Soviets de Diputados Campesinos de distrito adoptarán todas las medidas necesarias para asegurar el orden más riguroso en la confiscación de las fincas de los terratenientes, para determinar exactamente los terrenos confiscables y su extensión, para inventariar con detalle todos los bienes confiscados y para proteger con el mayor rigor revolucionario todas las explotaciones agrícolas, edificios, aperos, ganado, reservas de víveres, que pasan al pueblo.

4. Para la realización de las grandes transformaciones agrarias, hasta que la Asamblea Constituyente las determine definitivamente, debe servir de guía en todas partes el mandato campesino que se reproduce a continuación, confeccionado por la Redacción de Izvestia

Vserossíiskogo Sovieta Krestiánskij Deputátov, sobre la base de los 242 mandatos campesinos locales (Petrogrado, N° 88, 19 de agosto de 1917).

5. No se confiscan las tierras de los simples campesinos y cosacos".

"Esto —añadió Lenin— no es el proyecto del exministro Chernov, que hablaba de "levantar los andamios" e intentaba hacer la reforma por arriba. El problema del reparto de la tierra será resuelto por abajo, en el campo mismo. La dimensión de la parcela que recibirá cada campesino variará de acuerdo a las localidades…

¡Bajo el Gobierno Provisional los terratenientes se negaban categóricamente a obedecer las órdenes de los comités agrarios, de los mismos comités agrarios que fueron pensados por Lvov, llevados a la práctica por Shingariov y que eran administrados por Kerenski!».

Los debates no habían comenzado aún, pero un hombre se abrió paso a viva fuerza entre la gente y subió a la tribuna. Era Pianij, miembro del Comité Ejecutivo de los Soviets Campesinos. Estaba furioso.

"¡El Comité Ejecutivo de los Soviets de Diputados Campesinos de toda Rusia protesta contra la detención de nuestros compañeros, los ministros Salazkin y Máslov!

—Arrojó con dureza al rostro de los delegados—. ¡Exigimos su libertad al instante! Se encuentran en la fortaleza de Pedro y Pablo. ¡Es necesaria una acción inmediata! ¡No hay que perder ni un momento!".

Le siguió un soldado con la barba en desorden y los ojos llameantes. "¡Están aquí sentados y habláis de entregar la tierra a los campesinos y, al mismo tiempo, proceden como tiranos y usurpadores con los representantes electos de los campesinos! ¡Yo les digo —levantó el puño—, yo les digo que como se les caiga un solo pelo de la cabeza habrá rebelión en el campo!". La gente murmuró confusa.

Subió a la tribuna Trotski, sereno y venenoso, consciente de su poder. La asamblea lo recibió con un clamor de saludo. "Ayer el Comité Militar Revolucionario tomó la decisión en principio de poner en libertad a los ministros eseristas y mencheviques: Máslov, Salazkin, Gvozdiov y Maliantóvich. Si continúan en la fortaleza de Pedro y Pablo, es solamente porque estamos demasiado ocupados… Claro está, permanecerán en arresto domiciliario hasta que se investigue su complicidad en los actos de traición de Kerenski durante la korniloviada".

"¡Jamás —exclamó Pianij—, jamás sucedió en ninguna revolución lo que estamos viendo ahora!".

"Se equivoca —respondió Trotski—. Cosas semejantes las ha visto incluso nuestra revolución. Centenares de camaradas nuestros fueron detenidos en los días de julio… ¡Cuando la camarada Kollontái a instancias del médico fue liberada de la cárcel, Avxéntiev puso a su puerta dos agentes de la policía secreta zarista!".

Los representantes campesinos se retiraron maldiciendo. La asamblea los despidió con irónico abucheo.

El representante de los eseristas de izquierda habló a favor del Decreto sobre la Tierra. Plenamente de acuerdo en principio, los eseristas de izquierda, sin embargo, sólo podrían votar después de discutir la cuestión. Había que consultar a los Soviets Campesinos.

Los mencheviques internacionalistas insistieron también en discutir el problema en el seno de su partido.

Luego intervino el líder de los maximalistas, es decir, del ala anarquista de los campesinos: "¡Debemos rendir honor al partido político que ya en el primer día, sin charlatanerías de ningún género, pone en práctica tal obra!…".

Apareció en la tribuna un campesino típico: pelo largo, botas altas y zamarra de piel de oveja. Hizo reverencias hacia todos los lados de la sala. "Buenas, compañeros y ciudadanos —dijo—. Aquí andan rondando por todas partes los kadetes. Vosotros detenéis a nuestros campesinos socialistas. ¿Por qué no detenéis a los kadetes?".

Aquello fue la señal para las discusiones entre los excitados campesinos. Exactamente lo mismo habían discutido los soldados la noche anterior. Aquí estaban los verdaderos proletarios del campo…

"¡Los miembros de nuestro Comité Ejecutivo, Avxéntiev y otros, a quienes nosotros teníamos por defensores de los campesinos, son tan kadetes como los otros! ¡Hay que detenerlos! ¡Hay que detenerlos!".

Otra voz: "¿Qué son esos Pianij y Avxéntiev? ¡No son campesinos! ¡Son unos charlatanes!".

¡Cómo se sintió atraída la sala por estos delegados, reconociendo en ellos a sus hermanos!

Los eseristas de izquierda propusieron un intervalo de media hora. Cuando los delegados empezaron a salir de la sala, Lenin se levantó de su sitio:

"¡No podemos perder tiempo, camaradas! ¡Estas noticias de colosal importancia debe conocerlas mañana por la mañana toda Rusia! ¡Nada de dilaciones!".

En medio de las acaloradas discusiones y conversaciones y del rumor de centenares de pasos se oyó la voz de un emisario del Comité Militar Revolucionario, que gritaba:

"¡En la habitación diecisiete hacen falta quince agitadores! ¡Para marchar al frente!…".

Dos horas y media después, los delegados volvieron en grupos a la sala, la presidencia ocupó su puesto y se reanudó la sesión. Comenzó la lectura de telegramas de distintos regimientos que anunciaban su adhesión al Comité Militar Revolucionario.

La asamblea se iba caldeando poco a poco. Un delegado de las tropas rusas en el Frente de Macedonia habló con amargura de su situación. "Sufrimos más por culpa de los aliados que del enemigo" —dijo. Los representantes del X y XII Ejércitos, recién llegados del frente, declararon: "¡Les prometemos toda clase de apoyo!". Un soldado campesino protestó contra la liberación de los «socialistas traidores Máslov y Salazkin». En cuanto al Comité Ejecutivo de los Soviets Campesinos, ¡había que mandarlo a la cárcel entero! Sí, eran palabras auténticamente revolucionarias... El delegado de las tropas rusas en Persia declaró que tenía instrucciones de exigir la entrega del poder a los Soviets... Un oficial ucraniano gritó en su lengua materna: "No puede haber nacionalismo en un momento de tal crisis... ¡Da zdrávtrvuiet (viva) la dictadura del proletariado en todos los países!". Así crepitaba este alud de pensamientos exaltados y ardientes y estaba claro que Rusia jamás volvería a enmudecer.

Kámenev declaró que las fuerzas antibolcheviques trataban en todas partes de promover desórdenes y dio lectura a un llamamiento del Congreso a todos los Soviets de Rusia:

"El Congreso de los Soviets de Diputados Obreros y Soldados de toda Rusia encomienda a los Soviets locales que adopten inmediatamente las medidas más enérgicas para impedir los actos contrarrevolucionarios y antijudíos y toda clase de pogromos. El honor de la revolución de los obreros, campesinos y soldados exige que no sean tolerados pogromos de ningún género.

La Guardia Roja de Petrogrado, la guarnición revolucionaria y los marinos mantienen el orden completo en la capital.

Los obreros, soldados y campesinos deben seguir en todas partes el ejemplo de los obreros y soldados de Petrogrado.

Compañeros soldados y cosacos: Sobre vosotros recae en primer término el deber de asegurar un verdadero orden revolucionario. ¡La Rusia revolucionaria y el mundo entero tienen puestos los ojos en vosotros!".

A las dos de la madrugada, el Decreto sobre la Tierra fue puesto a votación y aprobado por todos los delegados menos uno, y los delegados campesinos dieron rienda suelta a su júbilo...

Así avanzaban inconteniblemente los bolcheviques, desechando todas las dudas y barriendo de su camino a todos los que se oponían.

Eran los únicos en Rusia que poseían un programa definido de acción, mientras que todos los demás en ocho meses no habían hecho otra cosa que hablar.

Subió a la tribuna un soldado demacrado, andrajoso y elocuente. Protestó contra el artículo del nakaz que decía que los desertores serían privados de parcela. Al principio lo abuchearon y silbaron, pero sus palabras sencillas y conmovedoras hicieron callar a todos: "El desdichado soldado, llevado a la fuerza al matadero de las trincheras, cuya horrible insensatez han reconocido ustedes mismos en el Decreto sobre la Paz —gritó— acogió la revolución como mensaje de paz y de libertad. ¿Paz? El Gobierno de Kerenski lo obligó a atacar de nuevo, a marchar a Galitzia, a matar y morir; imploraba la paz, pero Teréschenko sólo se reía... ¿Libertad? Con Kerenski vio que sus comités eran disueltos, sus periódicos suspendidos y los oradores de su partido encarcelados... Y en casa, en su propia aldea, los terratenientes luchaban contra los comités agrarios y metían en la cárcel a sus compañeros... En Petrogrado la burguesía, en alianza con los alemanes, saboteaba el aprovisionamiento del Ejército... El soldado se encontraba en las trincheras desnudo y descalzo. ¿Quién le obligó a desertar? ¡El Gobierno de Kerenski que vosotros echasteis abajo!".

Al final incluso le aplaudieron.

Pero entonces otro soldado pronunció un caluroso discurso: "¡El Gobierno de Kerenski no es una pantalla tras la cual puede ocultarse una cosa tan sucia como la deserción! ¡El desertor es un canalla, corre a casa y abandona a los compañeros que mueren en las trincheras! Cada desertor es un traidor y debe ser castigado...".

Tumulto, gritos de Dovolno! Tishe! (¡Basta! ¡Silencio!). Kámenev propone precipitadamente entregar el asunto a la consideración del Gobierno.

A las dos y treinta de la madrugada se hizo un tenso silencio. Kámenev leyó el decreto sobre la constitución del poder:

"Crear, para la dirección del país hasta el momento de la convocatoria de la Asamblea Constituyente, un Gobierno Obrero y Campesino Provisional, que se denominará Consejo de Comisarios del Pueblo.

La dirección de las distintas ramas de la vida del Estado se encomienda a las comisiones, cuya composición debe asegurar, en estrecha alianza con las vastas organizaciones de obreros, obreras, marinos, soldados, campesinos y empleados, la aplicación del programa proclamado por el Congreso. El poder gubernamental pertenece al

Colegio de Presidentes de estas comisiones, es decir, al Consejo de Comisarios del Pueblo.

El control sobre la actividad de los Comisarios del Pueblo y el derecho de revocarlos pertenece al Congreso de los Soviets de Diputados Obreros, Campesinos y Soldados de toda Rusia y a su Comité Ejecutivo Central...".

En la sala reinaba el silencio; luego, al leer la lista de los comisarios, estallaron los aplausos después de cada nombre, especialmente de Lenin y Trotski.

"... Presidente del Consejo: Vladímir Uliánov (Lenin); Interior: A. I. Rykov

Agricultura: V. P. Miliutin; Trabajo: A. G. Shliápnikov;

Ejército y Marina: un comité formado por V. A. Ovséienko (Antónov), N. V. Krylenko y P. E. Dybenko;

Comercio e Industria: V. P. Noguín; Instrucción Pública: A. V. Lunacharski; Finanzas: 1.1. Skvortsov (Stepánov);

Negocios Extranjeros: L. D. Bronshtéin (Trotski); Justicia: G. I. Oppókov (Lómov);

Abastos: I. A. Teodoróvich;

Correos y Telégrafos: N. P. Avílov (Glébov);

Presidente para Asuntos de las Nacionalidades: I. V. Dzhugashvili (Stalin). Ferrocarriles: Vacante temporalmente".

Una fila de bayonetas a lo largo de las paredes de la sala; las bayonetas sobresalían también de las sillas de los delegados. El Comité Militar Revolucionario los había armado a todos. El bolchevismo se armaba para la batalla decisiva con Kerenski: el son de sus trompetas se oía ya por el sureste... Nadie quería irse a casa. Al contrario, en la sala entraban nuevos y nuevos cientos de personas. El vasto local estaba abarrotado de soldados de rostros severos y obreros que llevaban allí largas horas escuchando incansablemente a los oradores. El ambiente cargado y denso estaba lleno de humo de tabaco; olía a sudor, a respiración humana y a ropa sucia.

Avílov, de la Redacción de Nóvaya Zhizn, habló en nombre de los socialdemócratas internacionalistas y de los mencheviques internacionalistas que se habían quedado.

Tenía un rostro joven e inteligente; su elegante frac desentonaba con el medio que le rodeaba.

"Debemos percatarnos claramente de lo que sucede y adónde vamos... La facilidad con que se ha logrado derribar el Gobierno de coalición no se explica porque sea muy fuerte la democracia de izquierda, sino exclusivamente por que este Gobierno no podía dar al pueblo ni pan ni paz. Y la democracia de izquierda podrá sostenerse solamente si logra resolver estos problemas…

¿Puede dar pan al pueblo? Hay muy poco grano. La mayoría de los campesinos no os seguirá porque no podéis darles las máquinas que tanto necesitan. Es casi imposible procurar combustible y otros artículos de primera necesidad…

Conseguir la paz es tan difícil o incluso más. Los aliados se negaron a tratar incluso con Skóbelev y no aceptarán en ningún caso vuestra propuesta de una conferencia de paz. A vosotros no os reconoce ni Londres, ni París, ni Berlín.

Por ahora no se puede contar con un efectivo apoyo del proletariado de los países aliados, pues en su mayoría está aún muy lejos de la lucha revolucionaria. Recordad que la democracia de los países aliados no logró ni siquiera convocar la Conferencia de Estocolmo. En cuanto a la socialdemocracia alemana, acabo de hablar con el camarada Góldenberg, uno de nuestros delegados en Estocolmo. Los representantes de la extrema izquierda le declaran que una revolución en Alemania es imposible mientras dure la guerra…”.

Las interrupciones eran cada vez más frecuentes e irritadas, pero Avílov proseguía:

“El aislamiento de Rusia será el resultado fatal de la derrota del Ejército ruso por los alemanes, hagan las paces la coalición austro-germana y la coalición franco-británica a expensas de Rusia o firmemos nosotros una paz por separado con Alemania.

Acabo de enterarme de que los embajadores aliados se disponen a marchar y que en todas las ciudades de Rusia se han organizado comités de salvación de la patria y la revolución…

Ningún partido puede él solo superar tan enormes dificultades. Solamente la verdadera mayoría del pueblo, que apoya al Gobierno de coalición socialista, puede llevar a término la revolución…”.

Seguidamente dio lectura a una resolución de ambas fracciones:

“Reconociendo que para salvar las conquistas de la revolución es indispensable la inmediata constitución de un Gobierno basado en la democracia revolucionaria, organizada en los Soviets de Diputados Obreros, Soldados y Campesinos, reconociendo, además, que la misión de este Gobierno es la más pronta consecución de una paz democrática, la entrega de la tierra a disposición de los comités agrarios, la organización del control sobre la producción industrial y la convocatoria de la Asamblea Constituyente en la fecha decidida, el Congreso acuerda elegir un comité ejecutivo provisional para constituir un Gobierno con el consentimiento de los grupos de la democracia revolucionaria que toman parte en el Congreso".

Los razonamientos tolerantes y fríos de Avílov turbaron un poco a los delegados, pese a toda su exaltación revolucionaria. Al final del discurso cesaron los gritos y silbidos y, cuando Avílov terminó de hablar, sonaron aplausos en algunas partes de la sala.

Le sucedió Karelin, también joven e intrépido; nadie dudaba de su sinceridad y era, además, representante del Partido de los socialistas-revolucionarios de Izquierda, el partido de María Spiridónova, el único partido que había seguido a los bolcheviques y que representaba a los campesinos revolucionarios.

"Nuestro Partido se ha negado a entrar en el Consejo de Comisarios del Pueblo porque no queremos romper para siempre con la parte del Ejército revolucionario que ha abandonado el Congreso. Esta ruptura nos impediría servir de intermediarios entre los bolcheviques y otros grupos democráticos... Y éste es nuestro principal deber en el momento actual. No podemos apoyar a ningún Gobierno, exceptuando el de coalición socialista...

Además, protestamos contra la tiránica conducta de los bolcheviques. Nuestros comisarios han sido echados de sus puestos. Nuestro único órgano impreso, Znamia Trudá (Bandera del Trabajo), fue prohibido ayer.

La Duma Central está formando un potente Comité de Salvación de la Patria y la Revolución contra vosotros. Estáis ya aislados y vuestro Gobierno no cuenta con el apoyo de ningún grupo democrático...".

Trotski subió de nuevo a la tribuna, seguro y con dominio de sí mismo. En sus labios se dibujaba una sonrisa sarcástica, casi burlona. Hablaba con voz metálica y el enorme gentío se echó adelante, atento a sus palabras.

"Todas esas consideraciones sobre el peligro de aislamiento de nuestro Partido no son nuevas. En la víspera de la insurrección también nos predecían una derrota inevitable. Todos estaban contra nosotros; sólo la fracción de los socialistas- revolucionarios de izquierda se adhirió al Comité Militar Revolucionario. Pero, ¿de qué modo hemos logrado, a pesar de todo, derribar al Gobierno Provisional sin derramamiento de sangre?... Este hecho es la más clara demostración de que no estábamos aislados. En realidad, era el Gobierno Provisional el que estaba aislado; estaban aislados los partidos democráticos que marchaban contra nosotros, ¡están aislados ahora y han roto para siempre con el proletariado!

Se nos habla de la necesidad de la coalición. Solamente una coalición es posible: la coalición de los obreros, soldados y campesinos pobres; pertenece a nuestro Partido el honor de haber formado tal coalición… ¿A qué coalición se refiere Avílov? ¿A la coalición con los que apoyaron al Gobierno de traición al pueblo? La coalición no siempre aumenta las fuerzas. Por ejemplo, ¿habríamos podido organizar la insurrección, teniendo en nuestras filas a Dan y Avxéntiev?".

Estallidos de hilaridad.

"Avxéntiev daba poco pan. Pero, ¿daría más una coalición con los oborontsi? Cuando hay que elegir entre los campesinos y Avxéntiev, que ordenó el encarcelamiento de los comités agrarios, ¡nosotros elegimos a los campesinos! Nuestra revolución quedará en la historia como una revolución clásica".

Se nos acusa de rechazar el entendimiento con otros partidos democráticos. Pero, ¿tenemos nosotros la culpa? ¿O quizá la culpa sea, como cree Karelin, de un "malentendido"? No, compañeros. Cuando en el apogeo de la revolución, el Partido, envuelto todavía en el humo de la pólvora, llega y dice: "Ahí tienen el poder, ¡tómenlo!" y aquellos a quienes se les ofrece se pasan al enemigo, eso no es un malentendido… eso es ¡una declaración de guerra implacable! Y no hemos sido nosotros los que la hemos declarado…

Avílov amenaza diciendo que como quedemos "aislados", serán estériles nuestros esfuerzos de alcanzar la paz. Repito, yo no veo de qué manera una coalición con Skóbelev o incluso con Teréschenko puede ayudarnos a lograr la paz. Avílov intenta amedrentarnos con el peligro de una paz a expensas de Rusia. A eso respondo que si Europa continúa gobernada por la burguesía imperialista, la Rusia revolucionaria perecerá inevitablemente…

Una de dos: ¡o la revolución rusa origina un movimiento revolucionario en Europa o las potencias europeas estrangularán la revolución rusa!".

Los delegados aplaudieron calurosamente, ardían de osadía sintiéndose luchadores por toda la humanidad. Y desde entonces en todos los actos de las masas insurrectas apareció y quedó para siempre una decisión consciente y firme.

Pero la otra parte también empezaba ya a entrar en liza. Kámenev concedió la palabra al delegado del Sindicato Ferroviario, un hombre rechoncho de rasgos duros que no disimulaba su actitud de implacable hostilidad. Su discurso causó el efecto de una bomba.

"Pido la palabra en nombre de la organización más fuerte de Rusia y os digo: el Víkzhel me ha encargado de poner en vuestro conocimiento la decisión de nuestro sindicato acerca de la constitución del poder. El Comité Central niega absolutamente el apoyo a los bolcheviques si persisten en su enemistad con toda la democracia de Rusia". Inmenso tumulto en la sala.

"En 1905 y los días de la korniloviada, los obreros ferroviarios se portaron como los mejores defensores de la revolución. Pero vosotros no nos habéis invitado a vuestro Congreso». Gritos: «¡No os invitó el viejo CEC!". El orador no hizo caso y continuó:

"Nosotros no reconocemos la legalidad de este Congreso: después de la partida de los mencheviques y socialistas-revolucionarios aquí no queda el quórum necesario...

Nuestro sindicato apoya al viejo CEC y declara que el Congreso no tiene derecho a elegir nuevo CEC...

El poder debe ser un poder socialista y revolucionario, responsable ante los órganos autorizados de toda la democracia revolucionaria. En lo sucesivo, hasta la constitución de tal poder, el Sindicato Ferroviario, que se niega a transportar tropas contrarrevolucionarias a Petrogrado, prohíbe al mismo tiempo a sus afiliados cumplir cualquier orden sin consentimiento del Víkzhel. El Víkzhel toma en sus manos toda la administración de los ferrocarriles de Rusia".

El final de este discurso casi se ahogó en una furiosa tempestad de indignación general. Pero, de todos modos, fue un duro golpe. Para persuadirse de ello bastaba con mirar las caras preocupadas de la presidencia. Kámenev respondió brevemente que la legalidad del Congreso no podía ser puesta en duda ya que, a pesar de la salida de los mencheviques y eseristas, en el Congreso quedaban más delegados de lo que exigía el quórum establecido por el viejo CEC...

Después, por inmensa mayoría de votos, fue elegido el Consejo de Comisarios del Pueblo.

La elección del nuevo CEC, del nuevo parlamento de la República de Rusia, se llevó no más de un cuarto de hora. Trotski leyó los resultados: cien miembros, de ellos setenta bolcheviques... Se reservaban puestos para los campesinos y los partidos que habían abandonado el Congreso. "Admitiremos con alegría en el Gobierno a todos los partidos y grupos que acepten nuestro programa", concluyó Trotski.

Inmediatamente después se clausuró el II Congreso de los Soviets de toda Rusia para que sus delegados pudieran desplazarse cuanto antes a todos los confines del país e informar de los grandes acontecimientos...

Eran casi las siete de la mañana cuando despertamos a los conductores y cobradores de los tranvías estacionados frente al Smolny.

Estos tranvías habían sido enviados por el Sindicato de Tranviarios para llevar a los delegados a sus casas. A mí me pareció que el ambiente en los vagones repletos no era tan alegre y despreocupado como en la noche pasada. Muchos estaban muy inquietos. Tal vez se dijeran para sus adentros: "Bien, ya somos los dueños. ¿Cómo haremos que se cumpla nuestra voluntad?…".

Cerca de nuestra casa fuimos detenidos y cuidadosamente registrados por una patrulla de ciudadanos armados. La proclama de la Duma surtía efecto.

La patrona nos oyó y salió a nuestro encuentro con una capucha de seda encarnada.

"El comité de casa exige otra vez que ustedes hagan guardia igual que los demás hombres", dijo.

"¿Y para qué hacen falta esas guardias?".

"Para proteger a las mujeres y los niños".

"¿Proteger, de quién?".

"De los bandidos y ladrones".

"¿Y si viene un comisario del Comité Militar Revolucionario y busca armas?".

"¡Oh, eso es lo que dicen todos!… Además, ¿qué diferencia hay?".

Yo declaré oficialmente que el Cónsul había prohibido a todos los ciudadanos norteamericanos portar armas, especialmente en los distritos donde vivía la intelectualidad rusa…

CAPÍTULO VI: EL COMITÉ DE SALVACIÓN

Viernes, 9 de noviembre (27 de octubre)…
"Novocherkassk. 8 de noviembre (26 de octubre).

En vista de la rebelión de los bolcheviques con el intento le derrocar el Gobierno Provisional y adueñarse del poder en Petrogrado y en otros lugares, el Gobierno Cosaco declara que considera criminales y absolutamente inadmisibles estos actos. En consecuencia, los cosacos prestarán todo su apoyo al Gobierno Provisional, que es un Gobierno de coalición. Por estas circunstancias, y hasta el retorno del Gobierno Provisional al poder y el restablecimiento del orden en Rusia, el Gobierno de las Tropas Cosacas ha asumido temporalmente todo el poder ejecutivo en la región del Don.

Firmado: Atamán Kaledin,

Presidente del Gobierno de las Tropas Cosacas".

Prikaz del Ministro-Presidente Kerenski, fechado en Gátchina:

"Declaro que yo, Ministro-Presidente del Gobierno Provisional y Jefe Supremo de todas las fuerzas armadas de la República Rusa, he llegado hoy a la cabeza de las tropas del frente que permanecen fieles a la patria.

Ordeno a todas las unidades de la región militar de Petrogrado, que por un malentendido o por ofuscación se hayan adherido a la banda de traidores a la patria y a la revolución, retornar inmediatamente al cumplimiento de su deber.

Esta orden será leída en todos los regimientos, batallones y escuadrones.

Firmado: El Ministro-Presidente del Gobierno Provisional y Jefe Supremo A. Kerenski".

Telegrama de Kerenski al jefe del Frente Norte:

"La ciudad de Gátchina ha sido tomada por las tropas leales al Gobierno y ocupada sin derramamiento de sangre.

Las compañías de las fuerzas de Cronstadt y de los regimientos de Semiónovskoe e Ismáilovo y los marinos se han rendido incondicionalmente, uniéndose a las fuerzas del Gobierno.

Ordeno a todos los trenes designados para emprender ruta, avanzar rápidamente. Las tropas han recibido del Comité Militar

Revolucionario la orden de retirada…".

Gátchina, que se encuentra a unos treinta kilómetros al suroeste de Petrogrado, fue tomada por la noche. Los destacamentos de los dos regimientos mencionados (no los marinos), que erraban sin jefes por los alrededores, fueron rodeados por los cosacos y depusieron las armas, pero no se unieron a las tropas del Gobierno. En estos mismos momentos, multitudes enteras de estos soldados, confusos y avergonzados, se encontraban en el Smolny y trataban de explicarse. No sabían que los cosacos se hallaban tan cerca… Había intentado entablar conversaciones con los cosacos…

En el frente revolucionario reinaba claramente una tremenda confusión, Las guarniciones de todas las pequeñas ciudades al sur de Petrogrado se habían dividido patente y desesperadamente en dos, o mejor dicho, en tres partes: el Alto Mando, a falta de algo mejor, estaba a favor de Kerenski, la mayoría de los soldados respaldaba a los Soviets y a todos los demás les atormentaban las dudas y vacilaciones.

El Comité Militar Revolucionario designó precipitadamente en calidad de jefe de la defensa de Petrogrado al ambicioso capitán del Ejército regular Muraviov, al mismo Muraviov que había formado en el verano los "batallones de la muerte" y, según decían, había advertido en cierta ocasión al Gobierno Provisional que "gastaba demasiadas contemplaciones con los bolcheviques; simplemente había que hacerlos polvo". Era un hombre de fuste militar, que admiraba, tal vez sinceramente, el poder y la audacia.

Al salir por la mañana a la calle vi en la pared, a ambos lados de nuestro portal, dos nuevas órdenes del Comité Militar Revolucionario, disponiendo que todos los comercios y tiendas debían estar abiertos como siempre y todos los locales vacíos ser puestos a disposición del Comité.

Los bolcheviques llevaban ya treinta y seis horas cortados de las provincias rusas y de todo el mundo exterior. Los ferroviarios y telegrafistas se negaban a transmitir sus despachos, los empleados de correos no admitían su correspondencia. Solamente la emisora gubernamental de radio de Tsárskoe Seló transmitía cada media hora a los cuatro puntos cardinales boletines y declaraciones. Los comisarios del Comité Militar Revolucionario y los comisarios de la Duma Municipal corrían a cuál más rápido en los trenes, dirigiéndose a todo el país. Dos aeroplanos volaron al frente cargados de propaganda.

Pero la oleada del levantamiento se había extendido por Rusia con velocidad superior a la de los medios humanos de comunicación. El Soviet de Helsingfors votó una moción de apoyo; en Kíev los bolcheviques se apoderaron del arsenal y de la Central de Telégrafos, de allí los desalojaron los delegados al Congreso cosaco, reunido en la misma ciudad; en Kazán, el Comité Militar Revolucionario arrestó al Estado Mayor de la guarnición local y al Comisario del Gobierno Provisional; de Krasnoyarsk, Siberia, se recibió la noticia de que los Soviets habían establecido su control sobre las instituciones municipales; en Moscú, donde la situación se complicaba por la huelga de los curtidores, por un lado, y la amenaza de lock-out general, por otro, el Soviet se adhirió por abrumadora mayoría a la acción de los bolcheviques de Petrogrado... Allí estaba ya en funciones el Comité Militar Revolucionario.

En todas partes sucedía lo mismo. Los soldados rasos y los obreros industriales en su inmensa mayoría apoyaban a los Soviets; los oficiales, los junkers y la clase media estaban a favor del Gobierno Provisional, igual que los kadetes y los socialistas "moderados", representantes de la burguesía. En todas las ciudades se formaban y preparaban para la guerra civil comités de salvación de la patria y la revolución...

La vasta Rusia se disgregaba. Este proceso comenzó en el año 1905. La Revolución de Marzo lo aceleró y, tras haber despertado al principio confusas esperanzas en el nuevo orden, terminó por conservar las estructuras caducas del viejo régimen. En cambio ahora los bolcheviques en una sola noche destruyeron todas estas estructuras, que se desvanecieron como el humo. La vieja Rusia dejó de existir. La amorfa sociedad se derritió y fluyó como lava en fuego prístino y del turbulento mar de llamas surgió la potente e implacable lucha de clases y con ella los núcleos todavía frágiles de las nuevas estructuras, que se iban consolidando lentamente.

En Petrogrado, dieciséis ministerios estaban en huelga bajo la dirección de dos ministerios —Trabajo y Abastos—, creados por el Gobierno socialista homogéneo de agosto.

En esta mañana gris y fría, el "puñado de bolcheviques" parecía lo más solitario del mundo. Un mar de hostilidad se encrespaba en torno a ellos. Puesto entre la espada y la pared, el Comité Militar Revolucionario asestó un contragolpe, defendiendo desesperadamente su vida. A las cinco de la mañana, los guardias rojos se presentaron en la imprenta municipal, confiscaron miles de ejemplares del llamamiento de protesta de la Duma y suspendieron el Viéstnik Gorodskogo Samoupravlenia, (Boletín de la Administración Municipal), órgano oficial de la Duma. Todos los periódicos burgueses fueron retirados de las prensas, entre ellos Golos Soldata, periódico del viejo CEC, que, sin embargo, cambiando este nombre por el de Soldatski Golos, apareció en cien mil ejemplares, sembrando en torno iras e indignación:

"Los hombres que asestaron su traidor golpe por la noche y suspendieron los periódicos, no mantendrán mucho tiempo al país en las tinieblas. ¡El país conocerá la verdad! ¡Sabrá darles su merecido, señores bolcheviques! ¡Lo veremos!".

Al mediodía íbamos por la Nevski abajo. Frente a la Duma, toda la calle estaba llena de gente. Acá y allá había guardias rojos y marinos con la bayoneta calada. A cada uno lo acosaban no menos de un centenar de hombres y mujeres —oficinistas, estudiantes, tenderos y funcionarios— que crispaban los puños, profiriendo insultos y amenazas. En los peldaños había boy scouts y oficiales, distribuyendo ejemplares de Soldatski Golos. Un obrero con brazal rojo y revólver en mano exigía trémulo de ira y nerviosismo en medio del gentío hostil, que le entregasen los periódicos… Creo que la historia jamás vio nada semejante. A un lado, un puñado de obreros y soldados armados, que representaban la insurrección victoriosa y profundamente impotentes; al otro lado, las turbas enfurecidas formadas por la misma gente que llenan al mediodía las aceras de la Quinta Avenida, las turbas que se burlaban, maldecían y gritaban:

"¡Traidores! ¡Provocadores! ¡Opríchniki!".

Las puertas estaban guardadas por estudiantes y oficiales. Llevaban brazal es blancos con una inscripción en rojo que decía: «Milicia del Comité de Seguridad Pública». Media docena de boy scouts iban y venían. Por dentro el edificio era un hervidero de gente. El capitán Gómberg bajaba por la escalera. "¡Quieren disolver la Duma! —dijo—. Un comisario bolchevique está hablando con el alcalde…". Cuando subimos, vimos a Riazánov, que se retiraba precipitadamente. Se había presentado a exigir de la Duma el reconocimiento del Consejo de Comisarios del Pueblo y el alcalde le respondió con una terminante negativa.

En todos los locales de la Duma gritaba, alborotaba y gesticulaba un enorme gentío: funcionarios, intelectuales, periodistas, corresponsales extranjeros, oficiales franceses e ingleses… Un ingeniero municipal los señalaba con aire triunfal: "Todas las embajadas reconocen la Duma como el único poder en la actualidad —explicaba—. Los bolcheviques son unos bandidos y salteadores y su fin es cuestión de horas. Toda Rusia está con nosotros…".

En la Sala de Alejandro tenía lugar un mitin monstruoso del Comité de Salvación. Presidía Filippovski y en la tribuna peroraba Skóbelev. Bajo inmensos aplausos daba cuenta de las nuevas adhesiones al Comité de Salvación: Comité Ejecutivo de los Soviets Campesinos, viejo CEC, Comité Central del Ejército, Centroflot, los grupos menchevique, eserista y del frente en el Congreso de los Soviets, comités centrales de los partidos menchevique, socialista-revolucionario, socialista popular, grupo "Yedinstvo", Unión Campesina, cooperativas, zemstvos, municipalidades, Unión de Correos y Telégrafos, Víkzhel, Consejo de la República Rusa, Unión de Asociaciones, Asociación de Comerciantes y Fabricantes…

"… El Poder de los Soviets —decía— no es un poder democrático, sino una dictadura y no la dictadura del proletariado, sino una dictadura contra el proletariado. Todo el que ha vivido y vive lleno de entusiasmo revolucionario se unirá a nosotros para defender la revolución…

El problema del día no es solamente reducir a la impotencia a los demagogos irresponsables, sino combatir la contrarrevolución… Si son ciertos los rumores de que en provincias los generales quieren aprovechar los acontecimientos y marchar sobre Petrogrado con designios contrarrevolucionarios eso sólo demuestra una vez más que debemos establecer un fuerte Gobierno democrático… De otro modo, los disturbios de la derecha seguirán a los disturbios de la izquierda…

La guarnición de Petrogrado no puede permanecer indiferente cuando en las calles se detiene a los ciudadanos que compran Golos Soldata y a los chiquillos que venden Rabóchaya Gazeta…

Ha pasado la hora de las resoluciones… Que se aparten los que hayan perdido la fe en la revolución… Para restablecer el poder democrático unido es preciso elevar de nuevo el prestigio de la revolución…

¡Juremos salvar la revolución o morir con ella!".

La sala se levantó y cubrió este discurso con una tempestad de aplausos. Todos los ojos resplandecían. Allí no se veía ni a un solo proletario…

Tomó la palabra Vainshtéin:

"Debemos conservar la calma y abstenemos de toda acción hasta que la opinión pública se agrupe firmemente en torno al Comité de Salvación. Sólo entonces podremos pasar de la defensa al ataque…".

Un representante del Víkzhel anunció que su organización asumía la iniciativa de formar un nuevo Gobierno y sus delegados se habían dirigido ya al Smolny para sostener las correspondientes conversaciones… Se entabló una acalorada discusión: ¿admitir o no a los bolcheviques en el nuevo Gobierno? Mártov era partidario de admitirlos; en fin de cuentas, demostraba, los bolcheviques representan un partido político muy importante. Las opiniones se dividieron: el ala derecha de los mencheviques y eseristas y también los socialistas populares, los cooperadores y los elementos burgueses se oponían resueltamente…

"¡Han traicionado a Rusia! —decía uno de los oradores—. ¡Han empezado la guerra civil y han abierto el frente ante los alemanes! Los bolcheviques deben ser aplastados sin piedad…".

Skóbelev abogó por excluir tanto a los bolcheviques como a los kadetes.

Hablamos con un joven eserista, que había abandonado con los bolcheviques la Conferencia Democrática la noche en que Tsereteli y otros conciliadores impusieron a la democracia rusa una política de coalición.

"¿Usted aquí?" —le pregunté.

Sus ojos relampaguearon. "¡Sí! —exclamó—. El miércoles por la noche mis compañeros de partido y yo abandonamos el Congreso. No me jugué veinte años la vida para someterme ahora a la tiranía de unos ignorantes. Sus métodos son intolerables. Pero no han contado con los campesinos… Cuando los campesinos hagan acto de presencia, su fin será cuestión de minutos".

"Pero, ¿se levantarán los campesinos?, ¿acaso el Decreto sobre la Tierra no ha satisfecho a los campesinos? ¿Qué más pueden querer?".

"¡Ah, ese Decreto sobre la Tierra! —gritó furioso—. Pero, ¿sabe usted qué es ese Decreto sobre la Tierra? ¡Es nuestro decreto, es el programa socialista-revolucionario íntegro! ¡Mi partido elaboró las bases de esta política después del más detenido estudio de las demandas de los campesinos! Eso es una afrenta…".

"Pero, si es su propia política, ¿por qué ustedes están en contra? Si son esos los deseos de los campesinos, ¿por qué van a oponerse?".

"¡Cómo no lo comprende usted! ¿No está claro para usted que los campesinos comprenderán inmediatamente que es un engaño, que estos usurpadores han robado el programa de los socialistas-revolucionarios?".

Le pregunté si era cierto que Kaledin marchaba sobre el norte.

Asintió con la cabeza y empezó a frotarse las manos con cruel satisfacción. "Sí. Ahora ven ustedes la que han armado esos bolcheviques. Han levantado a la contrarrevolución contra nosotros. La revolución está perdida. La revolución está perdida".

"Pero, ¿no van a defender —ustedes la revolución?".

"¡Claro que la defenderemos hasta la última gota de sangre! Pero no colaboraremos con los bolcheviques por nada del mundo…".

"¿Y si Kaledin se acerca a Petrogrado y los bolcheviques defienden la ciudad, no se unirán ustedes a ellos?".

"¡Claro que no! Nosotros también defenderemos la ciudad, pero no junto con los bolcheviques. Kaledin es enemigo de la revolución, pero tan enemigos son los bolcheviques".

"Entonces, ¿a quién prefieren ustedes: a Kaledin o a los bolcheviques?".

"No es ese el problema que se discute —gritó impaciente—. Le digo que la revolución está perdida. Y la culpa la tienen los bolcheviques. Pero, oiga, ¿para qué hablar de esto? Kerenski se acerca… Pasado mañana pasaremos a la ofensiva… El Smolny nos ha enviado ya sus delegados invitándonos a formar un nuevo Gobierno. Pero ahora están en nuestras manos: son absolutamente impotentes… Nosotros no colaboraremos con ellos…".

En la calle sonó un disparo. Corrimos a las ventanas. Un guardia rojo, sacado por fin de sus casillas por los ataques de la multitud, había disparado, hiriendo en el brazo a una muchacha. Vimos cómo la subieron a un coche, rodeado por la gente excitada; sus 2gritos llegaban hasta nosotros. De pronto, por la esquina de la Avenida Mijáilovskaya, apareció un blindado. Sus ametralladoras apuntaban a uno y otro lado. La multitud se dio a la fuga inmediatamente. Como suele ocurrir en tales casos en Petrogrado, la gente se echaba al suelo, se escondía en las cunetas y tras los postes del teléfono. El blindado se acercó a las puertas de la Duma. De su torreta asomó un hombre y exigió que le entregasen el Soldatski Golos. Los boy scouts se le rieron en las barbas y se colaron en el edificio. El automóvil dio unas vueltas indeciso cerca de la casa y echó por la Avenida Nevski arriba. La gente tendida en la calzada se levantó y empezó a sacudirse la ropa…

Dentro del edificio se organizó una prodigiosa carrera. Hombres con paquetes de Soldatski Golos corrían a todos lados, buscando donde esconder el periódico.

Entró en la habitación un periodista, agitando un papel.

"¡Una proclama de Krasnov! —gritó. Todos se abalanzaron sobre él—. ¡Pronto, a la imprenta y a repartirla inmediatamente por los cuarteles!".

"Por voluntad del Jefe Supremo he sido designado comandante de las tropas concentradas en los alrededores de Petrogrado.

Ciudadanos, soldados, valerosos cosacos del Don, del Kubán, de Transbaikal, del Ussurí, del Amur, del Yeniséi, todos los que son fieles a su juramento militar, todos los que han jurado mantener firme e inviolable el juramento de los cosacos, a todos os llamo a salvar a Petrogrado de la anarquía, del hambre, de la tiranía y salvar a Rusia de la indeleble mancha de oprobio que ha hecho caer sobre ella un puñado de ignorantes, dirigidos por la voluntad y el dinero del emperador Guillermo. El Gobierno Provisional, al que vosotros jurasteis ser fieles en las grandes jornadas de marzo, no ha sido derribado, sino apartado por la violencia de su sede y se reúne al amparo del gran Ejército del frente fiel a su deber.

El Consejo de la Unión de Tropas Cosacas ha unido a todos los cosacos y éstos, animados por el espíritu cosaco y apoyándose en la voluntad de todo el pueblo ruso, han jurado servir a la patria como la sirvieron nuestros abuelos en la tumultuosa época de 1612, cuando los cosacos del Don salvaron Moscú, amenazado por los suecos, los polacos y Lituania y desgarrado por las luchas intestinas. (Vuestro Gobierno existe todavía…).

El Ejército de operaciones siente por los enemigos y traidores indescriptible horror y desprecio. Sus actos de vandalismo y pillaje, sus crímenes, sus tratos puramente alemanes a los vencidos, pero no rendidos, han hecho que les vuelva la espalda toda Rusia.

Ciudadanos, soldados, valerosos cosacos de la guarnición de Petrogrado: enviad inmediatamente vuestros delegados a mi presencia para que yo pueda saber quiénes son los traidores a la libertad y a la patria y quiénes no lo son y para no derramar por casualidad sangre inocente…".

Casi en aquel mismo momento corrió el rumor de que los guardias rojos habían rodeado el edificio. Entró un oficial con un brazal rojo y preguntó por el alcalde. Volvió a pasar a los pocos minutos y tras él salió rápidamente de su despacho el viejo Shréider.

"¡Sesión extraordinaria de la Duma! —gritó tan pronto enrojeciendo como poniéndose lívido—. ¡Inmediatamente!".

Fue interrumpida la reunión que tenía lugar en la sala grande. "¡Todos los miembros de la Duma a la reunión extraordinaria!".

"¿Que sucede?".

"No sé… ¡Nos quieren detener!… ¡Quieren disolver la Duma! A todos los miembros de la Duma los detienen en la puerta…" —se oían excitados comentarios.

En la Sala de Nicolás no cabía un alfiler. El alcalde anunció que en todas las puertas se habían apostado tropas que prohibían la salida y la entrada y que un comisario amenazaba detener y dispersar la Duma Municipal. Fluyeron apasionados discursos desde la tribuna y desde las galerías del público. La Administración de la ciudad libremente elegida no podía ser disuelta por ningún poder; la personalidad del alcalde y de todos los miembros de la Duma era intangible; jamás serían reconocidos los tiranos, los provocadores y los agentes alemanes; amenazan con disolvernos, que prueben: sólo pasando por encima de nuestros cadáveres entrarán en esta sala, donde esperamos con dignidad de senadores romanos la llegada de los vándalos…

Resolución: informar por telégrafo a las dumas y los zemstvos de toda Rusia… Resolución: ni el alcalde ni el presidente de la Duma pueden entablar relaciones de ningún género con los representantes del Comité Militar Revolucionario o del llamado Consejo de Comisarios del Pueblo. Resolución: dirigir inmediatamente un nuevo llamamiento a la población de Petrogrado, invitándola a defender la Administración elegida por ella. Resolución: la Duma se declara reunida en sesión permanente…

En este momento entró en la sala un miembro de la Duma y comunicó a los reunidos que había telefoneado al Smolny y el Comité Militar Revolucionario declaró no haber dado órdenes de rodear la Duma y que las tropas serían retiradas…

Cuando bajábamos por la escalera, entró como una tromba Riazánov, muy excitado.

"¿Se proponen ustedes disolver la Duma?" —le pregunté.

"¡Dios mío, nada de eso! —respondió—. Aquí hay un malentendido… Esta mañana ya le dije al alcalde que la Duma sería dejada en paz…".

Por la Nevski, entre las sombras del crepúsculo, avanzaba una doble fila de ciclistas con fusiles a la espalda.

Se detuvieron. La gente los rodeó y los asedió a preguntas:

"¿Quiénes son ustedes? ¿De dónde vienen?" —pregunto un viejo gordo con un cigarro entre los dientes.

"Del XII Ejército, del frente. ¡Venimos a apoyar a los Soviets contra la maldita burguesía!".

Se oyeron gritos furiosos:

"¡Ah! ¡Gendarmes bolcheviques! ¡Cosacos bolcheviques!".

Un oficial pequeño con cazadora de cuero bajaba corriendo los escalones.

"¡La guarnición vacila! —me murmuró al oído—. Para los bolcheviques es el comienzo del fin. ¿Quiere ver cómo cambian los ánimos? ¡Vamos!". —Embocó casi corriendo la Mijáilovskaya; nosotros le seguimos.

"¿Qué regimiento es éste?".

"De broneviki"……, Era realmente una seria complicación. Los broneviki, autos blindados, tenían en sus manos la llave de la situación: el que controlaba los broneviki controlaba la ciudad. "Comisarios del

Comité de Salvación y de la Duma han ido a hablar con ellos. Están celebrando un mitin que debe decidir…".

"¿Decidir qué? ¿A qué lado pelear?".

"¡Oh, no! Así no se hacen las cosas. No pelearán jamás contra los bolcheviques. Decidirán simplemente permanecer neutrales y entonces los junkers y los cosacos…".

La puerta del enorme picadero Mijáilovski parecía unas negras fauces. Dos centinelas intentaron detenernos, pero nosotros pasamos rápidamente sin hacer caso de sus gritos indignados. El único farol, colgado del techo, alumbraba con luz macilenta el enorme local. En la oscuridad se distinguían confusas las altas pilastras y las ventanas. Alrededor se veían los monstruosos contornos imprecisos de los autos blindados. Uno de ellos estaba en el centro mismo del local, bajo el farol. Se apiñaban alrededor unos dos mil soldados de uniforme pardo grisáceo, que casi se perdían en la inmensidad del majestuoso edificio. Encima del blindado había una docena de hombres: oficiales, el presidente del Comité de Soldados y los oradores. Un militar, encaramado en la torreta central del blindado, pronunciaba un discurso. Era Janzhónov, presidente del Congreso de las unidades de broneviki de toda Rusia, celebrado en el verano. Figura ágil y esbelta con cazadora de cuero y distintivos de teniente. Se pronunciaba elocuente y persuasivamente a favor de la neutralidad.

"Para el ruso —decía— es terrible matar a sus propios hermanos rusos. ¡No debe haber guerra civil entre los soldados que lucharon hombro a hombro contra el zar, que se batieron hombro a hombro contra el enemigo extranjero y que pasarán a la historia!

¿Qué nos importa a nosotros, los soldados, todo el estercolero de los partidos políticos? No os diré que el Gobierno Provisional era un Gobierno democrático; nosotros no queremos la coalición con la burguesía, no, no la queremos. Pero necesitamos un Gobierno de la democracia unida. ¡En caso contrario Rusia está perdida! ¡Con un Gobierno así no hará falta ni guerra civil ni fratricidios!".

Esto sonaba muy razonable. La vasta sala se llenó de aplausos y exclamaciones aprobatorias.

A la torreta se encaramó un soldado, pálido y conmovido. "¡Compañeros! —gritó—. ¡Vengo del Frente Rumano para deciros con urgencia a todos: hay que concluir la paz! ¡Una paz inmediata! Nosotros seguiremos a quien nos dé la paz, tanto si son los bolcheviques como un nuevo Gobierno. ¡Dadnos la paz! En el frente no podemos guerrear más. No podemos guerrear ni con los alemanes ni con los rusos…". Dichas estas palabras, bajó. La enorme masa de oyentes rumoreó confusamente.

Este rumor se convirtió en algo parecido a la ira cuando el siguiente orador, un menchevique oboronets, intentó decir que la guerra debía continuar hasta la victoria de los aliados.

"¡Habla usted como Kerenski!" —gritó una voz agria.

Luego un delegado de la Duma aconsejó a los soldados permanecer neutrales. Lo escucharon, cruzaron inseguros palabras al oído sin percibir en él a uno de los suyos. Jamás he visto a gente que se esforzase con tanta tenacidad por comprender y decidir. Inmóviles, escuchaban al orador con terrible atención, frunciendo las cejas del esfuerzo mental. Les asomaba el sudor a la frente. Eran gigantes con inocentes ojos de niño y rostros de épicos guerreros...

Habló un bolchevique, un soldado de esta unidad. Su discurso fue violento y lleno de odio. El auditorio no manifestó mayor simpatía por él que por otros. Esto no correspondía al estado de ánimo de aquella gente. En aquel momento todos habían sido sacados de la ruta ordinaria de sus pensamientos cotidianos.

Ahora tenían que pensar en Rusia, en el socialismo, en todo el mundo, como si de sus blindados dependiera la vida y la muerte de la revolución.

Un orador seguía a otro en medio de tenso silencio. Los gritos de aprobación se trocaban en gritos indignados. ¿Intervenir o no? Habló de nuevo Janzhónov, persuasivo y simpático. Pero, por mucho que hablase de la paz, ¿acaso no era un oficial, un oboronets? Hizo uso de la palabra un obrero de Vasílievski Ostrov. Lo recibieron con un grito: "¿Es que ustedes, los obreros, nos darán la paz?". Cerca de nosotros se habían reunido varios hombres, en su mayoría oficiales, que formaban una especie de claque y aplaudían ruidosamente a los abogados de la neutralidad.

"¡Janzhónov! ¡Janzhónov!" —gritaban y silbaban a todos los bolcheviques que intervenían.

De repente entre los miembros del Comité y los oficiales que estaban en el blindado se entabló una acalorada discusión. Gesticulaban vivamente y, por lo visto, no podían ponerse de acuerdo. El auditorio reparó en la discusión. El público empezó a rumorear inquieto, deseando saber qué sucedía. Un soldado, a quien sujetaba un oficial, se zafó y levantó la mano.

"¡Compañeros! —gritó—. ¡Aquí está el camarada Krylenko, quiere hablar!". Estallaron gritos, aplausos y silbidos: "Prósim! Prósim! Dolói!". ("¡Lo pedimos! ¡Lo pedimos! ¡Fuera!"). En medio del indescriptible tumulto y griterío, el Comisario del Pueblo de Asuntos Militares, empujado y ayudado por todas partes, se encaramó al blindado. Permaneció quieto un momento y pasó al radiador. Con los brazos en jarras y sonriendo, miró en torno. Figura achaparrada, de piernas cortas, con uniforme militar sin distintivos y a pelo.

La claque que se encontraba cerca de mí prorrumpió en gritos desaforados:

"¡Janzhónov! ¡Queremos a Janzhónov! ¡Fuera! ¡Cierra la boca! ¡Fuera el traidor!". La sala entró en ebullición, comenzaron los rumores. De pronto empezó un movimiento. Sobre nosotros, como alud de nieve, avanzaba un grupo de hercúleos soldados de cejas negras, abriéndose paso a viva fuerza.

"¿Quién está aquí saboteando la reunión? —gritaron—. ¿Quién arma ruido aquí?".

La claque se dispersó en un santiamén y ya no volvió a reunirse.

"¡Compañeros soldados! —comenzó Krylenko con voz ronca de la fatiga—. No puedo hablar bien y os pido que me perdonéis porque llevo cuatro noches sin dormir…

No tengo que deciros que soy un soldado. No tengo que deciros que quiero la paz. Pero debo deciros que el Partido bolchevique, al que vosotros y todos los demás bravos compañeros que habéis derribado para siempre el poder de la sanguinaria burguesía ayudasteis a hacer la revolución de los obreros y soldados, prometió proponer a todos los pueblos la paz. ¡Hoy esta promesa ha sido cumplida!".

Tumultuosos aplausos.

"Les quieren convencer para que quedéis neutrales, para que quedéis neutrales en los momentos en que los junkers y los batallones de choque, que jamás fueron neutrales, disparan contra nosotros en las calles y traen a Petrogrado a Kerenski o a otro cualquiera de la misma banda. Kaledin avanza desde el Don. Kerenski se acerca desde el frente. Kornílov ha sublevado a los tekineses y quiere repetir su aventura de agosto. Los mencheviques y eseristas os piden que no permitáis la guerra civil. Pero, ¿qué les permitía a ellos mantenerse en el poder si no era la guerra civil, esa guerra civil que comenzó ya en julio y en la que siempre estuvieron al lado de la burguesía, como están ahora?

¿Cómo puedo convencerles yo, si han tomado ya su decisión? El problema está completamente claro. A un lado, Kerenski, Kaledin, Kornílov, los mencheviques, eseristas, kadetes, las dumas municipales, la oficialidad… Os dicen que sus objetivos son muy buenos. Al otro lado, los obreros, soldados, marinos y campesinos pobres. El Gobierno está en vuestras manos. Vosotros sois los dueños de la situación. La gran Rusia les pertenece. ¿La entregarán?".

Krylenko apenas se sostenía en pie del cansancio. Pero a medida que hablaba era más clara en su voz la profunda sinceridad que se ocultaba tras sus palabras. Terminado su discurso, se tambaleó y estuvo a punto de caer. Centenares de manos lo sostuvieron y la alta y oscura sala se estremeció de los estruendosos aplausos y gritos entusiastas.

Janzhónov intentó tomar otra vez la palabra, pero la sala no quería oír nada y gritaba: "¡A votar! ¡A votar!". Por fin cedió y leyó una resolución: El destacamento de blindados retira a sus representantes del Comité Militar Revolucionario y se declara neutral en la actual guerra civil.

Invitaron a pasar a la derecha a todos los que estuviesen a favor de esta resolución y a la izquierda a los que estuviesen en contra. Al principio hubo un momento de duda y expectación, pero luego el gentío empezó a desplazarse más y más rápidamente hacia la izquierda. Centenares de corpulentos soldados avanzaban con rumor de pasos por el suelo sucio y apenas iluminado, tropezando unos con otros... Cerca de nosotros quedaron no más de cincuenta hombres. Eran tercos partidarios de la resolución y, cuando bajo las altas bóvedas de la sala retumbó el grito entusiasta de victoria, se volvieron y salieron rápidamente del edificio. Muchos de ellos se apartaron también de la revolución...

Imagínense que la misma lucha se repetía en cada cuartel, en todas las ciudades, en todas las regiones, en todo el frente, en toda Rusia. Imagínense a estos insomnes Krylenkos que velaban en cada regimiento, que corrían de un sitio a otro, que argumentaban, discutían y amenazaban. Y luego imagínense que lo mismo sucedía en los locales de todos los sindicatos, en las fábricas, en las aldeas y en los buques de guerra de las flotas rusas que se encontraban lejos y dispersos; piensen en los centenares de miles de rusos que se comían con los ojos a los oradores en toda la inmensa Rusia, en los obreros, campesinos, soldados y marinos que tan dolorosamente trataban de comprender y decidir, que pensaban tan intensamente y decidieron por fin con tan singular unanimidad. ¡Así fue la revolución rusa!...

Mientras tanto, en el Smolny, el nuevo Consejo de Comisarios del Pueblo no dormía. El primer decreto había entrado ya en prensa y debía circular aquella misma noche en miles de ejemplares por todas las calles de la ciudad y ser llevado en los trenes a todo el país, al sur y al este:

"En nombre del Gobierno de la República, elegido por el Congreso de Diputados Obreros y Soldados de toda Rusia con participación de los diputados campesinos, el Consejo de Comisarios del Pueblo dispone:

1. Las elecciones a la Asamblea Constituyente deben celebrarse en el plazo fijado, el 12 de noviembre.

2. Todas las comisiones electorales, órganos de administración local, Soviets de Diputados Obreros, Soldados y Campesinos y las organizaciones de soldados en el frente deben poner en tensión todos sus esfuerzos para asegurar la libre y correcta celebración de las elecciones a la Asamblea Constituyente en el plazo fijado.

En nombre del Gobierno de la República de Rusia

El Presidente del Consejo de Comisarios del Pueblo Vladímir Uliánov— Lenin".

En el edificio de la Duma Municipal todo bullía y tronaba. Cuando entramos en el salón de sesiones hablaba un miembro del Consejo de la República. El Consejo, decía, no se considera disuelto, sino impedido sólo temporalmente de continuar sus labores hasta encontrar un nuevo local. Su Comité de miembros de más edad ha acordado unirse in corpore al Comité de Salvación… Diré entre paréntesis que es la última mención en la historia del Consejo de la República Rusa.

Luego siguió el turno habitual de delegados de los ministerios, del Víkzhel, de la Unión de Correos y Telégrafos. Todos declaraban por centésima vez su inflexible decisión de no trabajar para los usurpadores bolcheviques. Uno de los junkers que había defendido el Palacio de Invierno refirió una leyenda muy embellecida del heroísmo suyo y de sus compañeros y de la deshonesta conducta de la Guardia Roja. El auditorio daba crédito absoluto a cada una de sus palabras. Alguien leyó una reseña del periódico eserista Narod, en la que se describía detalladamente el asalto y desvalijamiento del Palacio de Invierno y se calculaban los daños en quinientos millones de rublos.

De vez en cuando aparecían enlaces con noticias que les habían comunicado por teléfono. Los bolcheviques habían puesto en libertad a cuatro ministros socialistas. Krylenko se había personado en la fortaleza de Pedro y Pablo y había dicho al almirante Verderevski que el Ministro de Marina había desertado y Krylenko estaba facultado por el Consejo de Comisarios del Pueblo para pedirle, en nombre de la salvación de Rusia, que asumiera la dirección del Ministerio. El viejo marino aceptó… Kerenski avanzaba al norte de Gátchina, las guarniciones bolcheviques retrocedían ante él. El Smolny había promulgado un nuevo decreto, que ampliaba los poderes de las dumas municipales en el terreno del abastecimiento.

La última noticia fue considerada como una insolencia y provocó un estallido de furia. Lenin, el usurpador, el tirano cuyos comisarios se habían apoderado del garaje municipal, habían irrumpido en los depósitos municipales y se entrometían en los asuntos del Comité de Abastos y Distribución de Comestibles, ¡se atrevía a establecer los límites del poder de la libre, independiente y autónoma Administración de la ciudad! Un concejal, crispando los puños, propuso suspender el transporte de víveres a la ciudad si los bolcheviques se atrevían a intervenir en los asuntos del Comité de Abastos... Otro representante del Comité Especial de Abastos comunicó que la situación del avituallamiento era muy grave y propuso enviar emisarios para acelerar el transporte.

Diedonenko anunció en tono dramático que la guarnición vacilaba. El Regimiento de Semiónovskoe había decidido ya acatar todas las órdenes del Partido Socialista-Revolucionario; los marinos de los torpederos anclados en el Neva vacilaban. Siete miembros del Comité fueron designados inmediatamente para continuar la propaganda...

En este momento subió a la tribuna el viejo alcalde: "¡Compañeros y ciudadanos! Acabo de enterarme de que todos los presos de la fortaleza de Pedro y Pablo corren gran peligro. Catorce junkers de la escuela de Pávlovsk han sido desnudados y torturados por la guardia bolchevique. Uno se ha vuelto loco. La guardia amenaza linchar a los ministros".

Se oyó un rugido de indignación y horror, que se hizo más violento cuando pidió la palabra una mujer pequeña y llenita, vestida de gris. Era Vera Slútskaya, veterana revolucionaria y miembro bolchevique de la Duma.

"¡Eso es una mentira y una provocación! —dijo con su áspera voz metálica sin hacer caso del aluvión de insultos—. El Gobierno Obrero y Campesino, que ha abolido la pena de muerte, no puede permitir tales acciones. Exigimos una investigación inmediata de este asunto; si hay en él una mínima parte de verdad, ¡el Gobierno adoptará las medidas más enérgicas!".

Se designó en el acto una comisión especial, formada por representantes de todos los partidos y presidida por el alcalde, que se dirigió a la fortaleza de Pedro y Pablo. Nosotros la seguimos y, entretanto, la Duma eligió otra comisión para entrevistarse con Kerenski. Debía tratar de impedir la efusión de sangre durante su entrada en la capital...

Era ya la medianoche cuando nos colamos frente a los guardias que custodiaban la puerta de la fortaleza y atravesamos el enorme patio apenas iluminado por raros faroles eléctricos. Fuimos a lo largo de la basílica donde, bajo la airosa aguja de oro y el carillón que seguía tocando al mediodía Bozhe Tsariá Jraní, se encuentran las tumbas de los emperadores rusos... La plaza estaba desierta; no había luz en la mayoría de las ventanas. De vez en cuando tropezábamos con una figura corpulenta, que avanzaba despacio en la oscuridad y respondía a todas nuestras preguntas con el habitual: "Ya nie znayu" ("Yo no sé").

A la izquierda se divisaba la silueta baja y oscura del Bastión de Trubetskói, tumba para seres vivos donde bajo el régimen zarista murieron o se volvieron locos tantos mártires de la libertad. En los días de marzo, el Gobierno Provisional encerró allí a los ministros del zar y ahora los bolcheviques tenían encarcelados a los ministros del Gobierno Provisional.

Un marino nos acompañó de buen grado a la comandancia, que se encontraba en una casita cerca de la Casa de la Moneda. Una docena de guardias rojos, marinos y soldados rodeaban un samovar, que hervía alegremente en la habitación caliente y llena de humo. Nos recibieron con gran cordialidad y nos ofrecieron té. El comandante no estaba; había ido a acompañar a la comisión de sabotázhniki (saboteadores) de la Duma Municipal, que insistía en que los junkers habían sido asesinados todos. Parece que esto divertía mucho a los soldados y marinos. En un rincón de la habitación estaba sentado un hombre bajo y calvo con frac y rico abrigo de pieles. Se mordía el bigote y miraba de reojo como fiera acosada. Acababan de detenerlo. Alguien, mirándolo despectivamente, dijo que era un ministro o algo por el estilo... El hombrecillo pareció no oír estas palabras; era evidente que estaba aterrorizado, aunque nadie manifestaba la menor animosidad.

Me acerqué y le hablé en francés. "El conde Tolstói —me respondió con afectada reverencia—. No puedo comprender por qué me han detenido. Regresaba tranquilamente por el puente Troitski y dos de estos... de estas personas me detuvieron. Yo he sido comisario del Gobierno Provisional agregado al Estado Mayor Central, pero no he sido ministro...".

"Déjalo ir —dijo un marino—. ¿Le vamos a tener miedo?...".

"No —respondió el soldado que había traído al detenido—. Hay que preguntar al comandante".

"¿Al comandante? —Sonrió un marino—. ¿Para qué hemos hecho la revolución? ¿Para volver a obedecer a los oficiales?".

Un práporschik (alférez) del Regimiento de Pávlovsk nos contó cómo comenzó la insurrección: «El polk (regimiento) prestaba servicio en el Estado Mayor Central en la noche del 6 de noviembre (24 de octubre). Yo estaba de guardia con varios compañeros. Iván Pávlovich y otro compañero —no recuerdo su nombre— se escondieron tras las cortinas de las ventanas en la habitación donde estaba reunido el Estado Mayor y escucharon allí muchas cosas serias. Por ejemplo, escucharon la orden de traer por la noche a Petrogrado a los junkers de Gátchina y la orden a los cosacos de estar listos para entrar en acción por la mañana… Todos los principales puntos de la ciudad debían ser ocupados antes del amanecer. Después, los oficiales del Estado Mayor pensaban levantar los puentes. Pero cuando empezaron a decir que había que rodear el Smolny, Iván Pávlovich no pudo contenerse. En aquel momento entraba y salía mucha gente, él logró salir de la habitación y llegar al cuarto de guardia y otro compañero se quedó a escuchar.

Yo ya sospechaba que algo se tramaba. Al Estado Mayor llegaban continuamente automóviles con oficiales, aquí estaban también todos los ministros. Iván Pávlovich me contó todo lo que había oído. Eran las dos y media de la madrugada. Con nosotros estaba el secretario del Comité del regimiento. Se lo referimos todo y le preguntamos qué hacer.

"Detener a todos los que entren y salgan" —nos respondió. Así lo hicimos. Al cabo de una hora habíamos cazado ya a varios oficiales y dos ministros y los enviamos directamente al Smolny. Pero el Comité Militar Revolucionario no estaba todavía preparado: no sabía qué hacer y pronto se recibió de allí la orden de ponerlos a todos en libertad y no volver a detener a nadie. Fuimos a todo correr al Smolny. Mientras les explicábamos que la guerra había empezado, ya pasó, creo, no menos de una hora. Volvimos al Estado Mayor a las cinco y en este tiempo casi todos los detenidos se habían ido ya, pero, de todos modos, a algunos los retuvimos y toda la guarnición estaba sobre aviso…

Un guardia rojo de Vasílievski Ostrov describió con todo lujo de pormenores cómo transcurrió la gran jornada del levantamiento en su distrito. "No teníamos ni una ametralladora —dijo sonriendo— y tampoco podíamos recibirlas del Smolny. El camarada Zálkind, miembro de la Administración distrital, recordó que en el salón de sesiones de la Administración había una ametralladora capturada a los alemanes. Él y yo tomamos a otro compañero y nos dirigimos allá. Allí estaban reunidos mencheviques y eseristas. Bueno, abrimos la puerta y nos fuimos directamente a ellos; ellos eran unos doce o quince, sentados alrededor de la mesa, y nosotros tres. Al vemos se callaron y se quedaron mirando. Nosotros atravesamos la habitación y desmontamos la ametralladora. El camarada Zálkind se echó al hombro una pieza, yo la otra y salimos… ¡Y nadie nos dijo ni una palabra!".

"¿Y saben ustedes cómo se tomó el Palacio de Invierno? —preguntó un marino—. A eso de las once vimos que por la parte del Neva no quedaba ni un junker. Entonces nos lanzamos a la puerta y echamos escaleras arriba, unos solos, otros en pequeños gruesos. En el rellano de arriba, los junkers los detenían a todos y los desarmaban. Pero seguía llegando gente nuestra hasta que fuimos mayoría. Entonces nos arrojamos sobre los junkers y les quitamos los fusiles…".

En este momento entró el comandante, un suboficial joven y alegre con el brazo en cabestrillo y profundas ojeras del insomnio. Miró al detenido, que en seguida se puso a dar explicaciones.

"¡Ah, sí! —le interrumpió—. Usted es miembro del comité que el miércoles se negó a entregarnos el Estado Mayor. Pero, usted no nos hace falta, ciudadano. Mil perdones…". Abrió la puerta y, con un ademán, mostró al conde Tolstói que estaba libre. Varios de los presentes, especialmente guardias rojos, protestaron débilmente y el marino dijo con aire triunfal: "Vot! (¡Ahí tenéis!). ¿Qué les había dicho?".

Dos soldados se dirigieron al comandante y protestaron en nombre de la guarnición de la fortaleza. "Los presos —dijeron— reciben la misma ración que la guardia, y el racionamiento no nos alcanza a nadie. ¿Por qué tenemos que tratar con miramientos a los contrarrevolucionarios?".

"Compañeros, nosotros somos revolucionarios y no bandidos2 —les respondió el comandante. Se volvió a nosotros. Le dijimos que por la ciudad corrían rumores de que los junkers habían sido torturados y los ministros corrían peligro mortal. ¿No nos permitirían visitar a los presos para tener luego la posibilidad de declarar al mundo entero…?

"¡No! —repuso irritado un soldado joven—. Yo no puedo molestar más a los presos. Acabo de despertarlos y creían que los íbamos a matar a todos… Además, la mayoría de los junkers ya están en libertad y el resto será puesto en libertad mañana".

Y se dio la vuelta bruscamente.

"En tal caso, ¿no podríamos hablar con la comisión de la Duma?".

El comandante, que en este momento se servía un vaso de té, asintió con la cabeza. "Están todavía ahí, en la sala" —dijo negligente.

Y, en efecto, allí estaban, al otro lado de la puerta, a la débil luz de un quinqué y hablaban excitados, rodeando al alcalde.

"Señor alcalde —dije yo—. Somos corresponsales norteamericanos. ¿Sería tan amable que nos comunicase oficialmente los resultados de su investigación?…".

Volvió hacia mí su rostro lleno de venerable dignidad.

"En todos esos comunicados no hay ni una mínima parte de verdad —dijo lentamente—. Exceptuando los incidentes ocurridos cuando los ministros eran conducidos hacia aquí, son tratados con todo género de consideraciones. En cuanto a los junkers, a ninguno de ellos se le ha causado la menor herida…".

Por la Nevski, a través del silencio y las tinieblas de la noche, iban interminables y calladas columnas de soldados, marchaban al combate con Kerenski. Por las oscuras calles laterales circulaban en todos sentidos automóviles con los faros apagados; en Fontanka 6, sede del Soviet de Diputados Campesinos, en varios apartamentos de un caserón de la Nevski y en Inzhenierni Zámok (Escuela de Ingenieros) se desplegaba una furtiva actividad. La Duma estaba iluminada de abajo arriba...

En el Instituto Smolny trabajaba el Comité Militar Revolucionario, despidiendo chispas como una dinamo recargada...

CAPÍTULO VII: EL FRENTE REVOLUCIONARIO

Sábado, 10 de noviembre (28 de octubre)…

"¡Ciudadanos! El Comité Militar Revolucionario declara que no tolerará ninguna infracción del orden revolucionario…

El robo, el pillaje, los asaltos y los intentos de pogromos serán severamente castigados…

Siguiendo el ejemplo de la Comuna de París, el Comité exterminará sin piedad a todos los salteadores y a los instigadores de disturbios…".

La ciudad estaba tranquila. Ni desórdenes ni robos y ni siquiera riñas de borrachos. Por la noche patrullas armadas recorrían las calles silenciosas y en las esquinas soldados y guardias rojos, riendo y cantando, vigilaban en torno a las fogatas. Por el día se aglomeraban en las aceras grandes multitudes, que prestaban oído a las interminables discusiones entre estudiantes y soldados, comerciantes y obreros.

Los ciudadanos se detenían uno a otro en la calle.

"¿Vienen los cosacos?".

"No…".

"¿Qué noticias hay?".

"No sé nada… ¿Dónde está Kerenski?".

"Dicen que a ocho verstas nada más de Petrogrado… ¿Y es verdad que los bolcheviques han huido en el Aurora?".

"Dicen que…".

Todas las paredes están llenas de carteles, pero hay pocos periódicos. Denuncias, llamamientos, decretos…

Un cartelón con el histérico manifiesto del Comité

Ejecutivo del Soviet de Diputados Campesinos de toda Rusia:

" … Ellos (los bolcheviques) se atreven a decir que se apoyan en los Soviets de Diputados Campesinos y, sin ningún derecho, hablan en nombre de los Soviets de Diputados Campesinos. Que sepa toda la Rusia trabajadora que es mentira y que todos los campesinos trabajadores —representados por el Comité Ejecutivo del Soviet de Diputados Campesinos— rechazan indignados la participación en esta criminal violación de la voluntad de las clases trabajadoras".

De la Sección Militar del Partido Socialista-Revolucionario:

"… La demencial intentona de los bolcheviques se encuentra al borde del fracaso. La guarnición está dividida y desmoralizada. Los ministerios no funcionan. Se agota el pan. Todas las fracciones, menos un puñado de maximalistas, han abandonado el Congreso. El Partido bolchevique está aislado…

Proponemos… unirse en torno al Comité de Salvación de la Patria y la Revolución… y estar preparados para, en el momento necesario, respondiendo al llamamiento del Comité Central, oponer activa resistencia…".

El Consejo de la República exponía sus agravios en la siguiente proclama:

"… Cediendo a la fuerza de las bayonetas, el Consejo Provisional de la República Rusa se vio obligado el 25 de octubre a disolverse e interrumpir temporalmente su labor".

Los usurpadores, con las palabras de "libertad y socialismo", cometen arbitrariedades y violencias. Han detenido y encerrado en una mazmorra zarista a los miembros del Gobierno Provisional, entre ellos a los ministros socialistas. Han suspendido los periódicos, se han apoderado de las imprentas…

Este poder debe ser considerado como enemigo del pueblo y de la revolución; es necesario luchar contra él y derribarlo…

El Consejo Provisional de la República, hasta la reanudación de sus labores, invita a los ciudadanos de la República Rusa a agruparse en torno a los comités locales de salvación de la patria y la revolución, que organizan el derrocamiento del poder de los bolcheviques y la formación de un Gobierno capaz de llevar al martirizado país hasta la Asamblea Constituyente".

Dielo Naroda decía:

"… La revolución es un levantamiento de todo el pueblo…

¿Quién ha reconocido la "segunda revolución" de los señores Lenin, Trotski y otros como ellos? Pequeños grupos engañados de obreros, soldados y marinos y nadie más…".

Y Naródnoe Slovo (órgano de los socialistas populares):

"¿Gobierno Obrero y Campesino? ¡Fantasía! ¡A ese Gobierno no lo reconoce nadie ni en Rusia ni en los países aliados y ni siquiera en los países enemigos!…".

La prensa burguesa desapareció temporalmente…

Pravda reseñaba la primera reunión del nuevo CEC, parlamento de la República Soviética de Rusia. El Comisario de Agricultura, Miliutin, señaló que el Comité Ejecutivo Campesino había convocado para el 13 de diciembre el Congreso Campesino de toda Rusia.

"Pero nosotros no podemos esperar —dijo—. Necesitamos el respaldo de los campesinos. Propongo que reunamos el Congreso Campesino inmediatamente…".

Los eseristas de izquierda aceptaron esta proposición… Se redactó a toda prisa un llamamiento a los campesinos y se eligió una comisión de cinco personas para realizar el proyecto.

Los pormenores de la nueva ley de distribución de la tierra y el problema de control obrero en la industria fueron aplazados hasta que dictaminaran a este respecto las comisiones de expertos.

Fueron escuchados y aprobados tres decretos: primero, el "Reglamento General de la Prensa", propuesto por Lenin, ordenaba la suspensión de todos los periódicos que incitasen a la resistencia y desobediencia al nuevo Gobierno, instigasen a actos criminales o tergiversaran deliberadamente los hechos; segundo, el Decreto de moratoria de los alquileres y, tercero, el Decreto de formación de la milicia obrera. Se dictaron varias órdenes, una de ellas autorizaba a la Duma Municipal a requisar las casas y los locales vacíos, otra prescribía descargar todos los vagones de mercancías que se encontraban en las estaciones terminales del ferrocarril para acelerar el transporte de artículos de primera necesidad y dejar disponible el material rodante tan necesario.

Al cabo de dos horas, el Comité Ejecutivo del Soviet de Diputados Campesinos difundió por toda Rusia el siguiente telegrama:

"La organización arbitraria de los bolcheviques, que se autodenomina Buró de Organización del Congreso Nacional de Campesinos, invita a todos los Soviets Campesinos a enviar delegados al Congreso de Petrogrado.

El Comité Ejecutivo del Soviet de Diputados Campesinos de toda Rusia declara que considera, como hasta hoy, nocivo y peligroso apartar de las provincias en estos momentos las fuerzas locales necesarias para preparar las elecciones a la Asamblea Constituyente, que es ahora la única salvación de los campesinos y del país. Confirmamos la convocatoria del Congreso para el 30 de noviembre".

En la Duma todo era excitación. Entraban y salían oficiales y el alcalde conferenciaba con los líderes del Comité de Salvación. Llegó corriendo un concejal con un ejemplar de una proclama de Kerenski. Estas proclamas cayeron a centenares de un aeroplano, que sobrevoló a baja altura la Nevski. Amenazaban con una terrible venganza a todos los que no se sometieran y ordenaban a los soldados deponer las armas y reunirse inmediatamente en el Campo de Marte.

Nos contaron que el Ministro-Presidente había tomado ya Tsárskoe Seló y se encontraba a cinco millas nada más de Petrogrado. Entrada en la ciudad mañana, pasadas unas horas. Las tropas soviéticas que habían entrado en contacto con los cosacos, se pasaban al lado del Gobierno

Provisional. Chernov andaba en alguna parte entre unos y otros, intentando organizar las unidades militares "neutrales" en una fuerza capaz de detener la guerra civil.

En la ciudad, se decía en la Duma, los regimientos de la guarnición volvían la espalda a los bolcheviques. El Smolny había sido ya abandonado... Todo el aparato del Gobierno estaba en huelga. Los empleados del Banco del Estado se negaban a trabajar bajo la dirección de los comisarios del Smolny y a entregarles dinero. Todos los bancos privados estaban cerrados. Los ministerios se encontraban en huelga. Un comité de la Duma recorría todos los comercios y colectaba dinero para el fondo de ayuda a los huelguistas.

Trotski se personó en el Ministerio de Negocios Extranjeros y ordenó a los funcionarios traducir el Decreto sobre la Paz a los idiomas extranjeros. Seiscientos funcionarios le arrojaron al rostro las peticiones de dimisión... Shliápnikov, Comisario de Trabajo, ordenó a todos los empleados de su Ministerio reintegrarse a sus puestos en el plazo de veinticuatro horas, amenazando en caso contrario con la pérdida del empleo y de los derechos de jubilación. Le obedecieron sólo los porteros... Toda una serie de secciones del Comité Especial de Abastos suspendieron el trabajo para no someterse a los bolcheviques... Pese a las generosas promesas de altos sueldos y magníficas condiciones de trabajo, las telefonistas se negaban a conectar las instituciones soviéticas...

El Partido Socialista-Revolucionario acordó expulsar a todos sus miembros que se quedaron en el Congreso de los Soviets o tomaron parte en la insurrección...

Noticias de provincias. Moguiliov se declaró contra los bolcheviques. En Kiev los cosacos disolvieron los Soviets y detuvieron a todos los líderes rebeldes. El Soviet y la guarnición de treinta mil hombres de Luga aprobaron una moción de lealtad al Gobierno Provisional y llamaron a toda Rusia a imitarles. Kaledin dispersó todos los Soviets y sindicatos de la cuenca del Donets. Sus tropas avanzaban hacia el norte...

Un representante de los ferroviarios declaró: "Ayer cursamos un telegrama a toda Rusia, exigiendo el cese inmediato de la guerra entre los partidos políticos y la formación de un Gobierno socialista de coalición. En caso contrario, mañana mismo por la noche declararemos la huelga... Por la mañana se celebrará una reunión de todas las fracciones para examinar este asunto. Los bolcheviques, por lo visto, buscan el entendimiento...".

"¡Si viven entonces!" —se sonrió un ingeniero municipal, fuerte y de coloradas mejillas…

Nos presentamos en el Smolny y no lo encontramos abandonado, sino más animado y dinámico que nunca. Obreros y soldados entraban y salían en tropel, en todas partes había doble guardia. Vimos allí a los reporteros de los periódicos burgueses y socialistas "moderados".

"¡Nos han echado! —gritaba el de Volia Naroda—. ¡Bonch-Bruévich se presentó en la Oficina de Prensa y ordenó que nos fuéramos! ¡Dijo que somos espías!". En este momento todos a una gritaron: "¡Es un insulto! ¡Un ultraje! ¡Libertad de prensa!…".

En el vestíbulo había largas mesas llenas de paquetes de llamamientos, proclamas y órdenes del Comité Militar Revolucionario. Los obreros y soldados tomaban estos paquetes y los cargaban en los automóviles que aguardaban. He aquí cómo comenzaba uno de los llamamientos:

"¡A la Picota!

En el trágico momento que atraviesa el pueblo trabajador ruso, los mencheviques conciliadores y los eseristas derechistas han traicionado a la clase obrera. Se encuentran al lado de los kornilovistas, de Kerenski y Sávinkov…

Imprimen las órdenes del traidor Kerenski y siembran el pánico en la ciudad, propalando los rumores más absurdos sobre míticas victorias de este renegado…

¡Ciudadanos! ¡No deis crédito a estos necios rumores! No hay fuerza capaz de vencer al pueblo alzado… A Kerenski y a sus cómplices les espera un pronto y merecido castigo…

Nosotros los clavamos en la picota. Los exponemos al desprecio de todos los obreros, soldados, marinos y campesinos, a los que quieren volver a aherrojar con las viejas cadenas. Y nunca lograrán borrar de su frente el estigma del vilipendio y la cólera del pueblo…

¡Vergüenza y deshonor a los traidores al pueblo!".

El Comité Militar Revolucionario se había trasladado a un local más amplio, a la habitación N° 17 del piso alto. A la puerta vigilaban unos guardias rojos. Dentro de la habitación un estrecho espacio, separado por una barrera, estaba repleto de gente bien vestida, que por fuera se conducía muy respetuosamente, pero por dentro ardía de cólera. Eran burgueses que querían recibir permiso para sus automóviles o salvoconductos para salir de la ciudad. Había entre ellos muchos extranjeros… Estaban de guardia Bill Shátov y Peters. Suspendieron los asuntos y nos leyeron los últimos boletines:

El 179 Regimiento de Reserva promete unánime apoyo. Cinco mil estibadores de los astilleros de Putílov saludan al nuevo Gobierno. El Comité Central de los Sindicatos saluda entusiásticamente al Comité Militar Revolucionario. La guarnición y la escuadra de Rével han elegido un comité militar revolucionario y envían tropas. Los comités militares revolucionarios controlan Pskov y Minsk. Saludos de los Soviets de Tsaritsin, Rostov del Don, Piatigorsk y Sebastopol… La División Finlandesa y los nuevos comités del V y del XII Ejércitos se ponen a disposición del nuevo poder…

De Moscú las noticias son dudosas. Las tropas del Comité Militar Revolucionario ocupan los puntos estratégicos más importantes de la ciudad; dos compañías, que custodian el Kremlin, se han pasado al lado de los Soviets, pero el Arsenal continúa en manos del coronel Riábtsev y sus junkers. El Comité Militar Revolucionario ha exigido armas para los obreros y Riábtsev ha parlamentado hasta hoy con él, pero inesperadamente esta mañana ha presentado un ultimátum al Comité, exigiendo la rendición de las tropas soviéticas y la disolución del Comité. Han empezado los combates…

En Petrogrado el Estado Mayor se sometió inmediatamente a los comisarios del Smolny. Centroflot se negó, pero fue ocupado por Dybenko y una compañía de marinos de Cronstadt. Se ha constituido un nuevo Centroflot, que cuenta con el apoyo de los buques de línea del Báltico y el Mar Negro…

Más, a través de toda esta seguridad, se abrían paso ciertos presagios sombríos, en el aire se mascaba la zozobra. Los cosacos de Kerenski estaban ya cerca; tenían artillería. Skrípnik, secretario de los comités de empresa, con el rostro chupado y amarillo por las noches en vela, me aseguró que con Kerenski avanzaba un Cuerpo de Ejército entero y añadió resueltamente: "¡No nos cazarán vivos!…". Petrovski sonrió fatigado: "Tal vez mañana descansemos… y para largo…". Lozovski, demacrado y con barba rojiza, dijo: "¿Qué probabilidades tenemos? Estamos solos… ¡La muchedumbre contra los soldados entrenados!".

Al sur y suroeste de Petrogrado, los Soviets huían de Kerenski y las guarniciones de Gátchina, Pávlovsk y Tsárskoe Seló se dividieron: la mitad quería ser neutral y el resto, sin oficiales, se retiraba hacia la capital en caótico desorden.

En las salas se fijó el siguiente boletín:

"De Krásnoe Seló. 28 de octubre, a las 6 de la mañana. Comunicar al Jefe de Estado Mayor del Alto Mando, al Comandante en Jefe del Frente Norte, al Jefe de las comunicaciones militares del Frente Norte y a todos, a todos, a todos.

El exministro Kerenski ha expedido en todas direcciones un telegrama deliberadamente falso, en el que se dice que las tropas del Petrogrado revolucionario han entregado voluntariamente las armas y se han sumado a las tropas del ex Gobierno, del Gobierno de la traición, y que los soldados han recibido del Comité Militar Revolucionario la orden de retroceder. Las tropas del pueblo libre no retroceden ni se entregan. Nuestras tropas han salido de Gátchina para evitar un derramamiento de sangre entre ellas y sus hermanos cosacos engañados y para ocupar fuera de la ciudad una posición más cómoda, que ahora es tan firme que aunque Kerenski y sus compañeros de armas decuplicasen sus fuerzas, no habría motivos para inquietarse. La moral de nuestras tropas es excelente. En Petrogrado la calma es absoluta.

El Jefe de la Defensa de Petrogrado y del distrito de Petrogrado, teniente coronel Muraviov".

Cuando salíamos del Comité Militar Revolucionario, entró en la habitación Antónov, pálido como la muerte, con un papel en la mano.

"¡Repartan esto!" —dijo—. A todos los Soviets distritales de Diputados Obreros y a los comités de empresa. Orden

Las bandas kornilovistas de Kerenski amenazan los accesos a la capital. Se han dado las órdenes necesarias para aplastar implacablemente el atentado contrarrevolucionario contra el pueblo y sus conquistas.

El Ejército y la Guardia Roja de la Revolución necesitan el apoyo inmediato de los obreros.

Ordenamos a los Soviets de distrito y a los comités de empresa:

1. Destacar el mayor número posible de obreros para cavar trincheras, levantar barricadas y tender alambradas.

2. Donde haga falta, suspender el trabajo en los talleres y fábricas, hacerlo sin más tardanza.

3. Recolectar todo el alambre espinoso y ordinario que exista, así como también las herramientas necesarias para abrir trincheras y levantar barricadas.

4. Llevar consigo todas las armas disponibles.

5. Observar la más rigurosa disciplina y estar listos para apoyar con todos los medios al Ejército y a la Revolución.

El Presidente del Soviet de Diputados Obreros y Soldados de Petrogrado, Comisario del Pueblo, León Trotski. El Presidente del Comité Militar Revolucionario, Comandante en Jefe de la región, Nikolái Podvoiski".

Cuando salimos del Smolny y nos encontramos en la calle oscura y sombría se oían por todos lados las sirenas fabriles, estridentes, nerviosas, inquietantes. La gente obrera, hombres y mujeres, salía a la calle por decenas de miles. Los arrabales zumbantes echaban afuera sus miserables hordas. ¡El Petrogrado Rojo está en peligro!

¡Los cosacos!… Hombres, mujeres y muchachos con fusiles, barras de hierro, azadas, rollos de alambre y cartucheras encima de su ropa de faena, iban por las sucias calles hacia el sur y el suroeste, hacia la Zastava de Moscú… Jamás había visto la ciudad tan inmenso y espontáneo torrente humano. La gente avanzaba como un río, mezclada con las compañías de soldados, con los camiones, cañones y carros. ¡El proletariado revolucionario marchaba a defender con su pecho la capital de la República Obrera y Campesina!

Frente a la puerta del Smolny había parado un automóvil. En su guardabarro se recostaba un hombre flaco de gruesos espejuelos, tras los cuales sus ojos inflamados parecían más grandes. Hundidas las manos en los bolsillos del raído gabán, hacía un esfuerzo para pronunciar unas palabras. Al lado se paseaba inquieto un corpulento y barbudo marinero de ojos claros y jóvenes. Sobre la marcha jugueteaba distraídamente con su inseparable y enorme revólver de acero pavonado. Eran Antónov y Dybenko.

Varios soldados intentaron atar al estribo del automóvil dos bicicletas de tipo militar. El chófer protestó enérgicamente; dijo que las bicicletas arañarían el esmalte. Cierto, era bolchevique y el automóvil había sido requisado a un burgués; cierto, las bicicletas eran de los ordenanzas, pero el orgullo profesional del chófer se rebelaba… y las bicicletas se quedaron…

Los Comisarios del Pueblo de Guerra y Marina partían a inspeccionar el frente revolucionario donde quiera que se encontrase. "¿No podemos ir con ustedes?".

"¡Claro que no! El automóvil tiene sólo cinco plazas: para los dos comisarios, los dos ordenanzas y el chófer". Sin embargo, un conocido ruso mío, a quien llamaré Trusishka, se sentó con la mayor calma en el automóvil y ningún argumento pudo desalojarlo…

No tengo motivos para dudar del relato de Trusishka sobre este viaje. Ya en la Avenida de Suvórov uno de los viajeros se acordó de la comida. El recorrido del frente podía prolongarse tres o cuatro días y la zona no era muy rica en víveres. Pararon el auto. ¿Quién tiene dinero'? El Comisario de Guerra volvió del revés todos sus bolsillos: no encontró ni un kopek. El Comisario de Marina también resultó en quiebra. El chófer tampoco tenía dinero. Trusishka compró provisiones.

Cuando doblaban para la Nevski reventó un neumático.

"¿Qué hacer?" —preguntó Antónov.

"¡Requisar otro automóvil!" —sugirió Dybenko, empuñando el revólver.

Antónov se puso en medio de la calle e hizo señales a un automóvil de paso; al volante iba un soldado.

"Necesito este automóvil" —dijo Antónov.

"¡No lo doy!" —respondió el soldado.

"¿Usted sabe quién soy yo?" —y Antónov enseñó un papel en el que constaba que había sido nombrado Comandante en Jefe de todos los ejércitos de la República de Rusia y que todos estaban obligados a obedecerle sin rechistar.

"¡Me da igual, aunque sea el diablo en persona! —repuso con calor el soldado—. Este auto pertenece al Primer Regimiento de Ametralladoras y llevamos cargamento de municiones. No lo verán ustedes con sus ojos…".

La dificultad fue resuelta por la aparición de un viejo y destartalado taxi con la bandera italiana. (Durante los disturbios los automóviles particulares habían sido registrados en los consulados extranjeros para evitar la requisa). Hicieron bajar del taxi a un ciudadano gordo con lujoso abrigo de pieles y el Alto Mando continuó su viaje.

Al llegar a Nárvskaya Zastava, después de cubrir unas diez millas, Antónov preguntó por el jefe de la Guardia Roja. Lo acompañaron a las afueras, donde varios cientos de obreros abrían trincheras y esperaban a los cosacos.

"¿Qué tal marchan las cosas, compañeros?" —preguntó Antónov.

"Todo va bien, camarada —respondió el jefe—. La moral de la tropa es excelente… Lo único, que no tenemos munición…".

"En el Smolny hay dos mil millones de cargadores —le dijo Antónov—. Ahora mismo le daré una orden… —Empezó a registrarse los bolsillos—. ¿No tiene nadie un trozo de papel?".

Dybenko no tenía. Los ordenanzas tampoco. Trusishka ofreció su bloc.

"¡Diablo! ¡Si no tengo lápiz! —exclamó Antónov—. ¿Quién me da un lápiz?…".

Huelga decir que el único que tenía lápiz era Trusishka…

Como no nos admitieron en el automóvil del Alto Mando, nos dirigimos a la estación de Tsárskoe Seló. En la Nevski vimos pasar guardias rojos con fusiles. No todos llevaban bayoneta. Se condensaban las sombras tempranas del invierno. Bien altas las frentes, iban a través de la friolenta intemperie en filas irregulares, sin música, sin tambores. Ondeaba sobre sus cabezas la bandera roja en la que estaba escrito con toscas letras doradas: "¡Paz! ¡Tierra!". Eran todos muy jóvenes. La expresión de sus rostros era de hombres que marchaban conscientemente a la muerte… La gente de las aceras —mitad miedo, mitad desprecio— los miraba pasar con un silencio cargado de odio…

En la estación nadie sabía dónde estaba Kerenski y dónde se hallaba el frente. No obstante, los trenes llegaban sólo hasta Tsárskoe…

Nuestro vagón iba atestado de aldeanos que regresaban a sus casas, portando toda clase de compras y los periódicos de la tarde. Se hablaba del levantamiento de los bolcheviques. Pero a no ser por estas conversaciones, en el aspecto de nuestro vagón nadie habría adivinado que Rusia entera estaba dividida por la guerra civil en dos bandos irreconciliables y que el tren se dirigía al teatro de las operaciones militares. Mirando por las ventanillas veíamos en las sombras, que se adensaban rápidamente, masas de soldados caminando por las fangosas carreteras hacia la ciudad. Discutían entre ellos agitando los fusiles. En un ramal lateral estaba parado un tren de mercancías, repleto de soldados e iluminado por las fogatas. Eso era todo. Detrás, a lo lejos, en el bajo horizonte, la noche se iluminaba con los resplandores de luces de la ciudad. Vimos un tranvía que reptaba por el lejano arrabal.

En la estación de Tsárskoe Seló todo estaba en calma, pero acá y allá se veían grupos de soldados que cuchicheaban entre sí y lanzaban miradas inquietas a la carretera desierta en dirección a Gátchina. Les pregunté con quién estaban.

"Bueno —me dijo uno—. Nosotros no sabemos nada… No hay duda que Kerenski es un provocador, pero creemos que no está bien que los rusos disparen contra los rusos".

En la oficina del jefe de la estación hacía guardia un soldado alto, barbudo y afable, con el brazal rojo del comité regimental en la manga. Nuestras credenciales del Smolny le infundieron gran respeto. Indudablemente estaba a favor de los Soviets, pero sentía cierta confusión.

"Aquí estuvieron los guardias rojos hace unas dos horas, pero se fueron. Por la mañana se presentó un comisario, pero cuando llegaron los cosacos se volvió a Petrogrado".

"¿Andan por aquí los cosacos?".

Asintió sombrío. "Aquí hubo un combate. Los cosacos llegaron por la mañana temprano. Capturaron a doscientos o trescientos de los nuestros y mataron a unos veinticinco".

"¿Y dónde están ahora?".

"Bueno, no deben andar lejos. No lo sé exactamente. Por ahí…", y señaló con vago ademán hacia el oeste.

Comimos en el restaurante de la estación, una excelente comida, mucho más barata y mejor que en Petrogrado. Cerca de nosotros estaba sentado un oficial francés, que acababa de volver a pie de Gátchina. Allí reina la calma, dijo. La ciudad está en manos de Kerenski. "¡Ah, estos rusos! —exclamó—. Son muy originales… ¡Vaya una guerra civil! Todo lo que se quiera menos pelear…".

Nos encaminamos a la ciudad. A la salida de la estación había dos soldados armados de fusiles con la bayoneta calada. Los rodeaba un centenar de comerciantes, funcionarios y estudiantes, que los atacaban con apasionados argumentos e imprecaciones. Los soldados se sentían molestos, como niños castigados injustamente.

Dirigía el ataque un joven alto de uniforme estudiantil y expresión muy altanera.

"Creo que está claro para vosotros —decía insolente— que, al levantar las armas contra vuestros hermanos, os convertís en instrumento en manos de bandidos y traidores".

"No, hermano —respondía seriamente el soldado—, vosotros no comprendéis. En el mundo hay dos clases: proletariado y burguesía. ¿No es eso? Nosotros…".

"¡Me sé yo esas estúpidas charlatanerías! —le interrumpió con rudeza el estudiante—. Los mujiks ignorantes como tú os habéis hartado de consignas, pero no sabéis ni quien lo dice ni lo que eso significa. ¡Repites como un papagayo!…". La gente se echó a reír… "¡Yo mismo soy marxista! Te digo que eso, por lo que vosotros peleáis, no es socialismo. ¡Eso no es más que anarquía al servicio de los alemanes!".

"Bueno, sí, comprendo —respondía el soldado. A su frente asomaba el sudor—. Usted, por lo visto, es un hombre instruido y yo soy muy simple. Pero me figuro que…".

"¿Crees en serio —le interrumpió con desprecio el estudiante— que Lenin es un amigo verdadero del proletariado?".

"Sí que lo creo" —respondió el soldado, que estaba pasando un gran apuro.

"Bien, amigo. ¿Pero sabes tú que a Lenin lo mandaron de Alemania en un vagón precintado? ¿Sabes que a Lenin le pagan los alemanes?".

2Bueno, eso yo no lo sé —respondió terco el soldado—. Pero a mí me parece que Lenin dice lo que yo quisiera escuchar. Y toda la gente del pueblo dice lo mismo. Porque hay dos clases: burguesía y proletariado…".

"¡Imbécil! ¡Yo, hermano, me pasé dos años en Schlüsselhurg por actividades revolucionarias cuando tú todavía disparabas contra los revolucionarios y cantabas el Dios salve al Zar! Me llamo Vasili Gueórguievich Panin. ¿No has oído nunca hablar de mí?".

"Nunca, y perdone… —respondió humilde el soldado—. Yo no soy un hombre de muchas luces. Y usted debe ser un gran héroe…".

"Así es —dijo el estudiante en tono convincente—. Y me opongo a los bolcheviques porque están destruyendo Rusia y nuestra libre revolución. ¿Qué dices ahora?".

El soldado se rascó la nuca. "¡No puedo decir nada! —El esfuerzo mental contraía su rostro—. Para mí la cosa está clara, pero no tengo instrucción. Parece que es así: hay dos clases, el proletariado y la burguesía…".

"¡Y dale con tu necia fórmula!" —gritó el estudiante.

"… dos clases nada más —prosiguió tozudo el soldado—. Y el que no está con una clase, está con la otra…".

Echamos a andar por las calles. Los escasos faroles proyectaban poca luz y casi no encontrábamos transeúntes. Sobre la ciudad flotaba un silencio amenazante, algo así como el purgatorio entre el paraíso y el infierno, tierra política de nadie.

Sólo las peluquerías estaban profusamente iluminadas y llenas de clientes y había cola para el baño porque era el sábado por la noche, cuando toda Rusia se lava y asea. No dudo en absoluto que aquella noche los combatientes soviéticos y los cosacos se codeaban pacíficamente acá y allá.

Cuanto más nos acercábamos al Parque Imperial, más desiertas eran las calles. Un sacerdote asustado nos mostró donde estaba el Soviet y desapareció a toda prisa. El Soviet se encontraba en el ala de uno de los palacios de los grandes duques, frontero al parque. Las puertas estaban cerradas y las ventanas a oscuras. Un soldado, que deambulaba por allí, nos miró de arriba abajo con hosca suspicacia y, sin sacar las manos de los bolsillos de los pantalones, dijo: "El Soviet se fue hace ya dos días".

"¿Adónde?". Se encogió de hombros: "Nie znayu" ("No sé").

Caminamos un poco más y fuimos a parar a un edificio grande y brillantemente iluminado. Dentro se oían martillazos. Nos detuvimos indecisos, pero en este momento se nos acercaron un soldado y un marino, que iban del brazo. Les enseñé mi pase para el Smolny. "¿Ustedes están a favor de los Soviets?" —les pregunté. Se miraron asustados y no respondieron.

"¿Qué pasa ahí?" —preguntó el marino, señalando el edificio.

"No sé…".

El soldado extendió tímidamente el brazo y entreabrió la puerta. Se vio una vasta sala con colgaduras rojas y ramas de abeto, filas de sillas y un tablado que levantaban al fondo.

Salió una mujerona con un martillo en la mano y la boca llena de clavos. "¿Qué quieren?" —preguntó.

"¿Habrá función esta noche?" —preguntó nervioso el marino.

"Los aficionados actuarán el domingo por la noche —respondió secamente—. ¡Largo de aquí!".

Intentamos trabar conversación con el soldado y el marino, pero parecían asustados y afligidos. No tardaron en desaparecer en la oscuridad.

Nos dirigimos al Palacio Imperial, a lo largo de los vastos y oscuros jardines. Los fantásticos pabellones y los puentes ornamentales espejeaban vagamente en la noche, se oía el suave arrullo de una fuente. De pronto, cuando mirábamos a un ridículo cisne metálico que salía de una gruta artificial, descubrimos que nos seguían. Media docena de soldados gigantes armados nos miraban suspicaces y fijamente desde el parterre vecino. Me adelanté hacia ellos y les pregunté: "¿Quiénes son ustedes?".

"La guardia de aquí" —respondió uno. Todos parecían muy fatigados y así era porque las largas semanas de continuos mítines se dejaban sentir.

"¿Ustedes están con Kerenski o con los Soviets?".

Se hizo un corto silencio. Los soldados se miraron perplejos. "Nosotros somos neutrales" —respondieron por fin.

Atravesamos el arco del enorme Palacio de Catalina, cruzamos la verja y preguntamos por el Estado Mayor. Un centinela, a la puerta del ala curva del Palacio, nos dijo que el comandante estaba dentro.

En la fastuosa sala blanca, dividida en partes desiguales por una chimenea de dos piezas, departía inquieto un grupo de oficiales. Todos estaban pálidos y distraídos y era evidente que habían pasado la noche en vela. Nos acercamos a uno de ellos, un viejo de barba canosa con la guerrera cargada de condecoraciones; nos habían dicho que era el coronel. Le enseñamos nuestros documentos bolcheviques.

Quedó atónito. "¿Cómo han llegado ustedes vivos hasta aquí? —preguntó cortésmente—. Es muy peligroso ir ahora por la calle. En Tsárskoe Seló se han desatado las pasiones políticas. Esta mañana hubo un combate y mañana por la mañana pelearán otra vez. Kerenski entrará en la ciudad a las ocho".

"¿Y dónde están los cosacos?".

"A una milla de aquí, en esa dirección" —señaló con la mano.

"¿Ustedes defenderán la ciudad contra ellos?".

"¡Oh, no, querido! —Se sonrió—. Nosotros mantenemos la ciudad para Kerenski". El corazón nos dio un vuelco porque en nuestros documentos se certificaba nuestra profunda lealtad a la revolución. El coronel tosió. "A propósito de sus salvoconductos —continuó—. Correrán gran peligro si les cazan. Por eso, si quieren ver el combate, daré orden de que les faciliten una habitación en el hotel de los oficiales. Vengan a verme mañana, a las siete de la mañana, y les daré nuevos salvoconductos".

"Entonces, ¿ustedes están a favor de Kerenski?" —preguntamos.

"Bueno, no es del todo exacto a favor de Kerenski. (El coronel vacilaba, por lo visto). Comprenden, la mayoría de los soldados de nuestra guarnición son bolcheviques. Hoy después del combate, se han ido a Petrogrado, llevándose la artillería. Puede decirse que ni un solo soldado estará a favor de Kerenski, pero muchos de ellos no quieren pelear más. En cuanto a los oficiales, casi todos se pasaron ya a Kerenski o se fueron simplemente. Y nosotros… hum… nosotros, como ven, estamos en la situación más difícil…".

Nosotros no creímos que allí se fuera a librar combate… El coronel envió amablemente a su ordenanza para que nos acompañara a la estación. El ordenanza era del sur, hijo de unos inmigrantes franceses de Besarabia.

"¡Ah —repetía—, a mí no me importa el peligro ni las privaciones! Pero llevo tanto tiempo sin ver a mi pobre madre… Tres años ya…".

Cuando nos dirigíamos velozmente a Petrogrado a través del frío y las tinieblas, vi por la ventanilla del vagón grupos de soldados que gesticulaban alrededor de las fogatas. Las encrucijadas estaban tomadas por autos blindados. Sus conductores asomaban las cabezas de las torretas y se gritaban unos a otros.

Toda esta turbulenta noche erraban por las frías llanuras bandas de soldados y guardias rojos sin jefes, chocaban y se confundían y los comisarios del Comité Militar Revolucionario pasaban presurosos de un grupo a otro, intentando organizar la defensa…

El tropel de gente excitada subía y bajaba en oleadas por la Nevski. Algo se mascaba en el aire. Desde la estación de Varsovia se oía un lejano cañoneo. En las escuelas de junkers reinaba febril actividad. Los miembros de la Duma iban de un cuartel a otro, convenciendo y suplicando, contando terroríficas historias de las ferocidades bolcheviques: la matanza de junkers y la violación de mujeres en el Palacio de Invierno, el fusilamiento de una muchacha frente al edificio de la Duma, el asesinato del príncipe Tumánov… En la Sala de Alejandro de la Duma estaba reunido en sesión extraordinaria el Comité de Salvación, entraban y salían corriendo los comisarios… Allí se habían citado todos los periodistas expulsados del Smolny, estaban excitados y no creyeron nuestro relato sobre la situación en Tsárskoe. ¡Cómo era eso! Todo el mundo sabía que Tsárskoe estaba en manos de Kerenski y que los cosacos habían llegado ya a Púlkovo. Se eligió una comisión especial para ir a recibir a Kerenski en la estación por la mañana…

Un periodista me comunicó en riguroso secreto que el pronunciamiento contrarrevolucionario comenzaría a la media noche. Me enseñó dos llamamientos; uno, firmado por Gots y Polkóvnikov, ordenaba a todas las escuelas de junkers, a todos los soldados convalecientes en los hospitales y a los caballeros de San Jorge estar movilizados y esperar las órdenes del Comité de Salvación; el otro, firmado por el Comité de Salvación, decía:

"¡A la población de Petrogrado! ¡Compañeros obreros, soldados y ciudadanos del Petrogrado revolucionario!

Los bolcheviques, que llaman a la paz en el frente, llaman al mismo tiempo a la guerra fratricida en la retaguardia.

¡No respondáis a su provocador llamamiento!

¡No cavéis trincheras!

¡Abajo las armas!

¡Abajo las traidoras emboscadas!

¡Soldados, regresad a los cuarteles!

La matanza iniciada en Petrogrado es la muerte segura de la Revolución.

¡En nombre de la libertad, la tierra y la paz, agrupaos en torno al Comité de Salvación de la Patria y la Revolución!».

Cuando salíamos de la Duma, nos cruzamos con un destacamento de guardias rojos, de aspecto fiero y resuelto. Iban por la calle oscura y desierta, conduciendo a una docena de prisioneros, miembros de la sección local del Consejo de Tropas Cosacas, capturados en el local del Consejo en el momento en que preparaban el complot contrarrevolucionario.

Un soldado, acompañado de un chiquillo con un balde de engrudo, fijaba grandes carteles de cegadora blancura:

"Por la presente se declara el estado de sitio en la ciudad de Petrogrado y sus alrededores. Todas las reuniones y los mítines en las calles y, en general, al aire libre se prohíben hasta nueva orden…

El Presidente del Comité Militar Revolucionario N. Podvoiski".

Nos dirigimos a casa. El aire estaba lleno de ruidos confusos: bocinas de automóviles, gritos, lejano tiroteo… La ciudad se movía inquieta y enojada…

Por la mañana temprano, poco antes del relevo de la guardia, se presentó en la Central Telefónica una compañía de junkers, vestidos con el uniforme del Regimiento de Semiónovskoé. Conocían el santo y seña bolchevique y relevaron con toda facilidad a la guardia. A los pocos minutos se presentó Antónov, que efectuaba una ronda de inspección. Los junkers lo detuvieron, encerrándolo en una pequeña habitación.

Cuando llegó ayuda fue recibida con una descarga de fusilería. Varios hombres cayeron muertos.

Empezó la contrarrevolución…

CAPÍTULO VIII: LA CONTRARREVOLUCIÓN

A la mañana siguiente, el domingo 11 de noviembre (29 de octubre), con las campanas de todas las iglesias al vuelo, los cosacos entraron en Tsárskoe Seló. Kerenski en persona montaba caballo blanco. Desde la cumbre de un pequeño altozano podían ver las agujas doradas y cúpulas de colores, la enorme masa gris de la capital, que se extendía por la monótona planicie y tras ella las aguas aceradas del Golfo de Finlandia.

No hubo combate. Pero Kerenski cometió un error fatal. A las siete de la mañana envió al Segundo Regimiento de Tiradores de Tsárskoe Seló la orden de deponer las armas. Los soldados respondieron que permanecerían neutrales, pero no querían desarmarse. Kerenski les dio diez minutos para reflexionar. Esto enfureció a los soldados; llevaban ya ocho meses gobernándose ellos mismos con sus comités al frente y ahora olía a viejo régimen… A los pocos minutos la artillería cosaca abrió fuego sobre los cuarteles y mató a ocho hombres. Desde este momento en Tsárskoe no quedó ni un soldado "neutral"…

Petrogrado se despertó del estruendo de la fusilería y el ruido de pasos de hombres en marcha. Bajo el cielo gris soplaba un viento frío, presagiando nieve. Al amanecer, fuertes destacamentos de junkers ocuparon el Hotel Militar y la Central de Telégrafos, pero, tras un sangriento combate, fueron desalojados. La Central Telefónica fue asediada por los marinos, que se guarecían en las barricadas de toneles, cajones y planchas de lata en medio de la Morskaya o en la esquina de la Gorójovaya y la Plaza de San Isaac, disparando a todos los que cruzaban a pie o en vehículo. De vez en cuando pasaba un automóvil con la bandera de la Cruz Roja. Los marinos no lo tocaban…

Albert Rhys Williams estuvo en la Central Telefónica. Fue allí en un automóvil de la Cruz Roja, supuestamente lleno de heridos. Después de circular por toda la ciudad, el automóvil llegó por callejas laterales a la Escuela de Oficiales Mijaíl, cuartel general de la contrarrevolución. En el patio de la escuela había un oficial francés, que parecía mandar en todo… Por este medio llevaban municiones y víveres a la Central Telefónica. Decenas de supuestas ambulancias servían a los junkers para la comunicación y el avituallamiento…

Tenían en sus manos cinco o seis blindados de la disuelta División de Autos Blindados Ingleses. Cuando Luisa Bryant iba por la Plaza de San Isaac se cruzó con uno de ellos, que se dirigía del Almirantazgo a la

Central Telefónica. En la esquina de la Calle de Gógol el auto se detuvo, justamente enfrente de ella. Varios marinos, parapetados tras pilas de leña, abrieron fuego. La ametralladora de la torreta del blindado giró a todos lados, disparando a mansalva contra las pilas de leña y la gente. Bajo el arco donde se encontraba miss Bryant resultaron siete muertos, entre ellos dos niños. De pronto los marinos saltaron gritando de la barricada y se arrojaron impetuosamente, rodearon la enorme máquina y empezaron a hundirle las bayonetas por todas las rendijas sin hacer caso de los tiros... El chófer del blindado simuló estar herido, los marinos lo dejaron en paz y él corrió a la Duma, a completar los relatos de las atrocidades bolcheviques... Entre los muertos había un oficial inglés...

Más tarde los periódicos comunicaron que en el blindado de los junkers había sido capturado un oficial francés, que fue conducido a la fortaleza de Pedro y Pablo. La Embajada Francesa desmintió inmediatamente la noticia, pero uno de los concejales de la Duma me dijo que él mismo había gestionado la libertad de este oficial... Sea como fuese la actitud oficial de las embajadas aliadas, algunos oficiales ingleses y franceses se condujeron en estos días muy activamente, llegando incluso a participar como expertos en las reuniones del Comité de Salvación...

Todo el día en distintas partes de la ciudad se libraron escaramuzas entre junkers y guardias rojos y batallas de autos blindados. Lejos y cerca se oían descargas, tiros sueltos, tableteo de ametralladoras. Los cierres metálicos de las tiendas estaban echados, pero la venta continuaba. Incluso los cinematógrafos, con las luces exteriores apagadas, funcionaban y estaban llenos de espectadores. Los tranvías circulaban como siempre. Funcionaba el teléfono. Llamando a la Central se podía oír claramente el tiroteo. Los aparatos del Smolny habían sido desconectados, pero la Duma y el Comité de Salvación mantenían comunicación telefónica constante con todas las escuelas de junkers y también con Kerenski en Tsárskoe Seló.

A las siete de la mañana se presentó en la Escuela de junkers Vladímir un destacamento de soldados, marinos y guardias rojos. Dio a los junkers veinte minutos para entregar las armas. El ultimátum fue rechazado. Al cabo de una hora los junkers intentaron ponerse en marcha, pero fueron repelidos con violento fuego de fusilería desde la esquina de la Grebétskaya y Boslhói Prospekt. Las tropas soviéticas rodearon la escuela y abrieron fuego, dos automóviles blindados pasaban frente al edificio, disparando sus ametralladoras. Los junkers pidieron ayuda por teléfono. Los cosacos respondieron que no se decidían a salir porque frente a su cuartel se había situado un fuerte destacamento de marinos con dos cañones. La Escuela de Pávlovsk estaba rodeada… La mayoría de los junkers de la Escuela Mijaíl peleaban en las calles.

A las once y media llegaron tres piezas de artillería de campaña. Conminaron de nuevo a los junkers a rendirse, pero los junkers respondieron abriendo fuego y mataron a los dos delegados del Soviet, que iban con bandera blanca. Entonces comenzó el verdadero bombardeo. En los muros de la escuela fueron abiertas enormes brechas. Los junkers se defendían desesperadamente; las oleadas de guardias rojos asaltantes, gritando a voz en cuello, se estrellaban contra el fuego huracanado… Desde Tsárskoe Kerenski ordenó por teléfono no parlamentar con el Comité Militar Revolucionario.

Las fuerzas del Soviet, exasperadas por los reveses y las pérdidas, volcaban sobre el edificio destrozado un mar de acero y fuego. Sus propios oficiales no podían detener el terrible bombardeo. Un comisario del Smolny, apellidado Kirílov, lo intentó, pero amenazaron con lincharle. Nada podía contener a los guardias rojos.

A las dos y media los junkers levantaron bandera blanca: estaban dispuestos a rendirse si les garantizaban la seguridad. Se les prometió. Miles de soldados y guardias rojos, lanzando estentóreos gritos, irrumpieron por todas las ventanas, puertas y brechas de los muros. Antes de que se lograse detenerles, cinco junkers habían sido pasados a cuchillo. Los demás, unos doscientos, fueron conducidos bajo escolta a la fortaleza de Pedro y Pablo en pequeños grupos para no llamar la atención. Pero por el camino el gentío se arrojó sobre uno de estos grupos y mató a otros ocho junkers… En el combate cayeron más de cien soldados y guardias rojos…

Al cabo de dos horas, comunicaron por teléfono a la Duma que los vencedores se dirigían a Ilnzhenierni Zámok (Escuela de Ingenieros). La Duma destacó inmediatamente a doce de sus miembros para distribuir entre ellos el último llamamiento del Comité de Salvación. Varios de los emisarios no regresaron… Todas las demás escuelas militares se rindieron sin oponer resistencia y los junkers fueron conducidos sanos y salvos a la fortaleza de Pedro y Pablo y a Cronstadt…

La Central Telefónica resistió hasta el anochecer, cuando se presentó un blindado bolchevique y los marinos se lanzaron al asalto. Las telefonistas asustadas corrían por el edificio gritando. Los junkers se arrancaban todos los distintivos y uno de ellos, que quería ocultarse, ofreció a Williams por su gabán todo lo que quisiera… "¡Nos van a matar! ¡Nos van a matar!" —gritaban los junkers, pues muchos de ellos habían prometido ya en el Palacio de Invierno no levantar las armas contra el pueblo. Williams les ofreció su mediación si ponían en libertad a Antónov. Así se hizo inmediatamente. Antónov y Williams arengaron a los marinos victoriosos y enfurecidos por las grandes pérdidas y otra vez los junkers fueron dejados en libertad… Pero varios de ellos, llenos de pánico, intentaron huir por el tejado o esconderse en el desván. Los capturaron y los arrojaron a la calle.

Extenuados, cubiertos de sangre, triunfantes, los marinos y obreros irrumpieron en la sala de aparatos y, al ver de pronto a tantas lindas señoritas, se turbaron sin poder dar ni un paso más. Ni una sola joven fue injuriada o insultada. Aterradas se agruparon en un rincón, pero luego, al sentirse seguras, dieron rienda suelta a su furia. "¡Ah, asquerosos, ignorantes! ¡Idiotas!…". Los marinos y guardias rojos se azararon. "¡Brutos! ¡Cerdos!" —chillaban las señoritas, poniéndose indignadas los abrigos y sombreros.

¡Con lo románticas que se sentían cuando entregaban munición y vendaban a sus valientes y jóvenes defensores, los junkers, muchos de los cuales eran vástagos de las mejores familias rusas y se batían por el retorno del adorado zar! En cambio, aquí todos eran obreros y campesinos, "unos zotes"…

El pequeño Vishniak, Comisario del Comité Militar Revolucionario, trataba de convencer a las muchachas para que se quedasen. Era extremadamente cortés. "A ustedes las trataban muy mal —decía—. La red telefónica estaba en manos de la Duma Municipal. Les pagaban sesenta rublos al mes y les hacían trabajar diez y más horas diarias… En lo sucesivo todo va a cambiar. El Gobierno entregará la red telefónica al Ministerio de Correos y Telégrafos. Les subirán inmediatamente el sueldo a 150 rublos y les reducirán la jornada. Como miembros de la clase obrera, ustedes deben sentirse felices…".

"¡Miembros de la clase obrera! ¿Cree que hay algo de común entre estos… estos bestias y nosotras? ¿Quedarnos? ¡Aunque nos dieran mil rublos a cada una!…". Y con altanero desprecio las señoritas abandonaron el edificio.

Se quedaron solamente los empleados, electricistas y obreros. Pero los conmutadores debían funcionar, el teléfono tenía vital importancia… A pesar de todo, había una media docena de telefonistas expertas. Pidieron voluntarios. Se ofrecieron un centenar de marinos, soldados y obreros. Las seis jóvenes corrían de un sitio a otro, dando instrucciones, ayudando y riñendo… De cualquier manera, pero empezaron a marchar las cosas y los cables volvieron a zumbar. Ante todo, establecieron comunicación entre el Smolny, los cuarteles y las fábricas, luego cortaron la comunicación con la Duma y las escuelas de oficiales…

Avanzada la noche, se extendió este rumor por la ciudad y centenares de burgueses vociferaban por teléfono:

"¡Imbéciles! ¡Demonios! ¿Creéis que es para mucho tiempo? ¡Dejad que lleguen los cosacos!".

Se hizo de noche. En la Nevski, barrida por silbante y crudo viento, no había casi ni un alma y sólo frente a la Catedral de Kazán se congregaba el público y continuaba la interminable discusión; varios obreros, unos cuantos soldados y el resto: tenderos, oficinistas y otra gente por el estilo.

"¡Lenin hará que los alemanes firmen la paz!" —gritó alguien.

Un joven soldado repuso con calor: "¿Y quién tiene la culpa? ¡La culpa es de vuestro Kerenski, ese maldito burgués! ¡Al diablo Kerenski! ¡No lo queremos! ¡Queremos a Lenin!…".

Cerca de la Duma un oficial con brazal blanco en la manga, profiriendo maldiciones, arrancaba carteles de la pared. Uno de ellos decía:

"Los concejales bolcheviques a la población de Petrogrado.

En esta hora de peligro, en que la Duma Municipal debería orientar todos sus esfuerzos a calmar a la población y abastecerla de pan y de lo más necesario, los socialistas-revolucionarios derechistas y los kadetes, olvidando su deber, han convertido la Duma en un mitin contrarrevolucionario, tratando de azuzar a una parte de la población contra la otra para facilitar así la victoria de Kornílov y Kerenski. En vez de cumplir sus obligaciones directas, los socialistas revolucionarios derechistas y los kadetes han convertido la Duma Municipal en arena de lucha política contra los Soviets de Diputados Obreros, Soldados y Campesinos y contra el Gobierno revolucionario de la paz, el pan y la libertad.

¡Ciudadanos de Petrogrado! Nosotros, los concejales bolcheviques elegidos por vosotros, ponemos en vuestro conocimiento que los socialistas-revolucionarios derechistas y los kadetes, enzarzados en la lucha contrarrevolucionaria, han dado al olvido sus obligaciones directas y llevan a la población al hambre, a la guerra civil, al derramamiento de sangre. Nosotros, elegidos por 183 000 votos, estimamos nuestro deber informar a los electores de todo lo que ocurre en la Duma Municipal y declaramos que declinamos toda responsabilidad por las tristes consecuencias que se avecinan".

De lejos llegaban disparos, pero la ciudad estaba fría y en calma, como agotada por los violentos espasmos que la habían sacudido.

En la Sala de Nicolás concluía la sesión de la Duma. Parecía que hasta la truculenta Duma se había serenado un poco. Los comisarios comunicaban uno tras otro: han tomado la Central Telefónica, se combate en las calles, han tomado la Escuela Vladímir… "La Duma —decía Trupp— está al lado de la democracia en su lucha contra la violencia y la arbitrariedad; pero, en todo caso, cualquiera que sea el bando que prevalezca, la Duma estará siempre contra los linchamientos y las torturas…".

El kadete Konovski, un viejo alto de crueles facciones, declaró: «Cuando las tropas del Gobierno legítimo entren en Petrogrado, fusilarán a los insurgentes y eso no será un linchamiento». Gritos de protesta de toda la sala, sin excluir los kadetes.

Aquí reinaban la duda y el abatimiento. La contrarrevolución estaba en descenso. El Comité Central del Partido Socialista-Revolucionario retiró la confianza a sus líderes, a sus propios representantes; el ala izquierda era dueña de la situación. Avxéntiev dimitió. Un enlace trajo la noticia de que la comisión enviada' a la estación para saludar a Kerenski había sido detenida. En las calles se oía el sordo retumbar del distante cañoneo por el sur y el sureste. Kerenski seguía sin aparecer…

Este día sólo se publicaron tres periódicos: Pravda, Dielo Naroda y Nóvaya Zhizn. Los tres dedicaban mucho espacio al nuevo Gobierno «de coalición». El periódico eserista exigía la formación de un gabinete sin kadetes ni bolcheviques. Gorki rebosaba de esperanza: el Smolny hacía concesiones. Cristalizaba un Gobierno puramente socialista de todos los sectores menos la burguesía. Pero Pravda se mofaba:

"… No es una coalición con los» partidos«, formados en su mayoría por grupitos de periodistas que no tienen tras de sí más que simpatía de los burgueses y una dudosa reputación y a los cuales ya no siguen los obreros ni los campesinos. La coalición que hemos concluido es la coalición del partido revolucionario del proletariado con el Ejército revolucionario y los campesinos pobres…".

En las paredes se habían fijado los vanagloriosos anuncios del Víkzhel, que amenazaba con declarar la huelga si los bandos no llegaban a un entendimiento:

"De todos los motines y revueltas que atormentan a la patria no saldrán vencedores los bolcheviques ni el Comité de Salvación ni las tropas de Kerenski: saldremos vencedores nosotros, el Sindicato Ferroviario".

"Los guardias rojos no podrán poner en marcha una empresa tan complicada como los ferrocarriles; en cuanto al Gobierno Provisional, ha mostrado ya su absoluta incapacidad para sostenerse en el poder…".

"Nos negamos a colaborar con cualquier partido que no esté facultado... por un Gobierno basado en la confianza de toda la democracia...".

El Smolny se estremecía todo de la ilimitada vitalidad de inextinguibles energías humanas en acción.

En la sede de los sindicatos, Lozovski me presentó a un delegado de los obreros del Ferrocarril de Nicolás; refería que habían celebrado grandes mítines condenando la conducta de sus líderes.

"¡Todo el poder a los Soviets! —gritó, asestando un puñetazo en la mesa—. Los oborontsi del Comité Central hacen el juego a Kerenski. Intentaron enviar una delegación al Cuartel General, pero la detuvimos en Minsk... Nuestra sección ha pedido un Congreso de toda Rusia y ellos se niegan a convocarlo...".

Allí existía la misma situación que en los Soviets y en los comités del Ejército. Las diversas organizaciones democráticas de toda Rusia experimentaban una tras otra profundos cambios. Las cooperativas eran presa de una lucha intestina; las reuniones del Comité Ejecutivo de Diputados Campesinos transcurrían en medio de turbulentas discusiones; hasta entre los cosacos comenzaron las agitaciones...

Y, mientras tanto, en el piso alto del Smolny el Comité Militar Revolucionario actuaba a toda marcha, sin debilitar su actividad y asestando golpes. Los hombres entraban allí frescos y vigorosos. Giraban días y noches en esta terrible máquina y salían pálidos, extenuados, roncos y sucios para caer al instante al suelo y dormirse... El Comité de Salvación fue declarado fuera de la ley. Las pilas de nuevas proclamas obstruían todo el suelo:

"... Los conspiradores, careciendo de todo apoyo en la guarnición y en la población obrera, confiaban exclusivamente en la sorpresa del golpe. Pero su plan fue descubierto a tiempo por el teniente de la fortaleza de Pedro y Pablo Blagonrávov, gracias a la vigilancia revolucionaria de un guardia rojo cuyo nombre será hecho público. En el centro del complot estaba el llamado «Comité de Salvación». El mando de las tropas se encomendaba al coronel Polkóvnikov y sus órdenes las firmaba el ex miembro del CEC, Gots, puesto en libertad bajo palabra de honor...

El Comité Militar Revolucionario pone estos hechos en conocimiento de la población de Petrogrado y ordena detener a los individuos complicados en el complot y entregarlos al Tribunal Militar Revolucionario".

De Moscú se recibió la noticia de que los junkers y los cosacos habían rodeado el Kremlin y ordenado a las tropas del Soviet deponer las armas. Las fuerzas del Soviet cumplieron la orden, pero cuando salían del Kremlin los enemigos se arrojaron sobre ellas y las ametrallaron. Los pequeños destacamentos bolcheviques habían sido desalojados de las centrales de teléfonos y telégrafos. El centro de la ciudad estaba en manos de los junkers… Mas en torno a ellos ya se juntaban nuevas tropas del Soviet. Los combates de calle iban en aumento. Todas las tentativas de llegar a un compromiso habían fracasado… Al lado del Soviet estaban la guarnición, con sus diez mil soldados, y unos pocos guardias rojos. El Gobierno Provisional tenía a su favor a seis mil junkers, veinticinco centurias cosacas y dos mil guardias blancos.

El Soviet de Petrogrado deliberaba y al lado trabajaba el nuevo CEC, que examinaba los decretos y las órdenes procedentes continuamente del Consejo de Comisarios del Pueblo, reunido un piso más arriba. Allí se examinaron: el orden de ratificación y publicación de las leyes, la ley de la jornada laboral y las Bases del sistema de educación pública, propuestas por Lunacharski. A ambas reuniones asistían varios centenares de personas, en su mayoría armadas. El Smolny se hallaba casi desierto, a excepción de la guardia que emplazaba ametralladoras en las ventanas para tener bajo el fuego los flancos del edificio.

En el CEC tomó la palabra un delegado del Víkzhel:

"Nos negamos a transportar las tropas de ambos bandos. Hemos enviado una delegación a Kerenski para decide que como continúe su marcha sobre Petrogrado le cortaremos todas sus comunicaciones…".

Luego, como de costumbre, propuso convocar una conferencia de todos los partidos socialistas para formar un nuevo Gobierno…

Kámenev respondió con gran discreción. Los bolcheviques se alegrarían de asistir a tal conferencia. Sin embargo, el centro de gravedad no residía en la formación del Gobierno, sino en que éste aceptase el programa del Congreso de los Soviets… El CEC examinó la declaración de los socialistas-revolucionarios de izquierda y de los socialdemócratas internacionalistas y adoptó la propuesta de la representación proporcional en la conferencia, incluyendo delegados de los comités del Ejército y de los Soviets campesinos…

En la Sala Grande Trotski daba cuenta de los acontecimientos de la jornada.

"Propusimos a los junkers de Vladímir rendirse —decía—. Queríamos evitar la efusión de sangre. Pero ahora, cuando la sangre se ha vertido ya, no hay más que un camino: la lucha sin cuartel. Sería pueril creer que podemos vencer por otros medios… Ha llegado el momento decisivo. Todos deben ayudar al Comité Militar Revolucionario, comunicarle todas las existencias de alambre espinoso, bencina y armas… Hemos conquistado el poder, ahora hay que mantenerlo".

El menchevique Ioffe quería leer una declaración en nombre de su partido, pero Trotski se negó a abrir «un debate sobre los principios".

"Nuestros debates se dirimen ahora en las calles —exclamó—. Se ha dado el paso decisivo. Todos, y yo en particular, asumimos la responsabilidad por lo que está sucediendo…".

Hablaron soldados llegados del frente, de Gátchina. Uno del Batallón de Choque de la 481 Brigada de Artillería, dijo: "Cuando se enteren en las trincheras, dirán: ¡Este es nuestro Gobierno!". Un junker de la Escuela de Oficiales de Peterhof refirió cómo él y otros dos se habían negado a marchar contra los Soviets y cómo los compañeros, al volver del Palacio de Invierno después del combate, lo habían elegido su comisario y lo habían mandado al Smolny, a ofrecer sus servicios a la verdadera revolución.

Y nuevamente subió a la tribuna Trotski, fogoso, impartiendo órdenes y respondiendo a las preguntas.

"Para derrotar a los obreros, soldados y campesinos, la pequeña burguesía está dispuesta a entenderse con él mismo diablo" —dijo. En los últimos días, se habían observado muchos casos de borrachera. "¡No bebáis, camaradas! Después de las ocho de la noche nadie debe salir a la calle, menos los que estén de guardia. Hay que registrar todos los locales donde puedan haber licores y destruir todas las bebidas alcohólicas. Ninguna clemencia para los que vendan licores…".

El Comité Militar Revolucionario mandó en busca de los delegados de la barriada de Vyborg y de la fábrica Putílov. Estos se reunieron al instante.

"¡Por, cada revolucionario muerto —declaró Trotski—, nosotros mataremos a cinco contrarrevolucionarios!".

Salimos de nuevo a la ciudad. La Duma resplandecía de luces y el gentío penetraba en ella. En la planta baja se oían sollozos y amargas exclamaciones; la gente se agolpaba en torno a los boletines con la lista de los junkers muertos en combate, o, mejor dicho, a quienes se suponía muertos en combate porque muy pronto muchos de estos muertos aparecían sanos y salvos… Arriba, en la Sala de Alejandro, estaba reunido el Comité de Salvación. Oro y grana de las hombreras de los oficiales, caras conocidas de intelectuales mencheviques y socialistas-revolucionarios, las miradas duras y los trajes fastuosos y pesados de banqueros y diplomáticos, funcionarios del viejo régimen y mujeres elegantes…

Prestaban declaración las telefonistas. Una tras otra aparecían en la tribuna jóvenes chillonamente vestidas, que imitaban los modales mundanos, pero con rostros demacrados y zapatos remendados... Se ruborizaban de placer y de los aplausos del público "chic" de Petrogrado: oficiales, ricachones, conocidos políticos; una tras otra las muchachas relataban sus padecimientos en manos del proletariado y proclamaban su lealtad a todo lo viejo, a lo establecido y poderoso...

La Duma se reunía de nuevo en la Sala de Nicolás. El alcalde relataba en tono esperanzador que los regimientos de Petrogrado empezaban a avergonzarse de sus acciones; la propaganda surtía efecto... Los emisarios entraban y salían, traían noticias de las ferocidades bolcheviques, intercedían para salvar a los junkers, abrían investigaciones... "Los bolcheviques —dijo Trupp— serán vencidos por la fuerza moral y no por las bayonetas...".

Entretanto, no todo marchaba bien en el frente revolucionario. El enemigo había concentrado trenes blindados armados de cañones. Las fuerzas de los Soviets, formadas principalmente por guardias rojos no entrenados, no tenían ni oficiales ni un plan concreto de acción. Se les habían sumado solamente cinco mil soldados regulares. Las demás unidades de la guarnición, ocupadas en aplastar la revuelta de los junkers o en mantener el orden en la capital, aún no habían decidido a qué lado ponerse. A las diez de la noche Lenin pronunció un discurso en una reunión de delegados de los regimientos de la ciudad y éstos, por abrumadora mayoría de votos, acordaron incorporarse a la lucha. Se constituyó un comité de cinco soldados, una especie de Estado Mayor Central, y por la mañana temprano los regimientos abandonaron sus cuarteles en pleno orden de combate... Yo los encontré cuando me dirigía a casa. Con paso rítmico y firme de veteranos, las bayonetas en impecable alineación, iban por las calles desiertas de la ciudad conquistada...

Y, al propio tiempo, en el local del Víkzhel en la Sadóvaya tenía lugar una conferencia de todos los partidos socialistas para formar nuevo Gobierno. Abramóvich, en nombre de los mencheviques del centro, declaró que no debía haber vencedores ni vencidos, que no había que recordar lo pasado... Todos los grupos y partidos de izquierda se mostraron de acuerdo con él. Dan, en nombre de los mencheviques de derecha, propuso a los bolcheviques las siguientes condiciones para la tregua: la Guardia Roja debe deponer las armas y la guarnición de Petrogrado subordinarse a la Duma Municipal; las tropas de Kerenski no disparan ni un tiro ni practican una sola detención; se formará un gabinete de representantes de todos los partidos socialistas, menos los bolcheviques. Riazánov y Kámenev declararon que el gabinete de coalición de todos los partidos era aceptable, pero protestaron contra la proposición de Dan. Los socialistas-revolucionarios se dividieron; pero el Comité Ejecutivo de los Soviets Campesinos y los socialistas populares se negaron categóricamente a colaborar con los bolcheviques... Después de violentos debates fue elegida una comisión para confeccionar un plan aceptable...

En la comisión se luchó toda la noche, todo el día siguiente y la noche siguiente. El 9 de noviembre (27 de octubre) ya se había hecho un esfuerzo similar de conciliación por iniciativa de Mártov y Gorki. Pero Kerenski se acercaba, el Comité de Salvación desplegaba una enorme actividad y los mencheviques de derecha, los socialistas- revolucionarios y los socialistas populares renunciaron súbitamente a las conversaciones. Ahora estaban atemorizados por el aplastamiento de la rebelión de los junkers...

El lunes, 12 de noviembre (30 de octubre), transcurrió en medio de la incertidumbre. Las miradas de toda Rusia estaban fijas en la llanura gris de las afueras de Petrogrado donde todas las fuerzas imaginables del viejo orden que se habían podido juntar se encontraban frente a frente con un poder no organizado, nuevo, desconocido. En Moscú se declaró una tregua; los bandos parlamentaban y aguardaban los resultados de las conversaciones en la capital. Y, mientras tanto, los delegados al Congreso de los Soviets, que viajaban presurosos en todas direcciones hasta los límites más lejanos de Asia, regresaban a sus hogares, llevando consigo las antorchas encendidas de la revolución. Las noticias de los portentosos acontecimientos se propagaban por todo el país como las ondas por la superficie del agua y todas las ciudades y remotas aldeas se ponían en movimiento y se alzaban. Los Soviets y los comités militares revolucionarios contra las dumas, los zemstvos y los comisarios del Gobierno; la Guardia Roja contra la guardia blanca... Combates de calles y apasionados discursos... El desenlace dependía de lo que dijera Petrogrado...

El Smolny estaba casi vacío, pero la Duma era un hervidero. El provecto alcalde, con la dignidad que le era propia, protestaba contra el llamamiento de los concejales bolcheviques.

"La Duma no es el centro de la contrarrevolución —decía acaloradamente—. La Duma no toma ninguna parte en la actual lucha de partidos. Pero, en el momento en que en el país no existe un poder legal, el único centro de orden es la Administración Municipal. La población civil reconoce este hecho; las embajadas extranjeras sólo toman en consideración los documentos oficiales firmados por el alcalde. El europeo, por su propia mentalidad, no puede admitir otra situación que la de que la Administración Municipal es el único órgano capaz de proteger los intereses de los ciudadanos. La ciudad debe ser hospitalaria con todas las organizaciones que deseen aprovechar esta hospitalidad y por eso la Duma no puede impedir que se distribuyan en el interior de su edificio periódicos de cualquier índole. La esfera de nuestra labor se extiende, nosotros debemos tener plena libertad de acción y nuestros derechos deben ser respetados por ambos bandos…

Somos perfectamente neutrales. Cuando la Central Telefónica fue ocup ada por los junkers, Polkóvnikov ordenó desconectar los teléfonos del Smolny, pero yo protesté y estos teléfonos siguieron funcionando…».

Risas irónicas en los escaños bolcheviques e imprecaciones en las derechas.

"Y, a pesar de todo —continuó Shréider— los bolcheviques nos tienen por contrarrevolucionarios y así se lo dicen a la población. Nos privan de medios de transporte y nos quitan los últimos automóviles. No será nuestra la culpa si empieza el hambre en la ciudad. Las protestas no sirven de nada…".

Kóbozev, miembro bolchevique del Consejo Municipal, declaró que él dudaba de que el Comité Militar Revolucionario hubiese requisado automóviles municipales. Aun admitiendo que hubiesen ocurrido tales casos, probablemente sería obra de individuos no autorizados, impulsados por una extrema necesidad.

"El alcalde —prosiguió— dice que no tenemos derecho a convertir la Duma en una reunión política. Pero todo lo que dicen aquí cualesquiera mencheviques o socialistas- revolucionarios no es otra cosa que propaganda de sus partidos, y a la puerta distribuyen sus periódicos ilegales Iskra (La Chispa), Soldatski Golos y Rabóchaya Gazeta, incitando a la revuelta. ¿Qué pasaría si los bolcheviques comenzásemos a repartir también aquí nuestros periódicos? Pero no lo haremos por respeto a la Duma. No atacamos ni pensamos atacar a la Administración Municipal: pero, como ustedes dirigieron un llamamiento a la población, nosotros tenemos derecho a hacer lo mismo…".

Después habló Shingariov, kadete. Declaró que no podía haber un lenguaje común con los hombres que debían ser enviados simplemente al fiscal y procesados como reos de alta traición… Propuso de nuevo expulsar a todos los bolcheviques de la Duma. Pero esta proposición fue rechazada porque no se podía hacer ningún cargo personal a los concejales bolcheviques que, además, participaban activamente en la Administración Municipal.

Entonces dos mencheviques internacionalistas declararon que el llamamiento de los concejales bolcheviques era una instigación directa a la masacre. "Si todo el que esté contra los bolcheviques es contrarrevolucionario —dijo Pinkévich— yo no entiendo qué diferencia existe entre revolución y anarquía… Los bolcheviques se someten a las pasiones de las masas desenfrenadas y nosotros no tenemos otra cosa que la fuerza moral. Nosotros protestamos contra las masacres y violencias, tanto de uno como de otro bando, y nuestro objetivo es encontrar una salida pacífica…".

"La proclama titulada ¡la picota!, fijada en las calles y que llama al pueblo a aniquilar a los mencheviques y socialistas-revolucionarios —declaró Nazáriev— es un crimen que vosotros, los bolcheviques, jamás podréis borraros. Los horrores de ayer no son más que el 002 de lo que se prepara con tales proclamas… ¡Yo he intentado constantemente reconciliaros con los demás partidos, pero ahora sólo siento por vosotros desprecio!".

Los concejales bolcheviques se levantaron de sus sitios, gritando iracundos. Les respondieron roncas voces de odio y furiosos ademanes…

Al salir de la sala, me encontré con el ingeniero municipal Gómberg, menchevique, y con tres o cuatro reporteros. Todos estaban de muy buen humor.

"¿Ha visto? —dijeron—. Esos cobardes nos temen. ¡No se atreverán a detener a la Duma! Su Comité Militar Revolucionario no osará mandar aquí a un comisario. ¡Qué más quisieran! Hoy he visto en la esquina de la Sadóvaya cómo un guardia rojo intentó detener a un chiquillo que vendía el Soldatski Golos… El chiquillo se le rió en las barbas y la gente por poco lincha al bandido. Ahora todo se decidirá en unas cuantas horas. Aunque no venga Kerenski, no tienen hombres capaces de dirigir el Gobierno.

¡Es absurdo!… ¡He oído que en el Smolny se pelean entre ellos!".

Un socialista-revolucionario, amigo mío, me llevó aparte. "Yo sé dónde se esconde el Comité de Salvación —me dijo—. ¿Quiere ir a hablar con ellos?…".

Anochecía. En la ciudad proseguía la vida normal: los comercios estaban abiertos, las luces de las calles encendidas y en ambos sentidos avanzaba despacio el denso gentío, continuando las discusiones de siempre.

Llegamos a la casa número 86 de la Nevski y entramos en un patio rodeado de altos edificios. Mi amigo llamó de un modo peculiar en la puerta del apartamento 229. Se oyó ajetreo dentro, se cerró una puerta interior. Luego se entreabrió un poco la puerta de afuera y apareció una cara de mujer. Tras observamos un minuto de pies a cabeza esta mujer, de mediana edad y expresión tranquila, nos dejó pasar y gritó:

"¡Kiril, todo en orden!". En el comedor hervía un samovar y sobre la mesa había platos con pan y arenques. De tras la cortina de la ventana salió un hombre con uniforme de oficial y del retrete otro disfrazado de obrero. Los dos se alegraron mucho de ver a un corresponsal norteamericano y me dijeron, no sin satisfacción, que serían fusilados con toda seguridad si caían en manos de los bolcheviques. No dieron sus nombres, pero los dos eran socialistas-revolucionarios.

"¿Por qué publican en sus periódicos mentiras tan increíbles?" —les pregunté.

El oficial repuso sin darse por ofendido: "Sí, lo sé, pero ¿qué podemos hacer? —Se encogió de hombros—. Usted tiene que comprender que necesitamos crear cierto estado de ánimo en la gente…".

El segundo le interrumpió. "¡Es una pura aventura por parte de los bolcheviques! No tienen intelectuales. No funcionarán los ministerios… Rusia no es una ciudad, es el país entero… Nosotros comprendemos que no se sostendrán más de unos días y por eso nos hemos decidido a apoyar a la mayor de las fuerzas que se oponen a ellos, a Kerenski, y ayudarle a restablecer el orden".

"Todo eso está muy bien —dije—, pero, ¿por qué se unen a los kadetes?".

El falso obrero se sonrió francamente. "A decir verdad, en estos momentos las masas populares siguen a los bolcheviques. Por ahora a nosotros no nos sigue nadie. No podemos movilizar ni a un puñado de soldados. No poseemos verdaderas armas… Hasta cierto punto, los bolcheviques tienen razón. En estos momentos en Rusia sólo hay dos partidos con fuerza: los bolcheviques y los reaccionarios, que se esconden bajo el ala de.los kadetes. Los kadetes creen que nos utilizan a nosotros, pero, en realidad, somos nosotros los que utilizamos a los kadetes. Cuando derrotemos a los bolcheviques, nos volveremos contra los kadetes…".

"¿Serán admitidos los bolcheviques en el nuevo Gobierno?".

Se rascó la nuca. «Es un problema complicado —pronunció—. Claro que si no se les admite, lo más probable es que lo empiecen todo de nuevo. En todo caso, tendrán probabilidades de determinar el equilibrio en la Asamblea Constituyente, si es que ésta llega a reunirse".

"Y, además, esto plantea el problema de admitir en el Gobierno a los kadetes; las razones son las mismas. Porque, como usted sabe, en realidad los kadetes no quieren la convocatoria de la Asamblea Constituyente y no quieren porque los bolcheviques pueden ser derrotados ahora mismo". Meneó la cabeza. "A nosotros, los rusos, no se nos da fácilmente la política. Ustedes, los norteamericanos, nacen políticos, se dedican a la política toda la vida. Pero en nuestro país, como usted sabe bien, todo esto no cuenta ni un año…".

"¿Qué piensa usted de Kerenski?» —le pregunté.

"Oh, Kerenski tiene la culpa de todos los pecados del Gobierno Provisional — respondió el otro hombre—. Nos obligó a aceptar la coalición con la burguesía. Si hubiese cumplido su amenaza y presentado la dimisión habría estallado una crisis ministerial dieciséis semanas antes de la Asamblea Constituyente, y eso es lo que nosotros queríamos evitar".

"Pero, ¿no ha sido eso lo que ha ocurrido al fin y a la postre?".

"Sí, pero ¿cómo podíamos saberlo nosotros? Los Kerenski y los Avxéntiev nos engañaron. Gots tampoco es mucho más radical que ellos. Yo estoy por Chernov, que es un verdadero revolucionario… Usted sabe que hoy mismo, sin ir más lejos, Lenin ha hecho saber que no se opondría a la entrada de Chernov en el Gobierno.

Naturalmente, nosotros también queríamos desembarazarnos del Gobierno de Kerenski, pero nos parecía que era mejor aguardar a la Asamblea Constituyente… Cuando empezó todo esto, yo estaba por los bolcheviques, pero el Comité Central de mi partido votó unánime en contra. ¿Qué podía hacer yo? Es la disciplina de partido…

Dentro de una semana el Gobierno bolchevique se derrumbará hecho pedazos; si los socialistas-revolucionarios pudiéramos permanecer al margen y esperar, nos caería el Gobierno en las manos. Pero si aguardamos una semana entera, el país se verá sumido en tal desorganización que los imperialistas alemanes lograrán la victoria total. Por eso nos hemos rebelado contando sólo con dos regimientos de soldados que habían prometido apoyarnos y que se han vuelto contra nosotros. "Han quedado los junkers nada más…".

"¿Y los cosacos?".

El oficial suspiró. "No se han movido. Primero dijeron que intervendrían si les apoyaba la infantería. Además, dijeron que Kerenski tenía a los cosacos y que, por lo tanto, ellos ya habían hecho su parte… Luego empezaron a decir que a los cosacos siempre les han considerado enemigos hereditarios de la democracia… Y, por último, dijeron: ´Los bolcheviques han prometido no quitarnos las tierras. Nosotros no tenemos nada que temer. Somos neutrales´".

Mientras tenía lugar esta conversación, entraban y salían constantemente, en su mayoría oficiales con las hombreras cortadas. Podíamos verlos en el recibidor y escuchar sus voces bajas, pero vehementes. Casualmente se apartó una cortina y vi la puerta entreabierta del cuarto de baño donde estaba sentado en una silla un oficial grueso con uniforme de coronel, escribiendo en un bloc que tenía sobre las rodillas. Reconocí al coronel Polkóvnikov; ex comandante de Petrogrado, por cuya detención el Comité Militar Revolucionario habría dado una fortuna.

"¿Nuestro programa? —decía el oficial—. Ahí está. Entregar la tierra a los comités agrarios. A los obreros se les debe conceder la plena posibilidad de participar en el control de la industria. Una enérgica política de paz, pero sin el ultimátum que han dirigido los bolcheviques a todos los países. Los bolcheviques no lograrán cumplir las promesas que han hecho a las masas, no lo lograrán ni siquiera dentro del país. No se lo permitiremos… Nos han robado el programa agrario para ganarse el apoyo de los campesinos. Eso no es honrado. Si hubieran esperado a la Asamblea Constituyente…".

"¡No se trata de la Asamblea Constituyente! —le interrumpió otro oficial—. ¡Si los bolcheviques piensan establecer aquí un Estado socialista, no podemos trabajar de ningún modo con ellos! Kerenski cometió un tremendo error cuando anunció en el Consejo de la República que había dado ya la orden de detener a los bolcheviques. Simplemente les descubrió sus planes…".

"Pero, ¿qué piensan hacer ustedes ahora?" —pregunté.

Se miraron. "Lo verá dentro de unos días… Si tenemos a nuestro lado suficientes tropas del frente, no aceptaremos ningún compromiso con los bolcheviques. Si no, tal vez nos veamos forzados…".

Salimos a la Nevski y saltamos al estribo de un tranvía repleto, cuya plataforma, hundida bajo el peso de la gente, se arrastraba por el suelo. El tranvía reptaba lentamente hada el Smolny.

Meshkovski, pequeño, frágil y aseado, iba por un pasillo con aire preocupado. La huelga de todos los ministerios surte sus efectos —nos dijo—. Por ejemplo, el Consejo de Comisarios del Pueblo ha prometido publicar los tratados secretos, pero Nerátov, el funcionario encargado de estos asuntos, ha desaparecido, llevándose los documentos. Se supone que están escondidos en la embajada británica…

Pero lo peor de todo era la huelga de los bancos. "Sin dinero —dijo Menzhinski— somos impotentes. Tenemos que pagar el sueldo a los ferroviarios, a los empleados de correos y telégrafos… Los bancos están cerrados; la clave de la situación, el Banco del Estado, tampoco funciona. Los empleados de banca de toda Rusia han sido sobornados y han abandonado el trabajo.

¡Pero Lenin ha dado orden de volar con dinamita los sótanos del Banco del Estado y acaba de dictarse un decreto que ordena a los bancos privados abrir mañana mismo sus puertas o las abriremos nosotros!".

El Soviet de Petrogrado trabajaba a toda marcha, la sala estaba abarrotada de gente armada. Trotski informaba:

"Los cosacos se retiran de Krásnoe Seló (estruendosos y entusiastas aplausos). Pero la batalla sólo comienza. En Púlkovo se combate encarnizadamente. Hay que lanzar allí con urgencia todas las fuerzas disponibles…

Las noticias de Moscú son malas. El Kremlin está en manos de los junkers y los obreros tienen muy pocas armas. El desenlace depende de Petrogrado.

En el frente los decretos sobre la paz y la tierra han despertado gran entusiasmo. Kerenski inunda las trincheras de cuentos como el de que Petrogrado arde en llamas y está anegado en sangre y que los bolcheviques matan a las mujeres y los niños. Pero nadie le cree…

Los cruceros Oleg, Aurora y República han anclado en el Neva y apuntan con sus cañones a los alrededores de la ciudad…".

"¿Por qué no está usted donde pelean los guardias rojos?" —gritó una voz agria.

"¡Ahora mismo salgo para allá!" —respondió Trotski, descendiendo de la tribuna. Estaba un poco más pálido que de costumbre. Rodeado de fieles amigos, abandonó la sala por una puerta lateral y se dirigió hacia el automóvil.

Hablaba Kámenev. Describió la marcha de la conferencia de reconciliación. Las condiciones del armisticio propuestas por los mencheviques, dijo, han sido rechazadas con desprecio. Hasta algunas secciones del Sindicato Ferroviario han votado contra tales proposiciones…

"Ahora que hemos conquistado el poder y hemos levantado a toda Rusia, prosiguió Kámenev, nos exigen, ni más ni menos, las siguientes futesas: primero, entregar el poder; segundo, obligar a los soldados a continuar la guerra, y, tercero, obligar a los campesinos a olvidar la tierra…".

Lenin apareció por un momento y respondió a las acusaciones de los socialistas- revolucionarios:

"Nos incriminan que les hemos robado el programa agrario… Bien, si es así, podemos expresarles nuestra gratitud. Con eso tienen bastante…".

Así transcurrió esta reunión. Los líderes se sucedían en la tribuna, explicando, exhortando y arguyendo. Un soldado tras otro, un obrero tras otro se levantaban y decían todo lo que tenían en la mente y el corazón… El auditorio fluctuaba, cambiando y renovándose continuamente. De vez en cuando aparecían en la sala hombres que llamaban a los miembros de uno u otro destacamento para marchar al frente. Llegaban otros después de la jornada, heridos o en busca de armas y equipos…

Casi a las tres de la madrugada, cuando ya nos íbamos, bajó corriendo la escalera Goltsman, del Comité Militar Revolucionario. Su rostro resplandecía.

"¡Todo va magníficamente! —gritó, estrechándome la mano—. ¡Un telegrama del frente! ¡Kerenski ha sido derrotado! ¡Mire!…".

Y me tendió un papel escrito a toda prisa con lápiz. Al ver que no lo entendíamos, leyó en voz alta:

"Seló Púlkovo. Estado Mayor. 2 horas 10 minutos.

La noche del 30 al 31 de octubre pasará a la historia. El intento de Kerenski de lanzar las tropas contrarrevolucionarias sobre la capital de la revolución ha encontrado una decidida réplica. Kerenski se retira, nosotros avanzamos. Los soldados, marinos y obreros de Petrogrado han mostrado que saben y quieren consolidar con las armas en las manos la voluntad y la autoridad de la democracia. La burguesía intentaba aislar al Ejército revolucionario. Kerenski quería aplastado con la fuerza de los cosacos. Ambos planes han sufrido un lastimoso fracaso.

La gran idea de la dominación de la democracia obrera y campesina ha cohesionado las filas del Ejército y ha templado su voluntad. Todo el país se convencerá en adelante de que el Poder de los Soviets no es un fenómeno pasajero, sino el hecho invencible de la dominación de los obreros, soldados y campesinos. La réplica a Kerenski es la réplica a los terratenientes, a la burguesía, a los kornilovistas. La réplica a Kerenski es la confirmación del derecho del pueblo a una vida de paz y libertad, a la tierra, el pan y el poder. El destacamento de Púlkovo con su valeroso golpe afianza la causa de la Revolución Obrera y Campesina. No hay retorno al pasado. Nos esperan todavía luchas, obstáculos y sacrificios. Pero está abierto el camino y la victoria es cierta.

La Rusia revolucionaria y el Poder soviético tienen derecho a enorgullecerse de su destacamento de Púlkovo, que actúa al mando del coronel Valden. ¡Eterna memoria a los caídos! ¡Gloria a los combatientes de la Revolución, a los soldados y oficiales fieles al pueblo!

¡Viva la Rusia socialista, revolucionaria y popular!

En nombre del Consejo, L. Trotski, Comisario del Pueblo".

Al volver a casa por la Plaza Známenskaya, reparamos en una multitud inusitada frente a la estación ferroviaria de Nicolás. Eran varios miles de marinos sobre los cuales se erizaban las bayonetas de los fusiles.

De pie, sobre un escalón, un miembro del Víkzhel suplicaba:

"Compañeros, no podemos llevaros a Moscú. Nosotros somos neutrales. No transportamos tropas de nadie. No podemos llevaros a Moscú donde se libra una terrible guerra civil…".

La plaza crepitaba y hervía de indignación. Los marinos empezaron a avanzar. De pronto en el edificio de la estación se abrió de par en par otra puerta; allí había dos o tres mozos de tren, un fogonero y alguien más.

"¡Por aquí, compañeros! —gritaron—. ¡Nosotros os llevaremos a Moscú, a Vladivostok, a donde queráis! ¡Viva la Revolución!".

CAPÍTULO IX: LA VICTORIA

Orden N° 1 a las unidades del destacamento de Púlkovo. 31 de octubre de 1917, 9 horas 38 minutos de la noche.

"Tras encarnizado combate, las unidades del destacamento de Púlkovo derrotaron por completo a las fuerzas de la contrarrevolución, que abandonaron sus posiciones en desorden y retroceden, bajo la protección de Tsárskoe Seló, hacia Pávlovsk II y Gátchina.

Nuestras unidades atacantes ocuparon el extremo noreste de Tsárskoe Seló y la estación Alexándrovskaya. En el flanco derecho teníamos el destacamento de Kólpino y en el izquierdo el de Krásnoe Seló.

Ordeno al destacamento de Púlkovo ocupar Tsárskoe Seló y fortificar sus accesos, especialmente por el lado de Gátchina.

Después, seguir avanzando, ocupar Pávlovsk, fortificado por la parte sur y apoderarse de la línea ferroviaria hasta la estación de Dno.

El destacamento debe tomar todas las medidas para consolidar las posiciones ocupadas, abrir trincheras y construir otras fortificaciones.

Debe establecer estrecho contacto con los destacamentos de Kólpino y Krásnoe Seló y con el Estado Mayor del Jefe de la Defensa de la ciudad de Petrogrado.

El Comandante en Jefe de las tropas que actúan contra los destacamentos contrarrevolucionarios de Kerenski, teniente coronel Muraviov".

Martes, por la mañana. ¿Qué ha sucedido? Hace dos días por los alrededores de Petrogrado vagaban bandas desordenadas y sin jefes, que carecían de víveres, artillería y todo plan de acción. ¿Qué convirtió a estas masas desorganizadas e indisciplinadas de guardias rojos y soldados sin oficiales en un ejército obediente al mando que habían elegido, capaz de resistir y rechazar el asalto de la artillería y la caballería cosaca?

El pueblo alzado desecha a su manera los precedentes militares. Jamás serán olvidados los andrajosos ejércitos de la Revolución Francesa, vencedores de Valmy y Wissemburgo. Contra los Soviets unieron sus fuerzas los junkers, los cosacos, los terratenientes, la nobleza, las centurias negras y tras ellos se acercaban ya el zar, la Ojrana, las minas siberianas y, por último, la ilimitada y terrible amenaza de los alemanes… La victoria, digámoslo con palabras de Carlyle, significaba "el apoteosis y la Edad de Oro sin fin".

El domingo por la noche, los comisarios del Comité Militar Revolucionario regresaron desesperados del frente y la guarnición de Petrogrado eligió su Comité de los cinco, su Estado Mayor de combate, formado por tres soldados y dos oficiales, exentos de toda contaminación contrarrevolucionaria. El mando general se confió al coronel Muraviov, expatriota, hombre capaz, pero al que era necesario vigilar de cerca. En Kólpino, Obújovo, Púlkovo y Krásnoe Seló se formaron destacamentos provisionales, que fueron aumentando poco a poco a medida que se les unían los grupos errantes por los alrededores, donde iban mezclados soldados, marinos, guardias rojos, unidades sueltas de distintos regimientos, caballería, artillería y unos cuantos blindados.

Al amanecer aparecieron las patrullas cosacas de Kerenski. Se entabló un desordenado tiroteo de fusilería, acompañado de intimaciones de rendición. Sobre la fría llanura el aire helado y transparente se llenó del fragor del combate. Lo oyeron los grupos errabundos, que aguardaban en torno a las hogueras… ¡Había empezado! Se lanzaron hacia donde se libraba el combate. Los destacamentos obreros que iban por las carreteras principales aceleraron el paso… En todos los puntos atacados convergían espontáneamente masas humanas iracundas. Las recibían los comisarios, que les señalaban posiciones. Era su batalla por su propio mundo; los jefes los habían elegido ellas mismas. En aquel momento todas las incoherentes y múltiples voluntades se fundían en una sola…

Participantes de estos combates me refirieron cómo habían peleado los marinos: cuando se les agotaba la munición atacaban a la bayoneta; los obreros sin instrucción militar se arrojaban contra la avalancha cosaca y derribaban a los jinetes de sus sillas; en la oscuridad hordas humanas anónimas caían como olas sobre el enemigo… El lunes, antes de la media noche, los cosacos flaquearon y echaron a correr, abandonando la artillería. El Ejército proletario avanzó en largo y zigzagueante frente e irrumpió en Tsárskoe sin dar tiempo al enemigo de destruir la emisora de radio del Gobierno. Ahora esta emisora lanzaba al mundo himnos triunfales…

"A todos los Soviets de Diputados Obreros y Soldados.

El 30 de octubre, en encarnizado combate cerca de Tsárskoe Seló, el Ejército revolucionario derrotó en toda la línea a las tropas contrarrevolucionarias de Kerenski y Kornílov.

En nombre del Gobierno Revolucionario pido a todos los regimientos a mis órdenes hacer frente a los enemigos de la democracia revolucionaria y tomar todas las medidas para la captura de Kerenski, así como para impedir tales aventuras, que ponen en peligro las conquistas de la revolución y el triunfo del proletariado.

¡Viva el Ejército revolucionario! Muraviov".

Noticias de provincias…

En Sebastopol el Soviet local ha asumido el poder. Un grandioso mitin de los marinos de los buques de guerra, fondeados en la rada de Sebastapol, ha obligado a los oficiales a prestar solemne juramento de lealtad al nuevo Gobierno. El Soviet controla Nizhni Nóvgorod. Desde Kazán informan de combates de calles, los junkers y una brigada de artillería pelean con la guarnición bolchevique…

En Moscú han vuelta a entablarse desesperadas combates. Los junkers y guardias blancos mantienen el Kremlin y el centro de la ciudad, pero los atacan por todos lados las tropas del Comité Militar Revolucionario. La artillería del Soviet, situada en la Plaza de Skóbelev, bombardea la Duma Municipal, la Comandancia y el Hotel Metropol. En la Tverskaya y la Nikítskaya ha sido levantado todo el pavimento; los adoquines se han utilizado para construir trincheras y barricadas. Los edificios de los grandes bancos y casas comerciales están batidos por ametralladoras. No hay alumbrado eléctrico, no funciona el teléfono; la población burguesa se ha escandido en los sótanos… En el último boletín se comunicaba que el Comité Militar Revolucionario había presentado un ultimátum al Comité de Seguridad Pública demandando la entrega inmediata del Kremlin y amenazando en caso contrario con bombardearlo.

"¡Bombardear el Kremlin! —gritaban los filisteos—. ¡No se atreverán!".

La guerra civil ardía desde Vólogda hasta Chitá en la lejana Siberia, desde Pskov hasta Sebastapol en el Mar Negro, en las grandes ciudades y en las pequeñas aldehuelas. El Gobierno del pueblo recibía saludos de miles de fábricas y factorías, sociedades campesinas, regimientos y ejércitos y de los buques que se hallaban en alta mar.

El Gobierno cosaco de Novacherkassk telegrafió a Kerenski: "El Gobierno militar de las tropas del Don invita al Gobierno Provisional y a los miembros del Consejo de la República, si es posible, a llegar a Novacherkassk, donde existe la posibilidad de organizar la lucha contra los bolcheviques…".

En Finlandia reina también intranquilidad. El Soviet de Helsingfors y el Centrobalt (Comité Central de la Flota del Báltico). Han proclamado juntos el estado de sitio y han declarado que todos los intentos de impedir la actividad de los destacamentos bolcheviques y de oponer resistencia armada a sus órdenes serán severamente reprimidos. Al propio tiempo, el Sindicato de Ferroviarios Finlandeses ha declarado huelga general en toda Finlandia para conseguir la aplicación de las leyes aprobadas por la Dieta socialista en junio de 1917, que fue disuelta por Kerenski.

Por la mañana temprano fui al Smolny. Al pasar del portón de afuera por la larga banqueta de madera reparé que, en el aire gris y quieto, revolaban los primeros copos. "¡Nieve! —exclamó sonriendo alegremente el centinela que estaba a la puerta—. ¡Qué bueno!". Dentro, los largos y oscuros pasillos parecían desiertos. Ni el menor movimiento en el enorme edificio. Pero llegaron hasta mí ciertos sonidos extraños y sordos. Miré en torno. En el suelo, a lo largo de las paredes, dormía la gente. Hombres greñudos y sin lavar, obreros y soldados, manchados y salpicados de barro, yacían solos o en grupos, sumidos en profundo sueño e indiferentes a todo. Muchos portaban vendajes harapientos y ensangrentados. Al lado, en desorden, había tirados fusiles y cintas de ametralladora... Aquél era el victorioso Ejército proletario.

Arriba, en la cantina, dormía tanta gente que costaba trabajo pasar. El ambiente era fétido. A través de las ventanas empañadas penetraba a duras penas una pálida luz. Sobre el mostrador había un samovar abollado y frío y en torno una infinidad de vasos sucios. Había allí también un ejemplar del último boletín del Comité Militar Revolucionario; el envés estaba garrapateado con tosca letra. Un soldado había escrito aquellas palabras en memoria de sus compañeros caídos en el combate contra Kerenski, había escrito hasta derrumbarse allí mismo, en el suelo. La hoja estaba manchada de algo parecido a lágrimas... Alexéi Vinográdav D. Maskvín S. Stólbikav A. Voskresenski D. Leonski D. Preobrazhenski V. Laidanski M. Bérchikov

Todos estos hombres ingresaron en el Ejército el 15 de noviembre de 1916. De ellos han quedado con vida tres:

Mijaíl Bérchikov Alexéi Voskresenski Dmitri Leonski

* * *

¡Dormid, combativas águilas, dormid con el alma tranquila! Habéis merecido, hermanos, eterna paz y gloria...

Solamente el Comité Militar Revolucionario velaba y trabajaba. Skrípnik salió de una habitación interior. Me contó que Gots había sido detenido, pero declaraba categóricamente no haber firmado las proclamas del Comité de Salvación, como lo había hecho Avxéntiev. El mismo Comité de Salvación repudió su llamamiento a la guarnición.

Skrípnik comunicó que en los regimientos acuartelados en la ciudad se observaba descontento; el Regimiento de Volyn se negaba a pelear contra Kerenski.

En Gátchina había varios destacamentos "neutrales" con Chernov a la cabeza; éste trataba de persuadir a Kerenski para que suspendiese el avance sobre Petrogrado.

Skrípnik se echó a reír. "Ahora no puede haber neutrales" —dijo—. "¡Hemos vencido!". Su rostro vehemente y barbudo ardía de éxtasis casi religioso. "Han llegado del frente más de sesenta delegados que traen resoluciones de apoyo de todos los ejércitos, excepto las unidades del Frente Rumano, de las cuales todavía no hay noticias. Los comités del Ejército no dejan pasar los periódicos de Petrogrado, pero hemos organizado ya la comunicación regular mediante emisarios...".

En el vestíbulo apareció Kámenev, completamente extenuado por la conferencia para formar el nuevo Gobierno, que se había prolongado toda la noche, pero contento a pesar de todo. "Los eseristas se inclinan ya a admitirnos en el nuevo Gobierno —me dijo—. Los grupos derechistas están asustados por los tribunales revolucionarios; exigen, presas de pánico, que ante todo disolvamos los tribunales... Hemos aceptado la proposición del Víkzhel de formar un gabinete socialista homogéneo y ahora están preparando el proyecto... Pero sabe, todo esto es sólo porque hemos alcanzado la victoria. Cuando nos iban mal las cosas, no querían admitirnos en el Gobierno a ningún precio; ahora todos se esfuerzan por llegar a un entendimiento con los Soviets... Necesitamos la verdadera y decisiva victoria. Kerenski quiere un armisticio, pero nosotros le obligaremos a rendirse...".

Tal era el estado de ánimo de los líderes bolcheviques. Un corresponsal extranjero preguntó a Trotski qué quería comunicar al mundo. Trotski respondió: "En el momento actual sólo es posible el comunicado que hacemos ya con las bocas de los cañones".

Más, a través de todo este entusiasmo de victoria, se abría paso una verdadera ansiedad: el problema de las finanzas. En vez de abrir los bancos, como había ordenado el Comité Militar Revolucionario, el Sindicato de Empleados de Banca convocó una asamblea y declaró formalmente la huelga. El Smolny pidió al Banco del Estado cerca de treinta y cinco millones de rublos, pero el cajero había cerrado los sótanos y entregaba el dinero sólo a los representantes del Gobierno Provisional. Los reaccionarios utilizaban el Banco del Estado como instrumento político. Por ejemplo, cuando el Víkzhel solicitó dinero para pagar los salarios a los empleados de los ferrocarriles del Gobierno, le respondieron: "Diríjanse al Smolny...".

Fui al Banco del Estado para ver al nuevo comisario, un bolchevique ucraniano pelirrojo. Intentaba poner algún orden en los asuntos del banco, abandonados en caótico estado por los empleados en huelga. En todas las oficinas del inmenso establecimiento trabajaban voluntarios: obreros, soldados y marinos. Con la lengua fuera del esfuerzo trataban en vano de orientarse en los librotes de contaduría…

El edificio de la Duma estaba lleno de gente. Se observaban todavía casos aislados de actitud desafiante hacia el nuevo Gobierno, pero eran cada vez menos. El Comité Agrario Central llamó a los campesinos a no reconocer el Decreto sobre la Tierra, promulgado por el Congreso de los Soviets, porque este decreto llevaría a la confusión y a la guerra civil. El alcalde Shréider declaraba que, a consecuencia de la insurrección bolchevique, habría que posponer indefinidamente las elecciones a la Asamblea Constituyente.

Dos cosas se destacaban a primer plano en la mente de la mayoría, estremecida por la ferocidad de la guerra civil: primera, el cese del derramamiento de sangre y, segunda, la formación de un nuevo Gobierno. Nadie hablaba ya de "aniquilar a los bolcheviques" y eran pocos los que hablaban incluso de excluidos del Gobierno, excepto los socialistas populares y el Soviet de Diputados Campesinos. Hasta el Comité Central del Ejército, que actuaba en la Stavka (Estado Mayor Central) y que siempre había sido enemigo jurado del Smolny, telefoneaba desde Moguiliov: "Si para constituir el nuevo Gobierno es necesario el entendimiento con los bolcheviques, admitimos que se les conceda la minoría en el gabinete".

Pravda ironizaba a cuenta de la apelación de grupo oportunista dentro del Comité Central, que consideraba imposible la revolución socialista en Rusia. —Edit.

Kerenski a los "sentimientos humanitarios" y reproducía su llamamiento al Comité de Salvación:

"De acuerdo con la propuesta del Comité de Salvación y de todas las organizaciones democráticas unidas en torno a él, he suspendido las operaciones militares contra las tropas rebeldes y he enviado al delegado comisario adjunto al Alto Mando, Stankévich, para entablar las negociaciones. Tomen medidas para evitar una posible inútil efusión de sangre…".

El Víkzhel cursó un telegrama a toda Rusia:

"La Conferencia del Sindicato Ferroviario con representantes de los bandos y organizaciones beligerantes que admiten la necesidad de un entendimiento, rechazando categóricamente el uso del terror político en la guerra civil, especialmente entre distintas partes de la democracia revolucionaria, declara que el uso de este terror en cualquier forma por uno de los bandos contra el otro contradice en el momento actual la esencia misma y los objetivos de las negociaciones…".

La Conferencia envió delegaciones al frente, a Gátchina. En la propia Conferencia las cosas al parecer marchaban hacia una solución definitiva del problema. Se decidió incluso elegir un Consejo Popular Provisional compuesto por cerca de cuatrocientos miembros: setenta y cinco del Smolny, otros tantos del viejo CEC y los demás de las dumas municipales, de los sindicatos, de los comités agrarios y de los partidos políticos. Se proponía como Ministro-Presidente a Chernov. Corrían rumores de que Lenin y Trotski serían excluidos…

A eso del mediodía ya me encontraba de nuevo frente al Smolny y conversaba con el chófer de una ambulancia, que debía partir para el frente revolucionario. ¿No podía ir con él? ¡Claro que podía! Este chófer era voluntario, un estudiante de la Universidad, y, por el camino, volviéndose ligeramente hacia mí, me gritaba por encima del hombro frases en detestable alemán: Also, gut! Wir nach die Kasemen zu essen gehen! Yo comprendí que se podría desayunar en algún cuartel.

En la Kírochnaya doblamos a un inmenso patio, rodeado de edificios cuarteleros, y subimos por una oscura escalera a una habitación baja, iluminada por una sola ventana. Sentados a una larga mesa, unos veinte soldados comían con cucharas de madera schi (sopa de berza) de un gran cacharro de hojalata, hablando a voces, bromeando y riendo.

"¡Saludo al Comité del Sexto Batallón de Zapadores de Reserva!" — gritó mi acompañante, y en seguida me presentó como un socialista norteamericano. Todos se levantaron y me tendieron la mano y un viejo soldado me abrazó y me besó cordialmente. Me proveyeron de una cuchara de madera y me sentaron a la mesa. En la habitación entraron una nueva vasija llena de kasha (gachas), una enorme hogaza de pan negro y la imprescindible tetera. Todos se pusieron a hacerme preguntas sobre América. ¿Es cierto que en vuestro libre país venden los votos por dinero? Si es así, ¿de qué modo consigue el pueblo que se cumplan sus demandas? ¿Qué es eso del "Tammany"? ¿Es cierto que en vuestro libre país un pequeño grupo puede controlar a su antojo una ciudad entera y explotarla para su beneficio personal? ¿Cómo aguanta eso el pueblo? Esas cosas no sucedían en Rusia ni en los tiempos del zar; es verdad, siempre hubo concusión, pero ¡comprar y vender ciudades enteras en las que vive infinidad de gente! ¡Y eso en un país libre! ¿Será posible que el pueblo no tenga ningún sentimiento revolucionario? Intenté explicarles que en mi país el pueblo procuraba cambiar la situación por la vía legal.

"Claro —me dijo un joven suboficial, apellidado Baklánov, que hablaba francés—. Pero es que ustedes tienen una clase capitalista muy desarrollada. En tal caso la clase capitalista debe controlar sin duda las leyes y el tribunal. ¿Cómo puede cambiar el pueblo esta situación? Tal vez usted me convencerá de su razón porque yo no conozco su país, pero para mí es increíble…".

Dije que me dirigía a Tsárskoe Seló. "Yo también" —pronunció súbitamente Baklánov. "Y yo… Y yo…". Todos los que estaban en la pieza decidieron al instante marchar a Tsárskoe Seló.

En este momento llamaron a la puerta. Se abrió y apareció en el umbral la figura de un coronel. Nadie se levantó, pero todos saludaron en voz alta. "¿Se puede?" — preguntó el coronel. "Prósim! Prósim!" —respondieron jovialmente los soldados.

El coronel entró sonriendo; era un hombre alto de porte distinguido, llevaba un gorro de piel de borrego con galón dorado. "Compañeros, creo que decían que van ustedes a Tsárskoe Seló —dijo—. ¿No puedo ir con ustedes?".

Baklánov lo pensó.

"No creo que haya aquí hoy nada de importancia —repuso—. Venga, compañero, lo aceptamos con mucho gusto". El coronel le dio las gracias, tomó asiento y se sirvió un vaso de té.

Baklánov, bajando la voz para no herir la susceptibilidad del coronel, me explicó la situación. "Comprende —dijo—, yo soy presidente del Comité. Tenemos el control absoluto del Batallón, menos en combate; entonces delegamos el mando en el coronel. En combate sus órdenes son obligatorias para todos, pero él responde de todo ante nosotros. En los cuarteles no puede hacer nada sin nuestro permiso… Se le puede considerar como un funcionario nuestro…".

Nos repartieron armas, revólveres y fusiles —"sabe, podemos topar con los cosacos…" —y subimos a una ambulancia tomando consigo tres grandes paquetes de periódicos para el frente. El automóvil corrió por la Litéinaya y luego por Zágorodni Prospekt. A mi lado iba un joven teniente que, por lo visto, hablaba con la misma facilidad en todas las lenguas europeas. Era miembro del Comité del Batallón.

"No soy bolchevique —me aseguraba enfáticamente—. Pertenezco a una rancia familia aristocrática. En propiedad, puede decirse que soy kadete…".

"Pero cómo…" —me sorprendí.

"Oh, sí. Yo soy miembro del Comité. No oculto mis opiniones políticas, pero nadie hace caso porque todos saben que jamás me opondré a la voluntad de la mayoría… Yo me niego a tomar cualquier participación en la guerra civil porque no considero posible levantar las armas contra mis hermanos rusos…".

"¡Provocador! ¡Kornilovista!" —le gritaban en broma nuestros compañeros, palmeándole el hombro.

Pasamos bajo el enorme arco gris de piedra de la Zastava de Moscú, cubierto de jeroglíficos dorados, pesadas águilas imperiales y nombres de zares, y salimos a una carretera ancha y recta, gris de la primera nieve. Estaba llena de guardias rojos, que se dirigían a pie con ruido y canciones al frente revolucionario. Otros, demacrados y sucios, regresaban a la ciudad. La mayoría de los guardias rojos parecían muy jóvenes. Pasaban también mujeres con palas y, a veces, con fusiles y cartucheras o con brazales de la Cruz Roja, mujeres de los arrabales, encorvadas y atormentadas por el trabajo. Grupos de soldados que no llevaban el paso se mofaban amistosamente de los guardias rojos; hoscos marinos, chiquillos que portaban la comida a sus padres y madres; todos iban o venían, amasando con frenesí el lodazal que cubría la carretera. Adelantamos a los cañones y las cajas de munición, que rodaban con estrépito hacia el sur. Dejamos atrás camiones erizados de bayonetas; regresaban del frente ambulancias y nos cruzamos con un carro campesino que avanzaba despacio y chirriante en el que se retorcía y gemía lastimero un joven mortalmente pálido, herido de gravedad en el vientre. En los campos, a ambos lados de la carretera, mujeres y viejos cavaban trincheras y construían alambradas.

Detrás, en el norte, a través de un impresionante desgarrón de las nubes, asomó un sol pálido. Sobre la llanura, pantanosa y plana, destellaba Petrogrado. A la derecha se alzaban cúpulas y agujas blancas, doradas y de diversos colores; a la izquierda altas chimeneas, que vomitaban humo negro, y en la lejanía el cielo nublado sobre Finlandia. Por todas partes se divisaban templos y monasterios… De vez en cuando podía verse a un monje observando en silencio el paso del ejército proletario que llenaba la carretera.

En Púlkovo la carretera se dividía, allí nos quedamos atascados en medio de una enorme muchedumbre en la que confluían por tres direcciones los torrentes humanos y donde se encontraban amigos excitados y alegres, que se contaban las batallas en que habían tomado parte. Las casas de la encrucijada estaban acribilladas a balazos y la tierra pisoteada era un barrizal en media milla a la redonda. En este lugar se había librado un encarnizado combate… En las inmediaciones erraban caballos cosacos hambrientos buscando pienso inútilmente: hacía tiempo que no había hierba en la llanada. Frente a nosotros un guardia rojo intentaba torpemente montar a caballo, pero se caía, divirtiendo como niños a la muchedumbre sencilla.

La carretera de la izquierda, por la que se retiraban los restos de los cosacos, conducía a una aldehuela en la cima de un pequeño altozano desde donde se abría el hermoso panorama de la inmensa llanura gris como mar sin viento, de una llanura sobre la cual se cernían pesados nubarrones; todos los caminos estaban llenos de multitudes humanas procedentes de la capital. A lo lejos, por la izquierda, se divisaba el otero de Krásnoe Seló donde la guardia imperial tenía su campamento de verano y se encontraba la Granja Imperial. Más cerca sólo rompían la monotonía de la llanura los monasterios y conventos, cercados de tapias de piedra, y algunas fábricas aisladas, así como los asilos y orfanatos, grandes edificios de jardines abandonados…

"Aquí —dijo el chófer cuando subimos al cerro pelado—, aquí cayó muerta Vera Slútskaya. Sí, la misma, la bolchevique y miembro de la Duma. Fue esta mañana temprano. Iba en un automóvil con Zálkind y otro compañero. Se había declarado la tregua y se dirigían a las trincheras del frente. Conversaban y reían cuando de pronto, desde el tren blindado en que viajaba Kerenski, alguien vio el automóvil y disparó un cañonazo. El proyectil le dio a Vera Slútskaya y la mató…".

Así llegamos a Tsárskoe, allí se paseaban bulliciosamente los héroes de los destacamentos proletarios. Ahora el palacio donde se reunía el Soviet era lugar de animado trabajo. En el patio se agolpaban guardias rojos y marinos, en las puertas había centinelas, entraban y salían continuamente enlaces y comisarios. En la habitación del Soviet hervía un samovar y en torno más de cincuenta obreros, soldados, marinos y oficiales tomaban té y hablaban a voces. En un rincón dos obreros, no habituados a ello, trataban de poner en marcha una multicopista. Junto a la mesa del centro, el enorme Dybenko se inclinaba sobre un plano, marcando con lápiz rojo y azul el emplazamiento de las tropas. En la mano libre tenía, como de costumbre, su tremendo revólver de acero pavonado. Después se sentó a una máquina de escribir y empezó a teclear con un dedo. Cuando hacía la más pequeña pausa, volvía a tomar el revólver y daba vueltas amorosamente al cilindro.

Adosado a la pared había un sofá en el que yacía un joven obrero. Dos guardias rojos se inclinaban sobre él, pero los demás no le prestaban ninguna atención. Estaba herido en el pecho: a cada latido del corazón se filtraba sangre fresca a través de su ropa. Tenía los ojos cerrados, el rostro joven, enmarcado por una barbita, era de un lívido verdoso. Respiraba lentamente y con dificultad y a cada aspiración musitaba:

"Mir búdiet!"… "Mir búdiet!"… ("¡Habrá paz! ¡Habrá paz!").

Dybenko nos miró: "¡Ah! —dijo al ver a Baklánov—. Compañero, ¿me hace el favor de ir a la Comandancia y hacerse cargo de las cosas? Un momento, voy a escribirle el mandato".

Se acercó a la máquina y se puso a teclear despacio letra a letra.

Acompañando al nuevo comandante de Tsárskoe Seló, me dirigí al Palacio de Catalina. Baklánov se sentía muy excitado y comprendía la importancia de su papel. En la misma sala blanca donde estuve la vez pasada, encontramos a varios guardias rojos, que lo miraban todo con curiosidad, en tanto que mi viejo conocido, el coronel, al pie de una ventana se mordía nervioso el bigote. Me saludó como si fuese su hermano desaparecido hacía tiempo. Sentado a una mesa junto a la puerta se hallaba el francés de Besarabia. Los bolcheviques le habían ordenado quedarse allí y continuar su trabajo.

"¿Qué podía hacer yo? —murmuró—. En una guerra como ésta los hombres como yo no pueden pelear ni en uno ni en otro bando, aunque experimenten aversión instintiva por la dictadura del populacho... ¡Lo único que siento es encontrarme tan lejos de mi madrecita, que se quedó en Besarabia!".

Baklánov tomaba oficialmente los asuntos del viejo comandante. "Aquí tiene las llaves de la mesa" —dijo nervioso el coronel.

Un guardia rojo interrumpió: "¿Y dónde está el dinero?2 —le preguntó con rudeza—. El coronel pareció sorprenderse. "¿El dinero? ¿El dinero? ¡Ah, usted se refiere a la caja del dinero!... Ahí está, tal y como me la entregaron hace tres días. ¿Las llaves?... —el coronel se encogió de hombros—. No tengo las llaves".

El guardia rojo se sonrió astuto: "¡Qué listos!".

"¡Abriremos la caja! —dijo Baklánov—. ¡Traigan un hacha! Aquí está el camarada norteamericano. Que rompa la cerradura y tome nota de lo que haya dentro".

Asesté un hachazo; la caja estaba vacía.

"Hay que arrestado —dijo venenoso el guardia rojo—. Es de Kerenski, Robó el dinero y se lo entregó a Kerenski".

Baklánov se opuso. "No —respondió—. Antes que él, estuvieron aquí los komilovistas. Él no tiene la culpa".

"¡Qué diablo! —gritó el guardia rojo—. ¡Le digo a usted que es de Kerenski! ¡Si no lo arresta usted, lo arrestaremos nosotros! Lo llevaremos a Petrogrado y lo encerraremos en la Pedro y Pablo, ¡se lo merece!". Los otros guardias rojos asintieron. El coronel nos miró tristemente y se lo llevaron...

Ante el palacio del Soviet había un camión que se dirigía al frente. Media docena de guardias rojos, varios marinos y uno o dos soldados subieron a él y me llamaron para que fuera con ellos. Del Soviet salían guardias rojos, doblándose bajo el peso de pequeñas bombas de hierro rizado, llenas de grubit, que, según decían, era diez veces más fuerte y cinco más sensible que la dinamita. Subieron todas estas bombas al camión. Luego cargaron un cañón de tres pulgadas y lo ataron con cuerdas y alambres al camión.

Arrancamos entre grandes gritos y, naturalmente, a todo gas. El pesado camión sufría sacudidas de uno a otro lado. El cañón tan pronto se deslizaba sobre una rueda como sobre la otra y las bombas de grubit rodaban a nuestros pies, chocando estrepitosamente en los laterales del camión.

Un talludo guardia rojo, a quien llamaban Vladímir Nikoláievich, me asó a preguntas sobre Norteamérica: "¿Para qué ha entrado Norteamérica en la guerra? ¿Están dispuestos los obreros norteamericanos a deshacerse de los capitalistas? ¿En qué situación está ahora el proceso de Mooney? ¿Será entregado Berkman a San Francisco?", etc., etc. No era fácil responder a todas estas preguntas, gritadas en medio del estruendo del camión, cuando nos sujetábamos unos a otros y bailoteábamos entre las bombas rodantes.

De vez en cuando las patrullas intentaban detenemos. Los soldados salían corriendo a la carretera y, echándose los fusiles a la cara, gritaban: "¡Alto!".

Pero nosotros no les hacíamos ningún caso. "¡Al diablo! —respondían los guardias rojos—. ¡Vamos a parar por cualquiera! ¡Somos la Guardia Roja!…". Y continuábamos la marcha, tonantes y orgullosos, y Vladímir Nikoláievich seguía gritándome algo sobre la internacionalización del Canal de Panamá y otras cosas por el estilo…

Cuando llevábamos recorridas unas cinco millas, nos encontramos a un grupo de marinos que se dirigían a Tsárskoe. Aminoramos la marcha.

"Hermanos,' ¿dónde está el frente?".

El marino que iba delante se detuvo y se rascó la nuca. "Esta mañana estaba allí, a una media versta por la carretera. Pero ahora el diablo sabe dónde está. Nosotros nos hemos hartado de andar y no hemos dado con él".

Subieron a nuestro camión y reanudamos la marcha. Habríamos recorrido cosa de una milla cuando Vladímir Nikoláievich de pronto prestó oído y gritó al chófer que parase.

"¡Tiran! —dijo—. ¿Oís?". Por un instante se hizo un silencio de tumba y luego, delante y a la izquierda de nosotros, sonaron tres rápidos disparos seguidos. A ambos lados de la carretera se extendía el espeso bosque. Muy excitados seguimos cautelosamente adelante, hablando en voz baja, y nos detuvimos sólo cuando el camión se encontró casi enfrente del lugar de donde habían disparado. Saltamos a tierra, desplegamos en fila y entramos furtivamente en el bosque, apretando los fusiles.

Entretanto, dos compañeros desataron el cañón y le estuvieron dando vueltas hasta que la boca quedó apuntando derechamente a nuestras espaldas.

En el bosque reinaba profundo silencio. Las hojas habían caído ya y los troncos de los árboles eran de un gris sucio a los rayos del sol otoñal, bajo y enfermizo. Todo estaba inmóvil. Únicamente se oía bajo nuestros pies el crujido del hielo que cubría los pequeños charcos en el bosque. ¿Sería una celada?…

Avanzamos sin obstáculos hasta que los árboles empezaron a ralear y delante se abrió un claro. Entonces nos detuvimos. Frente a nosotros, en un calvero, sentados alrededor de una fogata charlaban despreocupadamente tres soldados.

Vladímir Nikoláievich se adelantó. "¡Zdrávstvuite, compañeros!" —dijo. Nuestro cañón, veinte fusiles y un camión entero de bombas de grubit pendían de un cabello. Los soldados se levantaron de un salto.

"¿Qué tiros han sido esos?".

Uno de los soldados suspiró con alivio y respondió: "Nosotros, compañero, hemos cazado un par de liebres…".

Nuestro camión corría hacia Románov, cortando el aire claro y desierto. En la primera encrucijada saltaron a nuestro encuentro dos soldados agitando los fusiles. Frenamos y paramos.

"¡La documentación, compañeros!".

Los guardias rojos pusieron el grito en el cielo. "Somos la Guardia Roja. No necesitamos ninguna documentación… ¡Tira adelante, no hay ni que hablar!…".

Pero entonces intervino un marino. "No hay que ser así, camaradas. Hay que mantener la disciplina revolucionaria. Supongamos que cualquier contrarrevolucionario se sube a un camión y dice: "¡Yo no necesito ninguna documentación!". Y estos compañeros no nos conocen…".

Se entabló una discusión, pero, poco a poco, todos dieron la razón al marino. Refunfuñando, los guardias rojos sacaron sus sucios papeles. Todos los salvoconductos eran iguales, menos el mío, extendido por el Estado Mayor del Smolny. Los centinelas dijeron que debía acompañarles. Los guardias rojos protestaron enérgicamente, pero el marino que primero había hablado de la disciplina salió en defensa de los centinelas. "Sabemos que este camarada es fiel a nosotros —dijo—

pero el Comité ha dado órdenes y hay que obedecerlas. Así es la disciplina revolucionaria…".

Para que no siguieran discutiendo, bajé del camión y éste arrancó; todos me hicieron adiós con las manos. Los soldados cruzaron unas palabras en voz baja, después me llevaron a una tapia y me arrimaron a ella. De pronto, caí en la cuenta: querían fusilarme.

Miré en torno: no había ni un alma. La única señal de vida era una delgada columna de humo, que se escapaba de la chimenea de una dacha (chalé), a una milla aproximadamente de la carretera. Los dos soldados se apartaron de mí hacia la carretera. Desesperado corrí a ellos.

"¡Pero, compañeros, miren! ¡Si es el sello del Comité Militar Revolucionario!". Fijaron la mirada estúpida en mi pase, luego se miraron uno a otro.

"No es como los demás —dijo sombrío uno de ellos—. Nosotros, hermano, no sabemos leer".

Lo agarré del brazo. "¡Vamos! —dije—. Vamos a aquella casa. Allí seguramente habrá alguien que sepa leer". Los soldados titubearon. "No" —dijo uno, pero el otro me miró de nuevo—. "¿Por qué no? —pronunció—. Sería un grave crimen matar a un inocente…".

Llegamos a la puerta de la casa y llamamos. Abrió una mujer gruesa y bajita; retrocedió, gritando asustada: "¡No sé nada de ellos! ¡No sé nada!".

Uno de mis guardianes le tendió el pase. Ella volvió a gritar. "Compañera, usted sólo lea" —dijo el soldado. La mujer tomó vacilante el papel y leyó rápido en voz alta:

"El presente salvoconducto se extiende al camarada John Reed, representante de la democracia norteamericana e internacionalista…".

De vuelta a la carretera los soldados empezaron a aconsejarse otra vez.

"Tendremos que llevarle al Comité del Regimiento" —dijeron. Ibamos por la fangosa carretera, a través de las densas sombras. De vez en cuando nos cruzábamos con grupos de soldados. Se detenían, me miraban de arriba abajo suspicaces, se pasaban de mano en mano mi salvoconducto y discutían acaloradamente si había que fusilarme o no.

Era ya noche cerrada cuando llegamos al cuartel del Segundo Regimiento de Tiradores de Tsárskoe Seló, un edificio bajo y largo, que se prolongaba al borde de la carretera. Varios soldados que charlaban a la puerta acosaron a mis guardianes con preguntas impacientes: "¿Es un espía? ¿Un provocador?". Subimos por una escalera de caracol y entramos en una vasta estancia de paredes desnudas. En el centro mismo había una estufa, a lo largo de las paredes estaban las literas en las que jugaban a la baraja, conversaban, cantaban o simplemente dormían los soldados. Serían unos mil. En el techo había una brecha, abierta por los cañones de Kerenski.

Cuando aparecí en el umbral, hízose repentinamente el silencio. Todas las miradas se volvieron a mí. Luego se inició un movimiento, primero despacio y después impetuoso, se oyeron voces rencorosas. "¡Compañeros! ¡Compañeros! —gritó uno de mis guardianes—. ¡El Comité! ¡El Comité!". El gentío se detuvo y me rodeó murmurando. Se abrió paso un joven delgado, con un brazal rojo en la manga.

"¿Quién es?" —preguntó con aspereza. Mis guardianes le informaron. "¡Denme sus papeles!". Leyó atentamente y me lanzó una mirada inquisitiva. Después sonrió y me devolvió el salvoconducto.

"Compañeros, es un camarada norteamericano. Yo soy el presidente del Comité. Bienvenido a nuestro regimiento…". El rumor rencoroso se trocó en clamor de joviales saludos. Todos se abalanzaron sobre mí, empezaron a estrecharme las manos.

"¿No ha comido aún? Aquí ya comimos. Vaya al Club de los Oficiales, allí encontrará con quien hablar en su idioma…".

El presidente del Comité me acompañó por el patio hasta la puerta de otro edificio. En aquel momento entraba un joven de porte aristocrático con galones de teniente. El presidente me presentó, me dio la mano y se fue.

"Stepán Gueórguievich Morovski, para servirle" —dijo el teniente en perfecto francés.

Del fastuoso vestíbulo arrancaba una escalera de gala, iluminada por resplandecientes arañas. En el segundo piso daban al rellano el salón de billar, el de juego y la biblioteca. Entramos en el comedor donde, sentados a una larga mesa en el centro, había unos veinte oficiales de punta en blanco, luciendo sables con incrustaciones de oro y plata, cruces y las cintillas de las condecoraciones imperiales. Cuando entré, todos se pusieron en pie cortésmente y me sentaron al lado del coronel, hombre cuadrado de espaldas y barba gris. Los ordenanzas servían la comida en silencio. El ambiente era el mismo que en cualquier club de oficiales en Europa.

¿Dónde estaba allí la revolución?…

"¿Usted no es bolchevique?" —pregunté a Morovski.

En torno a la mesa sonrieron, pero reparé que dos o tres miraron temerosos a los ordenanzas.

"No —respondió mi nuevo amigo—. En nuestro regimiento no hay más que un oficial bolchevique, pero está ahora en Petrogrado. El coronel es menchevique, el capitán Jérlov kadete y yo socialista-revolucionario de derecha. Debo decirle que la mayoría de los oficiales de nuestro Ejército no son bolcheviques. Pero tienen fe, como yo, en la democracia y consideran su deber seguir a la masa de los soldados…".

Terminada la comida, los ordenanzas trajeron un mapa y el coronel lo extendió sobre la mesa. Los demás se agruparon en torno suyo.

"Aquí —dijo el coronel, señalando unas anotaciones a lápiz en el mapa— estaban esta mañana nuestras posiciones. Vladímir Kirílovich, ¿dónde está ahora nuestro destacamento?".

El capitán Jérlov lo indicó. "En cumplimiento de la orden, hemos ocupado posiciones a lo largo de esta carretera. Karsavin me relevó a las cinco…".

En este momento se abrió la puerta y entraron en el comedor el presidente del Comité Regimental y un soldado. Se unieron al grupo, que rodeaba al coronel, y se inclinaron sobre el mapa.

"Perfecto —dijo el coronel—. Los cosacos han retrocedido en nuestro sector diez kilómetros. Yo no considero necesario adelantar las posiciones. Señores, esta noche mantendrán ustedes esta línea, fortificando las posiciones mediante…".

"Perdone —interrumpió el presidente del Comité Regimental—. Tenemos la orden de avanzar lo más rápidamente posible y prepararnos a entrar en combate por la mañana con los cosacos al norte de Gátchina. Hay que derrotarlos definitivamente. Tenga la amabilidad de dar las órdenes correspondientes…".

Se hizo un corto silencio. El coronel volvió de nuevo al mapa. "Está bien —dijo con voz distinta—. Stepán Gueórguievich, tiene la bondad…". Y, trazando rápidamente sobre el mapa una línea con el lápiz azul, dio varias órdenes, que un suboficial anotó taquigráficamente. Luego el suboficial salió y volvió a los diez minutos con la orden lista, pasada a máquina en dos ejemplares. El presidente del Comité tomó la copia de la orden y la confrontó con el mapa.

"Todo está bien" —dijo, levantándose. Dobló la copia y se la metió en el bolsillo. Luego firmó el primer ejemplar, le puso un sello redondo, que sacó del bolsillo, y entregó la orden firmada al coronel…

¡He aquí donde estaba la Revolución!

* * *

Regresé al palacio del Soviet de Tsárskoe en el automóvil del Estado Mayor del regimiento. Allí todo continuaba igual: grupos de obreros, soldados y marinos arribaban y partían, todo estaba atestado de camiones, autos blindados y cañones y aún resonaban gritos y risas de la insólita victoria. Media docena de guardias rojos, entre los cuales iba un sacerdote, se abrían paso en el gentío. Era el Padre Iván, decían, el mismo que había bendecido a los cosacos cuando entraron en la ciudad. Más tarde tuve ocasión de oír que lo fusilaron.

En aquel momento salió Dybenko, repartiendo a diestra y siniestra rápidas órdenes. En las manos llevaba su gran revólver. En el patio había un auto en marcha. Dybenko se acomodó solo en el asiento trasero y arrancó veloz hacia Gátchina, a vencer a Kerenski.

Al anochecer llegó a las afueras, se apeó del automóvil y continuó el camino a pie. Nadie sabe lo que dijo Dybenko a los cosacos, pero lo cierto es que el general Krasnov se entregó con todo su Estado Mayor y con varios miles de cosacos y aconsejó a Kerenski hacer lo mismo.

En cuanto a Kerenski, voy a reproducir aquí unos párrafos de las declaraciones prestadas por el general Krasnov el 14 de noviembre (1 de noviembre):

"1 de noviembre de 1917, ciudad de Gátchina".

A eso de las tres de la tarde me llamó a su presencia el Comandante en Jefe.

Estaba muy agitado y nervioso.

"General —me dijo—, usted me ha traicionado. Aquí sus cosacos declaran categóricamente que me van a detener y entregar a los marinos".

"Sí —respondí—, eso se dice y yo sé que usted no encontrará simpatía en ninguna parte".

"Pero los oficiales dicen lo mismo".

"Sí, los oficiales están particularmente descontentos de usted".

"¿Qué puedo hacer? ¡Tendré que suicidarme!".

"Si es usted un hombre honrado se dirigirá ahora a Petrogrado con bandera blanca y se presentará al Comité Revolucionario, donde entablará negociaciones como Jefe del Gobierno Provisional".

"Sí, eso es lo que haré, general".

"Yo le daré una escolta y pediré que vaya con usted un marino".

"No, no, un marino de ningún modo. ¿Usted sabe que está aquí Dybenko?".

"No sé quién es Dybenko".

"Es mi enemigo".

"¿Y qué se le va a hacer? Cuando se juega fuerte, hay que saber responder".

"Sí, pero iré de noche".

"¿Por qué? Eso será una huida. Vaya en calma y a cara descubierta para que todos vean que usted no huye".

"Sí, bueno. Pero deme usted una escolta de confianza".

"Está bien".

"Salí, llamé al cosaco del Décimo Regimiento de Cosacos del Don, Rusakov, y le ordené designar a ocho cosacos para acompañar al Jefe Supremo. A la media hora vinieron los cosacos y dijeron que Kerenski no estaba, que se había fugado. Di la voz de alarma y ordené buscarle, suponiendo que no podía haber escapado de Gátchina y que se ocultaba en algún lugar de aquí".

Así huyó Kerenski, solo, disfrazado de marino. Huyó y de esta manera perdió los últimos restos de la popularidad de que gozaba aún entre las masas rusas.

* * *

Regresé a Petrogrado, sentado junto a un obrero chófer, en la cabina de un camión repleto de guardias rojos. Por falta de queroseno no podíamos encender los faros. La carretera estaba obstruida por el Ejército proletario que regresaba a sus lares y por las nuevas reservas que se dirigían al frente a reemplazado. En las tinieblas se dibujaban confusamente enormes camiones como el nuestro, columnas de artillería, carros y todo como nosotros, sin luces. Corríamos furiosamente dando bruscos virajes a la derecha o a la izquierda para eludir los choques que parecían inevitables y rozando ruedas de otros vehículos. Nos seguían los improperios de los peatones.

Y en el horizonte resplandecían las luces de la capital, que por la noche parecía mucho más esplendorosa que de día. Semejaba un montón de diamantes desparramados por el llano.

El viejo obrero que conducía nuestro camión señaló con entusiasta ademán hacia la capital dormida a lo lejos.

"¡Mío! —gritó, y su rostro resplandecía—. ¡Ahora es todo mío! ¡Mi Petrogrado!".

CAPÍTULO: X MOSCÚ

El Comité Militar Revolucionario lograba, con creciente intensidad, una victoria tras otra.

"Noviembre, 14 (1):

A todos los comités de los ejércitos, cuerpos, divisiones y regimientos, a todos los Soviets de Diputados Obreros, Soldados y Campesinos.

A todos, a todos, a todos.

Sobre la base de un acuerdo de los cosacos, junkers, soldados, marinos y obreros se ha decidido entregar al tribunal popular a Alexandr Fiódorovich Kerenski, para ser juzgado públicamente. Rogamos detener a Kerenski y entregarlo al tribunal popular para juzgarlo públicamente. Rogamos detener a Kerenski y exigirle, en nombre de las organizaciones arriba mencionadas, que se presente inmediatamente en Petrogrado para comparecer ante el tribunal.

Firman: los cosacos de la Primera División de Caballería Ussuriana del Don, el Comité de Junkers del destacamento guerrillero de la región de Petrogrado y el representante del V Ejército.

El Comisario del Pueblo Dybenko".

El Comité de Salvación, la Duma, el Comité Central del Partido Socialista- Revolucionario —orgulloso de contar a Kerenski entre sus miembros—, todos protestaban apasionadamente, afirmando que Kerenski sólo era responsable ante la Asamblea Constituyente.

En la tarde del 16 (3) de noviembre, vi desfilar por Zágorodni Prospekt a dos mil guardias rojos con una banda de música que tocaba La Marsellesa (¡qué bien le iba a aquella hueste!), y con banderas rojas como la sangre que tremolaban sobre las compactas filas de obreros; se dirigían a saludar a sus hermanos que regresaban del frente de la defensa del Petrogrado rojo. Marchaban hombres y mujeres en las frías sombras crepusculares y las largas bayonetas de sus fusiles se mecían sobre ellos; iban por las calles apenas alumbradas y resbalosas de barro, seguidos por las miradas del público burgués, silencioso, despreciativo y asustado.

Todos estaban contra ellos: negociantes, especuladores, rentistas, terratenientes, oficiales del Ejército, políticos, maestros, estudiantes, los hombres de profesiones liberales, tenderos, funcionarios y empleados. Todos los demás partidos socialistas profesaban a los bolcheviques el odio más implacable. Al lado de los Soviets estaban las masas de obreros y marinos, todos los soldados no desmoralizados, los campesinos sin tierra y un puñado —muy pequeño— de intelectuales.

En los confines más alejados de la inmensa Rusia, sacudida por la ola de desesperados combates callejeros, la noticia de la derrota de Kerenski repercutió con el eco retumbante de la victoria proletaria. Kazán, Sarátov, Nóvgorod, Vínnitsa, donde las calles se habían regado de sangre, Moscú, donde los bolcheviques apuntaban la artillería contra el Kremlin, última ciudadela de la burguesía.

"¡Bombardean el Kremlin!". La noticia se transmitía casi con horror de boca en boca por las calles de Petrogrado. Personas llegadas de «la madrecita Moscú de piedra blanca» relataban cosas atroces. Miles de muertos. La Tverskaya y la Kuznetski Most en llamas, la Basílica del Bienaventurado Basilio convertida en ruinas humeantes, la de la Asunción hecha pedazos; el Portón del Salvador del Kremlin a punto de hundirse, la Duma quemada hasta los cimientos.

Nada de lo cometido por los bolcheviques podía compararse a este pavoroso sacrilegio en el corazón mismo de la santa Rusia. A los devotos les parecía oír el tronar de los cañones que disparaban a bocajarro a la faz de la Santa Iglesia Ortodoxa y hacían polvo el santuario de la nación rusa.

El 15 (2) de noviembre, Lunacharski, Comisario de Educación, prorrumpió en sollozos en la reunión del Consejo de Comisarios del Pueblo y salió corriendo de la habitación, gritando:

"¡No puedo soportarlo! No puedo soportar esta monstruosa destrucción de lo bello y tradicional…".

Los periódicos vespertinos publicaron su declaración en la que presentaba la dimisión:

"Acabo de ser informado por testigos llegados de Moscú de lo que ha sucedido allí.

La Basílica del Bienaventurado Basilio y la de la Asunción han sido bombardeadas. El Kremlin, donde se encuentran actualmente los tesoros artísticos más valiosos de Petrogrado y Moscú, está siendo cañoneado por la artillería.

Las víctimas se cuentan por miles.

La lucha adquiere una ferocidad bestial.

¿Qué va a pasar? ¿Adónde vamos?.

Yo no puedo soportar esto. Es algo superior a mis fuerzas. Soy impotente para detener este horror. Es imposible trabajar bajo la presión de estos pensamientos enloquecedores.

Por eso abandono el Consejo de Comisarios del Pueblo.

Soy consciente de toda la gravedad de esta decisión, pero no puedo más…".

Aquel mismo día los guardias blancos y los junkers entregaron el Kremlin. En el tratado de paz constaba:

"1. El Comité de Seguridad Pública deja de existir.

2. La guardia blanca devuelve las armas y se disuelve. Los oficiales conservan las armas que les corresponden por su graduación. En las escuelas de junkers se deja solamente el armamento necesario para la instrucción. Los junkers devuelven todo el armamento restante. El Comité Militar Revolucionario garantiza a todos la libertad y la inviolabilidad personal.

3. Para resolver el problema del desarme, al que se refiere el punto 2, se instituye una comisión de representantes del Comité Militar Revolucionario, representantes del Mando y representantes de las organizaciones que han participado en la mediación.

4. Desde el momento de la firma del tratado de paz, ambos bandos dan inmediatamente la orden de cesar todo tiroteo y todas las operaciones militares y adoptan medidas resueltas para el estricto cumplimiento de esta orden.

5. Al ser firmado el tratado, todos los prisioneros de ambos bandos son puestos inmediatamente en libertad…".

Hacía ya dos días que los bolcheviques tenían la ciudad en sus manos. Los ciudadanos asustados salieron de los sótanos y se dirigieron a buscar sus difuntos. En las calles desmontaban las barricadas. Pero, lejos de disminuir, las patrañas sobre la destrucción de Moscú iban en aumento… Fueron estos espantosos rumores los que nos decidieron a trasladarnos allá.

Petrogrado, en esencia, aunque es desde hace doscientos años la sede del Gobierno ruso, continúa siendo una ciudad artificial. Moscú es la verdadera Rusia, la Rusia del pasado y la del porvenir; en Moscú podríamos percibir la actitud real del pueblo ruso ante la revolución. Allí la vida era más intensa.

En el curso de la semana anterior, el Comité

Militar Revolucionario de Petrogrado, ayudado por los obreros ferroviarios de la base, se había adueñado de la estación de Nicolás y desde allí enviaba al sureste un tren tras otro de marinos y guardias rojos. En el Smolny nos proveyeron de pases sin los cuales nadie podía salir de la capital… En cuanto el tren entró en la estación una multitud de soldados andrajosos, cargados con enormes costales de víveres, se abalanzaron a los vagones, desquiciando puertas y rompiendo los cristales de las ventanillas, llenaron todos los compartimientos y pasillos y muchos treparon incluso a los techos de los vagones. Tres de nosotros entramos como pudimos en nuestro compartimiento, pero inmediatamente penetraron allí unos veinte soldados… Había sólo cuatro plazas; nosotros discutíamos y exigíamos, el mozo de tren nos daba la razón, pero los soldados solamente se reían. ¿Por qué tenían que preocuparse de la comodidad de un puñado de burzhui (burgueses)? Les enseñamos los pases del Smolny. Los soldados cambiaron al instante de actitud.

"¡Vámonos de aquí, compañeros! —gritó uno—. ¡Son unos továrischi (camaradas) norteamericanos! Han hecho un viaje de treinta mil verstas para vez nuestra revolución… Naturalmente, deben estar muy cansados…".

Excusándose amistosa y cortésmente, los soldados desalojaron nuestro compartimiento. Pronto oímos como echaban abajo la puerta del compartimiento vecino, donde se habían encerrado dos rusos gordos y bien vestidos tras untar la mano al mozo de tren.

Arrancamos a eso de las siete de la tarde. La pequeña y débil locomotora, alimentada con leña, arrastraba a duras penas nuestro enorme tren recargado y se detenía con frecuencia. Los soldados que iban en el techo taconeaban y cantaban nostálgicas canciones campesinas. En el corredor, tan repleto que era imposible pasar, duraron toda la noche las violentas discusiones políticas. De vez en cuando aparecía el revisor y por la fuerza de la costumbre pedía los billetes. Pero, excepto nosotros, casi nadie tenía billete y, tras regañar una media hora, el revisor alzaba desesperado los brazos al techo y se retiraba. El ambiente era pesado, cargado de humo y fétido. De no ser por los cristales rotos, nos habríamos asfixiado aquella noche.

Por la mañana, con un retraso de muchas horas, vimos el mundo nevado en torno. Hacía un frío terrible. A eso de las doce apareció una campesina con una cesta llena de rebanadas de pan y una gran tetera de tibio sucedáneo de café. Desde entonces y hasta la noche no vimos nada más que nuestro traqueteante tren repleto de gente, que se detenía a cada paso, y las pocas estaciones en las que el voraz gentío llenaba instantáneamente las cantinas y no dejaba rastro de sus exiguas reservas. En una de estas estaciones vi a Noguín y Rykov, los comisarios que se habían separado y que regresaban a Moscú para exponer sus quejas ante su propio Soviet. Viajaba también Bujarin, hombre bajito de barba pelirroja, con ojos de fanático, de quien decían que era "más izquierdista que Lenin".

A la tercera campanada corríamos al tren, abriéndonos paso por el corredor, atestado de gente, bulliciosa. Aquella gente era extraordinariamente bondadosa, soportaba todas las privaciones con humorística paciencia, discutía interminablemente de todo lo habido y por haber, desde la situación en Petrogrado hasta el sistema de las ´tradeunions´ británicas y se enzarzaba en altercados con los pocos burzhuí (burgueses) que iban en el tren. Antes de llegar a Moscú, ya se había organizado casi en cada vagón un comité para procurar y distribuir víveres y estos comités también se dividieron en fracciones políticas, que no tardaron en entablar disputas sobre los principios fundamentales.

La estación de Moscú estaba completamente desierta. Entramos en la oficina del comisario para apalabrar los billetes de vuelta. El comisario resultó ser un teniente muy joven, de mal genio. Cuando le enseñamos nuestros papeles del Smolny, perdió los estribos y declaró que no era bolchevique, sino representante del Comité de Seguridad Pública. Un detalle característico: en medio del tumulto general, promovido por la conquista de la ciudad, los vencedores se olvidaron de la estación principal…

En las cercanías no había ni un coche. Pero, después de recorrer varias cuadras, encontramos lo que buscábamos. El izvózchik (cochero), arropado de un modo grotesco, dormitaba en el pescante de su estrecho trineo. "¿Cuánto quiere por llevarnos al centro de la ciudad?".

El cochero se rascó la nuca.

"Barín (señor), no creo que encuentre usted una habitación en el hotel —dijo—. Pero, en fin, lo llevaré por cien rublos…". ¡Antes de la revolución costaba dos rublos! Regateamos, pero él sólo se encogía de hombros. «Con los tiempos que corren no se atreve a ir cualquiera», dijo. No conseguimos que nos rebajara más de cincuenta rublos. Mientras nos deslizábamos por las calles silenciosas, cubiertas de nieve y mal alumbradas, el cochero nos contó sus aventuras durante los seis días de combates.

"Ibas tranquilamente o estabas en una esquina —decía— y de repente ¡bum!, un cañonazo. ¡Bum!, otro. ¡Ta, ta, ta!… una ametralladora… Yo salgo al galope, arreando al caballo, y estos demonios tiran por todas partes. Apenas encuentras una callecita tranquila, te paras y empiezas a echar la siesta ¡bum!, otro cañonazo. Ta, ta, ta…

¡Como verdaderos demonios! ¡Brrr!".

En el centro de la ciudad las calles con sus montones de nieve estaban tranquilas y silenciosas, como convalecientes después de una enfermedad. Raros faroles, escasos transeúntes presurosos. Un viento cortante que calaba hasta los huesos. Corrimos al primer hotel que encontramos; la oficina estaba iluminada por dos velas.

"Sí, claro, tenemos habitaciones muy cómodas, pero todos los cristales están rotos.

Si al gospodín (señor) no le molesta el aire fresco…".

En la Tverskaya los escaparates de los comercios habían sido rotos, los adoquines del pavimento estaban levantados y eran frecuentes los embudos de los proyectiles. Fuimos de hotel en hotel, pero unos estaban llenos y en otros los propietarios asustados repetían machaconamente: "¡No hay habitaciones! ¡No hay habitaciones!…". En las calles principales, donde estaban concentrados los bancos y las grandes casas de comercio, se veían los efectos de la artillería bolchevique. Según me dijo un funcionario soviético, "cuando no lográbamos establecer exactamente donde estaban los junkers y los guardias blancos, bombardeábamos sus talonarios de cheques…".

Por fin, nos dieron alojamiento en el enorme Hotel Nacional (al fin y al cabo éramos extranjeros y el Comité Militar Revolucionario había prometido proteger los domicilios de los súbditos extranjeros). El gerente nos mostró en el piso alto las ventanas destrozadas por la artillería. "¡Son unos bestias! —gritaba, amenazando con los puños a los imaginarios bolcheviques—. ¡Pero, esperad! ¡Ya las pagaréis! ¡Dentro de unos días vuestro ridículo Gobierno se irá al diablo! ¡Entonces os enseñaremos lo que es bueno!…".

Comimos en un restaurante vegetariano con el tentador nombre: "Yo no me como a nadie". En las paredes había retratos de Tolstói. Después de comer salimos a pasear por las calles.

El Soviet de Moscú se había instalado en el palacio del gobernador general, imponente edificio blanco en la Plaza de Skóbelev. Los guardias rojos custodiaban la entrada. Subimos por la ancha escalinata de gala; las paredes estaban llenas de anuncios de reuniones de comités y llamamientos de los partidos políticos. Atravesamos varias soberbias salas de recepción, adornadas con cuadros de marcos dorados, tapizadas de rojo, y entramos en un espléndido salón de gala con magníficas arañas de cristal y cornisas doradas. El murmullo de muchas voces apagadas y el zumbido de varias máquinas de coser llenaban la estancia. En el suelo y sobre las mesas había extendidas largas franjas de tela roja y negra y medio centenar de mujeres cortaban y cosían cintas y banderas para los funerales de los revolucionarios caídos. Los rostros de estas mujeres se habían arrugado y endurecido en las dificultades de la lucha por la existencia. Trabajaban tristes y serias, muchas con lágrimas en los ojos… Las pérdidas del Ejército Rojo eran grandes…

En un rincón, sentado a una mesa de escritorio, se hallaba Rógov, de rostro inteligente, con espejuelos y blusa negra de obrero. Nos invitó a formar parte, con los miembros del Comité Ejecutivo, de la comitiva del entierro, fijado para la mañana siguiente.

"¡Es imposible enseñar nada a los socialistas-revolucionarios y a los mencheviques! —exclamó—. Son conciliadores por costumbre… ¡Se imaginan!… ¡Nos han propuesto organizar los funerales junto con los junkers!…".

Atravesaba la sala un hombre de raído capote de soldado y gorro de piel. Me pareció familiar su cara: reconocí a Melnichanski, con quien me había encontrado en Bayonne, Nueva Jersey, durante la famosa huelga en las empresas de la Standard Oil. Entonces era relojero y se llamaba George Melcher. Me dijo que era secretario del Sindicato Metalúrgico de Moscú y que durante los combates callejeros había sido comisario del Comité Militar Revolucionario.

"¡Mírenme! —gritó, mostrando sus miserables harapos—. Yo estaba con nuestros muchachos en el Kremlin cuando se presentaron los junkers la primera vez. Me encerraron en un sótano, me quitaron el gabán, el dinero, el reloj y hasta un anillo que llevaba en el dedo. ¡Y ahora tengo que andar con esto puesto!…".

Me refirió muchos pormenores de la sangrienta batalla de seis días que dividió Moscú en dos bandos. A diferencia de Petrogrado, en la Duma de Moscú mandaban los junkers y los guardias blancos. Rúdnev, el alcalde, y Minor, el presidente de la Duma, dirigían las actividades del Comité de Seguridad Pública y de las tropas. Riábtsev, comandante de la ciudad, era de ideas democráticas y dudaba si debía oponerse al Comité Militar Revolucionario; le obligó la Duma… Al alcalde le urgía la ocupación del Kremlin. "Si ustedes se encuentran en el Kremlin, los bolcheviques no se atreverán a dispararles", decía.

Ambos bandos trataban de ganarse uno de los regimientos de la guarnición, totalmente desmoralizado por la larga inactividad. Este regimiento organizó una asamblea y discutió la situación. Los soldados resolvieron permanecer neutrales y seguir haciendo lo que hacían, es decir, vender piedras de encendedor y pipas de girasol.

"Pero lo peor de todo —contaba Melnichanski— fue que tuvimos que organizar nuestras fuerzas ya durante el combate. Los enemigos sabían perfectamente lo que querían; en cambio, en nuestro bando los soldados tenían su Soviet y los obreros el suyo… Comenzaron terribles disputas por quién debía ser el comandante en jefe. Algunos regimientos mitineaban varios días antes de decidir lo que debían hacer. Y, cuando de repente desertaron los oficiales, nos encontramos sin Estado Mayor…".

Me contó muchas escenas vívidas. Cierto día frío y gris se encontraba en la esquina de la Nikítskaya, batida por fuego de ametralladora. Allí se había juntado un grupo de golfillos que, por lo común, vendían periódicos. Se les ocurrió un nuevo juego: aguardaban a que amainase un poco el tiroteo y cruzaban corriendo la calle. Todos estaban muy excitados y entretenidos con el juego. Muchos fueron muertos, pero los demás seguían atravesando de una acera a otra, desafiándose entre ellos.

Avanzada la noche me dirigí a Dvoriánskoe Sobranie, el Club de los Nobles, donde los bolcheviques moscovitas se habían reunido para discutir el informe de Noguín, Rykov y los otros que habían abandonado el Consejo de Comisarios del Pueblo.

La reunión tenía lugar en la sala del teatro donde, bajo el viejo régimen, los aficionados representaban comedias francesas ante un público formado por oficiales y damas elegantes.

Al principio la sala se llenó de intelectuales: vivían más cerca del centro de la ciudad. Hablaba Noguín y la mayoría del auditorio estaba de su parte. Los obreros comenzaron a aparecer mucho después: vivían en los arrabales y en aquellos días no circulaban los tranvías. Pero, a eso de la medianoche, empezaron a subir la escalera en grupos de diez o doce. Eran altos, fuertes, vestidos con ropas ordinarias y acababan de abandonar el lugar de los combates. Habían peleado como diablos una semana entera, viendo caer en torno a sus compañeros.

En cuanto se abrió formalmente la reunión descargaron sobre Noguín un chaparrón de burlas y gritos iracundos. El trató inútilmente de explicarse y justificarse, no querían escucharle. ¡Había abandonado el Consejo de Comisarios del Pueblo, había desertado de su puesto en pleno combate!... En cuanto a la prensa burguesa, aquí, en Moscú, ya no existía. Habían disuelto hasta la Duma Municipal. Bujarin, fiero, venenoso, subió a la tribuna, su voz lanzaba rayo tras rayo. Los reunidos lo escuchaban con ojos ardientes. La resolución de apoyo a las acciones del Consejo de Comisarios del Pueblo reunió abrumadora mayoría de votos. Así pronunció Moscú su palabra...

A altas horas de la noche fuimos por las calles desiertas y, atravesando la Puerta de Iberia, salimos a la vasta Plaza Roja, frente al Kremlin. En la oscuridad se divisaban confusamente los fantásticos contornos de las cúpulas de la Basílica del Bienaventurado Basilio, retorcidas, talladas y pintadas de llamativos colores. No se veía el menor síntoma de desperfecto. A un lado de la plaza se alzaban las oscuras torres y murallas del Kremlin. En lo alto de la muralla fulguraban rojos resplandores de luces invisibles. A través de toda la inmensa plaza llegaban hasta nosotros voces y ruido de picos y palas. La cruzamos.

Al pie de la muralla había montones de piedra y adoquines. Subimos un poco más, miramos abajo y vimos dos enormes hoyos de diez o quince pies de profundidad y cincuenta yardas de anchura donde, a la luz de grandes fogatas, trabajaban con palas centenares de obreros y soldados.

Un joven estudiante me habló en alemán. "Es una fosa común —dijo—. Mañana enterraremos aquí a quinientos proletarios caídos por la revolución".

Nos llevó a un hoyo. Los picos y palas trabajaban con febril celeridad y el montón de tierra crecía por momentos. No se hablaba. En lo alto el cielo estaba tachonado de estrellas y la antigua muralla del Kremlin Imperial se elevaba inmensa.

"Aquí, en este lugar sagrado —dijo el estudiante—, el más sagrado de toda Rusia, daremos sepultura a nuestros mártires. Aquí, donde están las tumbas de los zares reposará nuestro Zar, el pueblo…". Llevaba un brazo en cabestrillo, se lo había atravesado un balazo durante los combates callejeros. El estudiante se lo miró.

"Ustedes, los extranjeros —prosiguió—, nos miran a los rusos de arriba abajo por haber aguantado tanto tiempo una monarquía medieval. Pero nosotros veíamos que el zar no era el único tirano del mundo; el capitalismo es aún peor y manda en el mundo entero como verdadero emperador… La táctica revolucionaria rusa es la mejor…".

Cuando nos íbamos, los obreros, ya exhaustos y sudorosos a pesar de la helada, empezaron a salir de los hoyos. A través de la Plaza Roja se apresuraba a relevarles una masa humana. Saltaron a los hoyos, empuñaron las palas y, sin pronunciar palabra, se pusieron a cavar…

Así, en toda esta larga noche los voluntarios del pueblo, relevándose unos a otros, no suspendieron ni un instante su presuroso trabajo y la fría luz matinal iluminó ya en la vasta plaza nevada los dos hoyos pardos de la fosa común completamente listos.

Nos levantamos antes de que saliera el sol y corrimos por las calles oscuras hacia la Plaza de Skóbelev. En toda la inmensa ciudad no se veía ni un alma. Pero por todos lados, de lejos y de cerca, se oía un rumor sordo y apagado de movimiento como si comenzase un vendaval. A la pálida media luz de la madrugada se había congregado frente al edificio del Soviet un pequeño grupo de hombres y mujeres con un haz entero de banderas rojas con inscripciones doradas; eran las banderas del Comité Ejecutivo del Soviet de Moscú. Amanecía… El apagado rumor de movimiento, que llegaba de lejos, iba en aumento y crecía hasta convertirse en fragor. La ciudad se levantaba. Echamos por la Tverskaya abajo, llevando en alto las banderas tremolantes. Las iglesias frente a las cuales pasábamos estaban cerradas y a oscuras. También lo estaba la

Capilla de la Virgen de Iberia, que en otros tiempos visitara antes de la coronación en el Kremlin cada nuevo zar y que, por lo común, permanecía abierta y llena de gente las veinticuatro horas del día, resplandeciente de luces de cirios encendidos por mano devota, que se reflejaban en el oro, la plata y las piedras preciosas de sus iconos. Pero ahora, según aseguraban, las velas se habían apagado por primera vez desde los tiempos de la invasión napoleónica.

La Santa Iglesia Ortodoxa privó de su bendición a Moscú, nido de irreverentes víboras, que habían osado bombardear el Kremlin. Las iglesias estaban sumidas en las tinieblas, el silencio y el frío; los sacerdotes habían desaparecido. No había popes para las exequias de los rojos, no se rezarían responsos por los muertos ni habría plegarias sobre la tumba de los blasfemos. Tijon, metropolitano de Moscú, no tardaría en excomulgar a los Soviets.

Los comercios también estaban cerrados y los representantes de las clases poseedoras permanecían en sus casas, pero por otras razones. Era el Día del Pueblo y el rumor de su advenimiento zurría como la marea.

La riada humana atravesaba ya la Puerta de Iberia y el pueblo inundó a miles la ancha Plaza Roja. Reparé que al pasar frente a la Capilla de la Virgen de Iberia nadie se persignaba como antes.

Nos abrimos paso entre la compacta multitud, que se apiñaba junto a la muralla del Kremlin, y nos detuvimos en lo alto de un montón de tierra. Allí se encontraban ya varios hombres, entre ellos el soldado Murálov, elegido comandante de Moscú, un hombre alto y barbudo, de mirada bondadosa y facciones sencillas.

Por todas las calles desembocaban en la Plaza Roja los torrentes humanos. Eran miles y miles de personas extenuadas por el trabajo y la pobreza. Llegó una banda militar, tocando La Internacional, y el gentío coreó espontáneamente el himno, que se extendió pausado y solemne por la plaza como ola del mar. De las almenas de la muralla del Kremlin pendían hasta el suelo gigantescas banderas rojas con inscripciones blancas y doradas: "A los mártires de la vanguardia de la revolución socialista mundial" y "¡Viva la fraternidad de los obreros del mundo entero!".

En la plaza soplaba un viento cortante, agitando las banderas. Empezaron a llegar los obreros de las fábricas de los barrios más apartados de la ciudad, que traían a sus muertos. Se podía ver cómo cruzaban la puerta bajo las banderas tremolantes, portando los ataúdes rojos como la sangre. Eran toscas cajas de tablas sin cepillar, pintadas de rojo, y las sostenían en alto a hombros gentes sencillas de rostros arrasados en lágrimas. En pos de los ataúdes caminaban mujeres sollozando o calladas, petrificadas, lívidas como la muerte; algunos ataúdes iban abiertos y tras ellos llevaban las tapas; otros estaban cubiertos de brocado de oro o plata o tenían sujeta a la tapa una gorra de soldado. Había muchas coronas de flores artificiales...

La procesión se acercaba lentamente a nosotros por el pasillo irregular que se abría ante ella y se cerraba detrás. Ahora fluía por la puerta un torrente interminable de banderas de todos los matices del rojo, con letreros dorados y plateados y crespón en lo alto de las astas. Había también varias banderas anarquistas, negras, con inscripciones blancas. La banda ejecutaba la Marcha Fúnebre Revolucionaria y la muchedumbre, con la cabeza descubierta, le hacía coro. Los sollozos interrumpían frecuentemente la triste canción...

Entre los obreros iban destacamentos de soldados también con féretros, seguidos de escolta militar: escuadrones de caballería y baterías de artillería con los cañones envueltos en tela roja y negra, envueltos, parecía, para siempre. Las banderas de las unidades militares tenían estos letreros: "¡Viva la III Internacional!" o "¡Exigimos una paz general, justa y democrática!".

El cortejo fúnebre se acercó lentamente a las tumbas y los que portaban los ataúdes los bajaron a las fosas. Muchos de ellos eran mujeres, proletarias fuertes y rechonchas. Y tras los féretros iban otras mujeres, jóvenes, transidas de dolor, o viejas achacosas que lanzaban alaridos desgarradores. Muchas se arrojaban a la tumba tras sus hijos y maridos y daban gritos terribles cuando manos piadosas las sujetaban. Así se aman los pobres...

Todo el largo día duró la fúnebre procesión. Entraba en la plaza por la Puerta de Iberia y salía por la Calle Nikólskaya, era un torrente de banderas rojas que llevaban escritas palabras de esperanza y fraternidad, profecías estupendas. Y estas banderas ondeaban sobre el fondo de una multitud de cincuenta mil personas y todos los trabajadores del mundo y sus descendientes las contemplaban desde entonces y para siempre...

Uno tras otro fueron bajados a la fosa los quinientos ataúdes. Oscurecía ya y las banderas seguían ondeando y susurrando en el aire, la banda tocaba la Marcha Fúnebre y el mar humano cantaba. Sobre la tumba, en las ramas desnudas de los árboles, como raras flores multicolores, pendían las coronas. Doscientos hombres empuñaron las palas y empezaron a llenar la fosa. La tierra golpeaba sordamente en los ataúdes y los golpes secos se oían claramente a pesar de la canción.

Se encendieron los faroles. Pasaron la última bandera, pasó, mirando atrás con terrible intensidad, la última mujer llorosa. La oleada proletaria se retiró lentamente de la Plaza Roja...

Y comprendí de pronto que el devoto pueblo ruso no necesitaba ya sacerdotes que le ayudasen a impetrar el reino de los cielos. Este pueblo estaba construyendo en la Tierra un reino tan esplendoroso como no lo hay en ningún cielo, un reino por el cual es una dicha morir...

CAPÍTULO XI: CONQUISTA DEL PODER

"Declaración de derechos de los pueblos de Rusia

… El Congreso de los Soviets proclamó en junio de este año el derecho de los pueblos de Rusia a la libre autodeterminación.

El II Congreso de los Soviets confirmó en octubre de este año este derecho inalienable de los pueblos de Rusia más decisiva y definitivamente.

Cumpliendo la voluntad de estos congresos, el Consejo de Comisarios del Pueblo resuelve tomar como base de su actividad en el problema de las nacionalidades los siguientes principios:

1. Igualdad y soberanía de los pueblos de Rusia.
2. Derecho de los pueblos de Rusia a la libre autodeterminación, hasta su separación y constitución de Estados independientes.
3. Abolición de toda clase de privilegios y restricciones nacionales y nacional- religiosos.
4. Libre desenvolvimiento de las minorías nacionales y de los grupos étnicos que pueblan el territorio de Rusia.

Los decretos que dimanen de lo expuesto serán preparados inmediatamente después de la formación de la Comisión para asuntos de las nacionalidades.

En nombre de la República de Rusia

El Presidente del Consejo de Comisarios del Pueblo V. Uliánov (Lenin).

El Comisario del Pueblo para las Nacionalidades Iosif Dzhugashvili-Stalin".

La Rada Central de Kíev declaró inmediatamente Ucrania República independiente. Lo mismo hizo el Gobierno de Finlandia, representado por el Senado de Helsingfors. En Siberia y en el Cáucaso aparecieron también "gobiernos" independientes. El Comité Militar Principal Polaco separó inmediatamente las tropas polacas del Ejército Ruso, reuniéndolas en un todo, abolió sus comités y estableció en ellas una disciplina férrea…

Todos estos "gobiernos" y "movimientos" tenían dos características comunes: estaban controlados por las clases pudientes y temían y detestaban al bolchevismo.

En medio de todo este caos y de pasmosos cambios, el Consejo de Comisarios del Pueblo continuaba implantando incansablemente el orden socialista. Un decreto tras otro: sobre la previsión social, sobre el control obrero, reglas para los comités agrarios provinciales, abolición de los rangos y títulos, supresión del viejo sistema judicial y creación de los tribunales populares…

Ejército tras Ejército, Flota tras Flota enviaban delegaciones a Petrogrado, que "saludaban con alegría al nuevo Gobierno del Pueblo".

Un día vi frente al Smolny un maltrecho regimiento que acababa de volver de las trincheras. Los soldados estaban formados frente a las grandes puertas, enflaquecidos, con los rostros terrosos y miraban al Smolny como si esperasen ver a Dios en persona. Algunos lanzaban miradas sonrientes a las águilas imperiales sobre la entrada… En este momento llegó un destacamento de la Guardia Roja para relevar a los centinelas. Todos los soldados se volvieron a mirarles con gran curiosidad porque habían oído hablar mucho de ella, pero nunca la habían visto. Bromeaban bonachonamente, salían de las filas y palmeaban a los guardias rojos en el hombro con frases mitad en zumba mitad llenas de admiración…

El Gobierno Provisional ya no existía. El 15 (2) de noviembre, los sacerdotes de todas las iglesias de Petrogrado dejaron de recordarlo en sus rogativas. Pero, como dijo Lenin en el CEC, "la conquista del poder sólo comenzaba". Privada de armas, la oposición, que aún controlaba la vida económica del país, se puso a organizar la desorganización y, con toda la capacidad para la acción común propia del genio ruso, trataba de obstruir la labor de los Soviets, echarlos abajo y desacreditarlos.

La huelga de los funcionarios públicos fue bien organizada y financiada por los bancos y establecimientos comerciales. Todo intento de los bolcheviques de tomar en sus manos el aparato del Gobierno chocaba con resistencia.

Trotski se personó en el Ministerio de Negocios Extranjeros. Los funcionarios se negaron a reconocerlo y se encerraron en sus habitaciones y, cuando fueron fracturadas las puertas, todos presentaron la dimisión. Pidió las llaves de los archivos: se las entregaron solamente cuando se presentaron los obreros que él había llamado para forzar las cerraduras. Entonces resultó que Nerátov, subsecretario de Negocios Extranjeros, había desaparecido, llevándose los tratados secretos…

Shliápnikov intentó tomar posesión del Ministerio de Trabajo. Hacía un frío terrible y en el Ministerio no había nadie que encendiese las estufas. Allí se encontraban varios centenares de funcionarios, pero ninguno quiso enseñar a Shliápnikov dónde se hallaba el despacho del ministro…

Alexandra Kollontái, nombrada el 13 de noviembre (31 de octubre). Comisario de Asistencia Social, fue recibida en el Ministerio con una huelga. Acudieron al trabajo cuarenta funcionarios nada más. Fue un durísimo golpe para los pobres de las grandes ciudades y para las personas acogidas en los asilos y establecimientos de beneficencia, que se encontraron en una situación sin salida. Delegaciones de lisiados y huérfanos hambrientos, pálidos y demacrados, asediaban el edificio del Ministerio. Afligida hasta saltársele las lágrimas, Kollontái ordenó detener a los huelguistas y no los soltó hasta que entregaron las llaves de las oficinas y de la caja fuerte; pero cuando recibió estas llaves se descubrió que su antecesora, la condesa Pánina, había desaparecido con todos los fondos. La condesa se negó a entregarlos a nadie si no era por orden de la Asamblea Constituyente.

Sucedieron incidentes similares en los ministerios de agricultura, abastos y finanzas. Los funcionarios, a quienes se ordenó salir al trabajo so pena de perder el empleo y el derecho a pensión, continuaban en huelga o reanudaban el trabajo solamente para sabotear. Como casi toda la intelectualidad era antibolchevique, el Gobierno soviético no tenía donde reclutar nuevo personal.

Los bancos privados se obstinaban en no abrir sus puertas, pero tenían abierta la puerta trasera para los especuladores. Cuando aparecían los comisarios bolcheviques los empleados se iban después de haber escondido los libros y de haberse llevado los fondos. Se declararon en huelga todos los funcionarios del Banco del Estado, menos los empleados de los sótanos y de la oficina de emisión de moneda, que rechazaban todas las demandas del Smolny y entregaban por vía particular grandes sumas al Comité de Salvación y a la Duma Municipal.

Dos veces se presentó en el Banco un comisario con una compañía de guardias rojos y exigió oficialmente la entrega de grandes sumas para las necesidades del Gobierno. La primera vez lo recibieron miembros de la Duma y líderes mencheviques y eseristas. Eran tantos y hablaban tan seriamente de las graves consecuencias que el comisario se arredró. La segunda vez se presentó con un mandato oficial y lo leyó en voz alta, pero alguien le indicó que el mandato no tenía fecha ni sello y el tradicional respeto en Rusia a los "documentos" le obligó a retirarse de nuevo con las manos vacías.

Los funcionarios de la Oficina de Créditos destruyeron sus libros, de modo que era totalmente imposible restablecer el cuadro de las relaciones financieras de Rusia con otros países.

Los comités de abastos y la administración de las empresas municipales de servicios públicos no funcionaban en absoluto o se entregaban al sabotaje. Y cuando los bolcheviques, viendo las terribles necesidades de la población urbana, intentaban ayudar o tomar las cosas en sus manos los empleados abandonaban inmediatamente el trabajo y la Duma se inundaba de telegramas de toda Rusia en los que se comunicaba que los bolcheviques "violaban la autonomía municipal".

En los estados mayores militares y en las oficinas de los ministerios de guerra y marina, donde los empleados habían accedido a continuar trabajando, los comités del Ejército y el Alto Mando oponían encarnizada resistencia a los Soviets. Saboteaban como podían aunque repercutiera en la situación del frente. El Víkzhel no ocultaba su hostilidad y se negaba a transportar tropas soviéticas. Cada tren enviado de Petrogrado tenía que abrirse paso a viva fuerza, había que detener continuamente a los empleados de los ferrocarriles. Entonces salía a escena el Víkzhel y exigía la libertad de los detenidos, amenazando con declarar inmediatamente la huelga general.

El Smolny era a todas luces impotente. Los periódicos afirmaban que al cabo de tres semanas todas las fábricas de Petrogrado pararían por falta de combustible. El Víkzhel anunciaba que el tráfico ferroviario cesaría para el primero de diciembre. En Petrogrado quedaba pan para tres días nada más y no se traían nuevas reservas. En el frente, el Ejército pasaba hambre… El Comité de Salvación y todos los comités centrales imaginables lanzaban llamamientos por todo el país, exhortando a la población a no hacer caso de los decretos del Gobierno. Las embajadas de los aliados manifestaban una glacial indiferencia o una franca hostilidad.

Los periódicos oposicionistas, suspendidos a diario y que reaparecían a la mañana siguiente con nuevos títulos, cubrían de mordaces sátiras al nuevo régimen. Hasta Nóvaya Zhizn lo caracterizó como una "combinación de demagogia e impotencia".

"Cada día —decía— el Gobierno de Comisarios del Pueblo se embrolla más y más en la maldita prosa del ajetreo ordinario. Los bolcheviques, que conquistaron tan fácilmente el poder, no pueden de ninguna manera hacer uso de él".

Impotentes para dirigir el mecanismo estatal existente, no pueden, al mismo tiempo, crear otro nuevo, que funcione fácil y libremente de acuerdo con las teorías de los socialistas experimentadores.

Si no hace mucho a los bolcheviques les faltaban personas para la labor cotidiana en su creciente partido —labor ante todo de lengua y pluma—, ¿de dónde pueden sacar gente para cumplir las diversas y complicadas funciones de gobierno? El nuevo Gobierno lanza rayos y truenos, inunda el país de decretos a cual más "radical y socialista". Pero en este socialismo de papel —destinado más a despertar la estupefacción de los descendientes— no hay ni deseo ni capacidad de resolver los problemas inmediatos del día…

Entretanto, la Conferencia para formar un nuevo Gobierno, convocada por el Víkzhel, continuaba reunida noche y día. Las partes ya habían aprobado en principio las bases del Gobierno, se discutía la composición del Consejo Popular. Se esbozó en rasgos generales un gabinete con Chernov a la cabeza en el que los bolcheviques obtenían una minoría considerable, pero excluyendo a Lenin y Trotski. Los comités centrales de los partidos menchevique y eserista y el Comité Ejecutivo de los Soviets de Diputados Campesinos resolvieron continuar inflexiblemente su oposición a la "criminal política" de los bolcheviques, pero, "para evitar que continuase el fratricidio", no oponerse a su entrada en el Consejo Popular.

Sin embargo, la huida de Kerenski y el sorprendente éxito de los Soviets por doquier cambiaron la situación. El día 16 (3), en la reunión de CEC los socialistas-revolucionarios de izquierda insistieron en que los bolcheviques formasen un Gobierno de coalición con otros partidos socialistas, amenazando en caso contrario con abandonar el Comité Militar Revolucionario y el CEC. Malkin declaró: "Las últimas noticias de Moscú, donde a ambos lados de las barricadas mueren nuestros compañeros, nos obligan a plantear una vez más el problema de la organización del poder, y el planteamiento de esta cuestión no es sólo nuestro derecho, sino también nuestro deber… Nosotros hemos conquistado el derecho a sentarnos junto a los bolcheviques dentro del Instituto Smolny y a hablar desde esta tribuna. Después de una encarnizada lucha interna nos veremos obligados, si rechazáis el compromiso, a pasar a la lucha abierta fuera… Tenemos el deber de proponer a la democracia los términos de un compromiso aceptable…".

Después del intervalo, que se hizo para permitir que las fracciones estudiasen el ultimátum, los bolcheviques volvieron a la sala y Kámenev dio lectura al siguiente proyecto de resolución:

"El Comité Ejecutivo Central considera necesario que en el Gobierno entren representantes de todos los partidos socialistas que componen los Soviets de Diputados Obreros, Soldados y Campesinos y que reconocen las conquistas de la Revolución del 24-25 de Octubre, es decir, el Poder de los Soviets, los decretos sobre la tierra y sobre la paz, el control obrero y el armamento de los obreros. El Comité Ejecutivo Central acuerda por tanto continuar las negociaciones sobre el poder con todos los partidos de los Soviets e insiste en las siguientes condiciones para el entendimiento:

El Gobierno es responsable ante el Comité Central Ejecutivo. El Comité Central Ejecutivo se amplía hasta 150 miembros. A estos 150 delegados de los Soviets de Diputados Obreros y Soldados se añaden 75 delegados de los Soviets Provinciales de Diputados Campesinos, 80 de las unidades del Ejército y la Marina, 40 de los sindicatos (25 de las asociaciones de toda Rusia en proporción a su importancia, 10 del Víkzhel y 5 de los empleados de correos y telégrafos) y 50 delegados de los grupos socialistas de la Duma Municipal de Petrogrado. No menos de la mitad de las carteras ministeriales se debe reservar a los bolcheviques. En todo caso, los ministerios de Trabajo, Interior y Negocios Extranjeros se deben conceder al Partido bolchevique. El mando de las guarniciones de Petrogrado y Moscú deben ejercerlo los delegados de los Soviets de Petrogrado y Moscú. El Gobierno se plantea la tarea de armar sistemáticamente a los obreros en toda Rusia. Se acuerda insistir en las candidaturas de los camaradas Lenin y Trotski".

Kámenev añadió:

"El llamado ´Consejo Popular´, que nos propone la Conferencia, estará formado por cerca de 420 miembros, entre ellos unos 150 bolcheviques.

Además de nosotros lo integrarán delegados del viejo CEC contrarrevolucionario, 100 miembros de las dumas municipales, kornilovistas todos, 100 delegados de los Soviets Campesinos designados por Avxéntiev y 80 delegados de los viejos comités del Ejército, que ya no representan a las masas de soldados.

Nosotros nos negamos a admitir aquí al viejo CEC y a los representantes de las dumas municipales. Los delegados de los Soviets Campesinos deben ser elegidos por el Congreso de Campesinos convocado por nosotros, que, al propio tiempo, elegirá un nuevo Comité Ejecutivo. La propuesta de excluir a Lenin y Trotski equivale a decapitar nuestro Partido, y nosotros no la aceptamos. Y, por último, no vemos ninguna necesidad del «Consejo Popular». Los Soviets de Diputados Obreros y Soldados están abiertos para todos los partidos socialistas y el CEC refleja con suficiente exactitud las proporciones reales de su popularidad en las masas…".

Karelin declaró en nombre de los socialistas-revolucionarios de izquierda que votarían por la resolución bolchevique, pero se reservaban el derecho a modificar ciertos detalles, como, por ejemplo, el de la representación de los campesinos, y exigirían reservar la cartera de Agricultura para los socialistas-revolucionarios. Estas exigencias fueron aceptadas…

Más tarde, en una reunión del Soviet de Petrogrado, Trotski fue interpelado acerca de la formación del nuevo Gobierno.

"No sé nada de eso —respondió Trotski—. Yo no tomo parte en las negociaciones... Por otro lado, no creo que tengan gran importancia...".

Aquella noche en la Conferencia reinaba gran inquietud. Se retiraron los delegados de la Duma Municipal...

Pero también en el Smolny, en las filas del Partido bolchevique, crecía una fuerte oposición a la política de Lenin. En la noche del 16 al 17 (3-4) de noviembre, la vasta sala del CEC estaba de bote en bote. El ambiente era siniestro.

El bolchevique Larin declaró que se acercaba la fecha de las elecciones a la Asamblea Constituyente y que ya era hora de acabar con el "terrorismo político".

"Hay que suavizar las medidas adoptadas contra la libertad de prensa. Eran necesarias durante la lucha, pero ahora no tienen ninguna justificación. La prensa debe ser libre, excepto para incitar a los pogromos y a la revuelta".

Entre los gritos y silbidos de sus propios compañeros de partido, Larin propuso la siguiente resolución:

"Queda abolido el decreto del Consejo de Comisarios del Pueblo concerniente a la prensa. Las medidas de represión política estarán sujetas a la decisión previa de un tribunal, elegido por el CEC (sobre la base de la representación proporcional) y que tendrá derecho a examinar también todas las detenciones, suspensión de periódicos, etc., efectuadas anteriormente".

Esta resolución fue acogida con una tempestad de aplausos, tanto en los escaños de los socialistas-revolucionarios de izquierda como en una parte de los escaños bolcheviques.

Avanésov, en nombre de los partidarios de Lenin, propuso apresuradamente aplazar la cuestión de la prensa hasta que se llegase a un entendimiento entre los partidos políticos. Esta propuesta fue rechazada por enorme mayoría de votos.

"La revolución que culmina en el momento presente —dijo Avanésov— no vaciló en atacar la propiedad privada y nosotros debemos examinar la cuestión de la prensa precisamente como una cuestión de la propiedad privada...".

Luego, dio lectura a la siguiente resolución, propuesta oficialmente por los bolcheviques:

La supresión de los periódicos burgueses fue dictada no sólo por necesidades puramente militares en el curso de la insurrección y del aplastamiento de las intentonas contrarrevolucionarias, sino fue también una medida de transición necesaria para establecer el nuevo régimen en el terreno de la prensa, un régimen en el que los capitalistas —propietarios de las imprentas y del papel— no puedan convertirse en fabricantes exclusivos de la opinión pública.

La medida siguiente debe ser la confiscación de las imprentas particulares y de las existencias de papel, su entrega en propiedad a los Soviets en la capital y en provincias a fin de que los partidos y grupos políticos puedan hacer uso de las facilidades de impresión en consonancia con su verdadera fuerza ideológica, es decir, proporcionalmente al número de sus adeptos.

El restablecimiento de la llamada "libertad de prensa", o sea, la simple restitución de las imprentas y del papel a los capitalistas, envenenadores de la conciencia del pueblo, sería una capitulación inadmisible ante la voluntad del capital, la entrega de una de las posiciones más importantes de la revolución obrera y campesina, o sea, una medida de carácter indiscutiblemente contrarrevolucionario.

Por esta razón, el CC propone a la fracción bolchevique del CEC rechazar categóricamente todas las propuestas encaminadas a restablecer el viejo régimen en el dominio de la prensa y apoyar inequívocamente en este aspecto al Consejo de Comisarios del Pueblo contra las pretensiones y ultimátums, dictados por prejuicios pequeñoburgueses o por un servilismo evidente a los intereses de la burguesía contrarrevolucionaria».

La lectura de esta resolución fue interrumpida por irónicas observaciones de los eseristas de izquierda y los gritos indignados de los bolcheviques disidentes. Karelin se levantó de su sitio, protestando: "Tres semanas atrás los bolcheviques eran los más ardientes defensores de la libertad de prensa… Los argumentos que se exponen en esta resolución recuerdan de un modo extraño el punto de vista de las viejas centurias negras y de los censores zaristas, pues ellos también hablaban de los envenenadores de la conciencia del pueblo".

Trotski pronunció un gran discurso en defensa de la resolución. Subrayó la diferencia entre la situación de la prensa durante la guerra civil y su situación después de la victoria. "Durante la guerra civil el derecho a la violencia pertenece solamente a los oprimidos…". (Gritos: "¿Quién es ahora el oprimido? ¡Caníbal!").

"Nuestra victoria sobre los adversarios no ha terminado aún —prosiguió Trotski—, y los periódicos son armas suyas. En tales condiciones, la suspensión de los periódicos es una medida de legítima defensa…». Luego, pasando a la cuestión de la prensa después de la victoria, Trotski continuó:

Compañías de guardias rojos disciplinados y bien pagados, que habían sustituido a la vieja milicia, montaban la guardia noche y día en los locales de los Soviets de distrito. En los barrios fueron elegidos tribunales revolucionarios para castigar los pequeños delitos…

Los guardias rojos rodearon los grandes hoteles, donde los especuladores continuaban haciendo sus lucrativos negocios, y éstos fueron a parar a la cárcel…

Alerta y cauteloso, el proletariado de Petrogrado creó un vasto sistema de espionaje, que seguía a través de la servidumbre todo lo que acontecía en los domicilios de la burguesía e informaba al Comité Militar Revolucionario, el cual asestaba incansablemente golpes con mano de hierro. Así fue descubierto el complot monárquico, dirigido por Purishkévich, ex miembro de la Duma, y por un grupo de nobles y oficiales, que proyectaban un pronunciamiento de la oficialidad y habían escrito una carta invitando a Kaledin a entrar en Petrogrado. Exactamente igual fue descubierta la conspiración de los kadetes de Petrogrado, que sostenían a Kaledin con dinero y hombres…

Nerátov, asustado por la explosión de cólera que había provocado en el pueblo su huida, regresó y entregó los tratados secretos a Trotski. Este comenzó a publicarlos inmediatamente en Pravda, causando sensación en todo el mundo…

Las restricciones de la prensa fueron reforzadas por el decreto que entregó el monopolio de los anuncios a los periódicos oficiales del Gobierno. Todos los demás periódicos suspendieron su publicación en señal de protesta o no acataron el decreto y fueron clausurados… Se sometieron por fin al cabo de tres semanas…

Los ministerios seguían en huelga, los viejos funcionarios continuaban saboteando y no permitían el establecimiento de la vida económica normal. Tras el Smolny estaba solamente la voluntad de las vastas masas populares no organizadas; el Consejo de Comisarios del Pueblo se apoyaba en ella, dirigiendo las acciones revolucionarias de las masas contra sus enemigos. En elocuentes proclamas, escritas con sencillez y difundidas por toda Rusia, Lenin explicaba los objetivos de la revolución y llamaba al pueblo a tomar el poder en sus manos, a romper por la fuerza la resistencia de las clases poseedoras y a apoderarse de las instituciones del Gobierno. ¡Orden revolucionario! ¡Disciplina revolucionaria! ¡Rigurosa contabilidad y control! ¡Nada de huelgas! ¡Ninguna negligencia!

El 20 (7) de noviembre el Comité Militar Revolucionario publicó la siguiente advertencia:

"Las clases ricas oponen resistencia al Poder de los Soviets, al Gobierno de los obreros, soldados y campesinos. Sus simpatizantes paran el trabajo de los funcionarios del Gobierno y de la Duma, incitan a la huelga en los bancos, intentan interrumpir las comunicaciones ferroviarias, telegráficas y postales, etc.

Les advertimos que juegan con fuego. El hambre amenaza al país y al Ejército. Para luchar contra el hambre es indispensable el más minucioso cumplimiento de todos los trabajos en las instituciones de abastos, en los ferrocarriles, en correos y en los bancos. El Gobierno Obrero y Campesino adopta medidas para proveer al país de todo lo necesario.

La resistencia a estas medidas es un crimen contra el pueblo. Advertimos a las clases ricas y a sus simpatizantes que como no cesen su sabotaje y lleguen a interrumpir el transporte de víveres serán los primeros en sufrir los rigores de la situación creada por ellos mismos. Las clases ricas y su servidumbre serán privadas del derecho a recibir víveres. Serán requisadas todas las existencias que posean. Los bienes de los principales culpables serán confiscados.

Nosotros hemos cumplido nuestro deber, hemos advertido a quienes juegan con fuego.

Estamos convencidos de que en estas medidas decisivas, si llegan a ser necesarias, contaremos con el pleno respaldo de todos los obreros, soldados y campesinos".

El 22 (9) de noviembre, en todas las paredes de la ciudad se fijó esta "Comunicación extraordinaria:

El Consejo de Comisarios del Pueblo ha recibido un telegrama urgente del Estado Mayor del Frente Norte en el que se dice lo siguiente": No se puede tardar más, no dejéis que nos muramos de hambre. El Ejército del Frente Norte hace ya varios días que no tiene ni una migaja de pan y dentro de dos o tres días no tendrá tampoco galletas, que se entregan de las reservas intocables hasta ahora. Estas reservas se están agotando. Los delegados que vienen del Ejército hablan ya de la necesidad de una retirada planificada de las unidades del Ejército a la retaguardia, previendo que dentro de unos días comenzará la desbandada de los hombres que se mueren de hambre, atormentados por tres años de lucha en las trincheras, enfermos, desnudos, descalzos, enloquecidos de las inhumanas privaciones...

El Comité Militar Revolucionario pone lo que antecede en conocimiento de la guarnición y de los obreros de Petrogrado. La situación en el frente exige las medidas más urgentes y decisivas. Mientras tanto, los altos funcionarios de las instituciones del Gobierno, de los bancos, de los ferrocarriles, de correos y telégrafos sabotean e impiden la labor del Gobierno orientada a abastecer de provisiones el frente... Cada hora de dilación puede restar la vida a miles de soldados.

Los funcionarios contrarrevolucionarios son los criminales más deshonestos para con los hermanos que sufren hambre y agonizan en el frente.

El Comité Militar Revolucionario hace la última advertencia a estos criminales. En caso de que ofrezcan la menor resistencia u oposición se les aplicarán medidas cuyo rigor corresponderá a la magnitud de su crimen".

Las masas de obreros y soldados respondieron con un furioso estallido de ira que se extendió por toda Rusia. En la capital los empleados del Gobierno y de los bancos publicaban centenares de proclamas y llamamientos, protestaban y se justificaban. He aquí una de estas proclamas:

"Atención a todos los ciudadanos.

El Banco del Estado está cerrado. ¿Por qué?

Porque la violencia que ejercen los bolcheviques contra el Banco del Estado hace imposible continuar su trabajo. Los primeros actos de los Comisarios del Pueblo consistieron en exigir diez millones de rublos y el 14 de noviembre exigieron ya veinticinco millones sin indicar en qué se invertirá este dinero...

Nosotros, los funcionarios del Banco del Estado, no podemos tomar parte en el saqueo del patrimonio del pueblo. Hemos suspendido el trabajo.

Ciudadanos, el dinero del Banco del Estado es vuestro, es dinero del pueblo, adquirido con vuestro trabajo, con vuestro sudor y vuestra sangre.

Ciudadanos, proteged del robo el patrimonio del pueblo y preservadnos de la violencia a nosotros e inmediatamente nos pondremos a trabajar.

Los empleados del Banco del Estado".

El Ministerio de Abastos, el Ministerio de Finanzas, el Comité Especial de Abastos, todos declaraban que el Comité Militar Revolucionario hacía imposible el trabajo de los empleados y pedían apoyo a la población contra el Smolny... Pero el obrero y el soldado de filas no les daban crédito; en la mente del pueblo había arraigado firmemente el pensamiento de que los funcionarios saboteaban y mataban de hambre, al Ejército y al pueblo... En las largas colas del pan, que seguían formándose en las frías calles, no se vituperaba al Gobierno, como en tiempos de Kerenski, sino a los chinóvniki (funcionarios) saboteadores, pues la gente sabía que el Gobierno era su Gobierno, el Gobierno de sus Soviets y que los empleados de los ministerios estaban contra él...

En el centro de toda esta oposición se hallaba la Duma y su órgano de combate, el Comité de Salvación, que protestaba contra cada decreto del Consejo de Comisarios del Pueblo, votaba una moción tras otra de no reconocimiento del Gobierno soviético y colaboraba abiertamente con los nuevos "gobiernos" contrarrevolucionarios que se creaban en Moguiliov... El 17 (4) de noviembre, por ejemplo, el Comité de Salvación se dirigió "a todos los consejos municipales y zemstvos, a todas las organizaciones democráticas y revolucionarias de campesinos, obreros, soldados y demás ciudadanos" con las siguientes palabras:

"... 1. No reconocer el Gobierno bolchevique y luchar contra él. 2. Formar comités locales de Salvación de la Patria y la Revolución, que deben unir a todas las fuerzas democráticas para ayudar al Comité de Salvación de toda Rusia en su cometido...".

Y, entretanto, las elecciones a la Asamblea Constituyente en Petrogrado dieron un enorme predominio a los bolcheviques. Entonces hasta los mencheviques internacionalistas declararon que la Duma debía ser reelegida, pues no representaba ya la composición política de la población de Petrogrado... Al mismo tiempo, un aluvión de resoluciones de las organizaciones obreras, de las unidades militares y hasta de los campesinos de los contornos inundó la Duma, calificándola de "contrarrevolucionaria y kornilovista" y exigiendo que declinara sus poderes. Los últimos días de la Duma fueron particularmente borrascosos porque los obreros municipales exigían salarios decentes y amenazaban con la huelga...

El 23 (10) de noviembre el Comité Militar Revolucionario, por una orden oficial, declaró disuelto el Comité de Salvación. El 29 (16) el Consejo de Comisarios del Pueblo ordenó la disolución y reelección de la Duma Municipal de Petrogrado:

"En vista de que la Duma Central de Petrogrado, elegida el 20 de agosto... ha perdido clara y definitivamente el derecho a representar a la población de Petrogrado, entrando en completo desacuerdo con sus deseos y aspiraciones... en vista de que el personal de la mayoría de la Duma, que ha perdido toda confianza política, continúa haciendo uso de sus prerrogativas formales para oponer resistencia contrarrevolucionaria a la voluntad de los obreros, soldados y campesinos, para sabotear y torpedear el trabajo normal de la sociedad, el Consejo de Comisarios del Pueblo estima necesario invitar a la población de la capital a emitir su juicio acerca de la política del Consejo Municipal.

Con este fin, el Consejo de Comisarios del Pueblo resuelve:

1. Disolver la Duma Municipal de Petrogrado; considerar que la disolución entra en vigor el 17 de noviembre de 1917.

2. Todos los funcionarios elegidos por la actual Duma permanecerán en sus puestos y cumplirán todas las obligaciones que se les hubiere confiado hasta la toma de posesión de las personas elegidas por la nueva Duma.

3. Todos los empleados municipales de Petrogrado continuarán en el ejercicio de sus funciones directas; los que abandonen el servicio sin autorización serán inmediatamente despedidos.

4. Celebrar nuevas elecciones a la Duma de Petrogrado el 26 de noviembre de 1917, sobre la base del Reglamento de las elecciones a concejales de la Duma Municipal de Petrogrado, del 26 de noviembre de 1917, publicado al mismo tiempo que el presente decreto.

5. La nueva Duma Municipal de Petrogrado se reunirá el 28 de noviembre de 1917, a las dos de la tarde.

6. Los culpables de desobediencia al presente decreto, así como de premeditado deterioro o destrucción de los bienes municipales serán inmediatamente detenidos y entregados al Tribunal Militar Revolucionario…".

A pesar de este decreto, la Duma continuó reuniéndose y adoptando resoluciones sobre "la defensa de sus posiciones hasta la última gota de sangre" y lanzando desesperados llamamientos a la población para que salvara "su Consejo Municipal electo2. Pero la población se mostraba indiferente u hostil. El 30 (17) de noviembre el alcalde Shréider y otros varios miembros de la Duma fueron detenidos, interrogados y puestos en libertad. Ese mismo día y el siguiente la Duma continuó sus reuniones, interrumpidas con frecuencia por los guardias rojos y marinos que requerían cortésmente a la asamblea para que se disolviera. El 2 de diciembre (20 de noviembre), durante el discurso de uno de los miembros de la Duma, entró en la Sala de Nicolás un oficial con varios marinos y ordenó retirarse a los reunidos, amenazando en caso contrario con hacer uso de la fuerza. La Duma protestó por última vez, pero finalmente "cedió a la violencia".

La nueva Duma, elegida al cabo de diez días, era casi por entero bolchevique. Los socialistas «moderados» se negaron a tomar parte en las elecciones.

Pero quedaban todavía varios centros de peligrosa oposición, como las "repúblicas" de Ucrania y Finlandia, que no ocultaban en absoluto sus tendencias antisoviéticas. Los gobiernos de Helsingfors y Kíev reunían en torno suyo a unidades militares de confianza y emprendían una campaña de aplastamiento del bolchevismo, de desarme y expulsión de las tropas rusas. La Rada Ucraniana se adueñó del poder en todo el sur de Rusia y surtía a Kaledin de refuerzos y provisiones. Finlandia y Ucrania entablaron negociaciones secretas con los alemanes y, además, fueron reconocidas inmediatamente por los gobiernos de los aliados, que les concedieron crecidos empréstitos, apoyando a sus clases poseedoras en la creación de centros contrarrevolucionarios para atacar a la Rusia Soviética. Finalmente, cuando el bolchevismo triunfó en estos dos países la burguesía derrotada llamó a los alemanes, que restauraron su poder…

Pero el peligro más grave que amenazaba al Gobierno soviético era el enemigo interno con sus dos cabezas: el movimiento de Kaledin y el Estado Mayor de Moguiliov, donde el general Dujonin había asumido el mando.

El ubicuo Muraviov fue designado jefe de las tropas que se batían contra los cosacos. Entre los obreros fabriles se hizo un reclutamiento para el Ejército Rojo. Centenares de propagandistas fueron enviados al Don. El Consejo de Comisarios del Pueblo lanzó una proclama a los cosacos en la que se explicaba lo que era el Gobierno soviético y cómo las clases poseedoras —los chinóvniki, los terratenientes, los banqueros y sus aliados, la nobleza cosaca y los generales— intentaban estrangular la revolución para impedir así la confiscación de sus riquezas por el pueblo.

El 27 (14) de noviembre una delegación cosaca se entrevistó en el Smolny con Lenin y Trotski. Preguntaron si era cierto que el Gobierno soviético tenía la intención de repartir las tierras de los cosacos entre los campesinos de la Gran Rusia. "No" — respondió Trotski. Los cosacos deliberaron entre ellos. "Bien —preguntaron—, ¿y no piensa el Gobierno soviético confiscar las haciendas a nuestros terratenientes y repartidas entre los trabajadores cosacos?". Les contestó Lenin: "Eso —dijo— es cosa vuestra. Nosotros apoyaremos a los trabajadores cosacos en todas sus acciones… Para empezar lo mejor es formar Soviets cosacos. Entonces tendrán representación en el CEC y entonces será también vuestro Gobierno".

Los cosacos se fueron profundamente pensativos. A las dos semanas el general Kaledin recibió a una delegación de sus tropas. "¿Promete usted —preguntaron los delegados— repartir las haciendas de los terratenientes entre los trabajadores cosacos?". "Solamente pasando por encima de mi cadáver" —respondió Kaledin.

Al cabo de un mes, viendo que su Ejército se evaporaba, Kaledin se pegó un tiro.

El movimiento cosaco dejó de existir…

Mientras tanto, en Moguiliov se reunió el viejo CEC, los líderes socialistas "moderados" desde Avxéntiev hasta Chernov, los dirigentes activos de los viejos comités del Ejército y los oficiales reaccionarios. El Estado Mayor se negaba obstinadamente a reconocer el Consejo de Comisarios del Pueblo. Había concentrado en torno suyo a los batallones de la muerte, a los caballeros de San Jorge y a los cosacos del frente y entablado relaciones secretas con los agregados militares aliados, con el movimiento de Kaledin y con la Rada Ucraniana...

Los gobiernos aliados no dieron ninguna respuesta al decreto del 8 de noviembre (26 de octubre) en el que el Congreso de los Soviets ofrecía un armisticio general.

El 20 (7) de noviembre, Trotski dirigió la siguiente nota a los embajadores aliados:

"Por la presente tengo el honor de poner en su conocimiento, Señor Embajador, que el Congreso de Diputados Obreros y Soldados de toda Rusia constituyó el 26 de octubre el nuevo Gobierno de la República de Rusia, como Consejo de Comisarios del Pueblo. El Presidente de este Gobierno es Vladímir Ilich Lenin. La dirección de la política exterior se me ha confiado a mí, como Comisario del Pueblo de Negocios Extranjeros.

Llamo su atención acerca del texto, aprobado por el Congreso de los Soviets de Diputados Obreros y Soldados de toda Rusia, de la proposición de armisticio y de paz democrática sin anexiones ni contribuciones, sobre la base de la autodeterminación de los pueblos, y tengo el honor de rogarle que considere el mencionado documento como ofrecimiento formal del armisticio en todos los frentes y de apertura inmediata de las negociaciones de paz, propuesta que el Gobierno autorizado de la República de Rusia dirige simultáneamente a todos los pueblos beligerantes y a sus gobiernos.

Acepte, Señor Embajador, la seguridad del profundo respeto que profesa el Gobierno soviético al pueblo de Francia, que no puede por menos de aspirar a la paz, como todos los demás pueblos exhaustos y desangrados por esta matanza sin par...".

Aquella misma noche el Consejo de Comisarios del Pueblo telegrafió al general Dujonin:

"El Consejo de Comisarios del Pueblo considera indispensable proponer sin demora un armisticio a todos los países beligerantes, tanto a los aliados como a los que sostienen las hostilidades contra nosotros. El Comisario del Pueblo de Negocios Extranjeros ha enviado a todos los representantes plenipotenciarios de los países aliados en Petrogrado la correspondiente notificación.

El Consejo de Comisarios del Pueblo le encomienda a Usted, ciudadano Comandante en Jefe… que proponga a las autoridades militares de los ejércitos enemigos el cese inmediato de las hostilidades con el fin de abrir las negociaciones de paz.

El Consejo de Comisarios del Pueblo le encarga sostener estas negociaciones preliminares y le ordena:

1. Informar constantemente por cable directo al Consejo de la marcha de sus negociaciones con los representantes de los ejércitos enemigos.

2. Firmar el acta de armisticio únicamente con la conformidad previa del Consejo de Comisarios del Pueblo…”.

Los embajadores aliados recibieron la nota de Trotski con desdeñoso silencio y concedieron anónimas interviús a los periódicos, llenas de despecho y de burlas. La orden dada a Dujonin se caracterizaba francamente como un acto de traición…

Por lo que a Dujonin se refiere, éste no daba ninguna señal de vida. En la noche del 21 al 22 (8-9) de noviembre lo llamaron por cable directo y le preguntaron si pensaba obedecer la orden. Dujonin respondió que él sólo podía acatar las órdenes emanantes de un “Gobierno sostenido por el Ejército y el país”.

Inmediatamente, por telégrafo, fue destituido del cargo de Comandante en Jefe y en su lugar nombraron a Krylenko. Siguiendo su táctica de apelación a las masas, Lenin cursó un radiograma a todos los comités de regimiento, división y cuerpo, a todos los soldados y marinos del Ejército y la Marina, comunicando la negativa de Dujonin y ordenando “a los regimientos que estaban en las trincheras elegir en el acto delegados plenipotenciarios para entablar formalmente las negociaciones de armisticio con el enemigo…”.

El 23 (10) de noviembre, los agregados militares de las potencias aliadas, cumpliendo instrucciones de sus gobiernos, presentaron una nota a Dujonin en la que le advertían solemnemente que no “violase los tratados concluidos entre las potencias de la Entente”. Más adelante, en la nota se decía que la conclusión de un armisticio separado con Alemania “acarrearía las más serias consecuencias” para Rusia. Dujonin envió inmediatamente esta nota a todos los comités de soldados…

A la mañana siguiente Trotski dirigió un nuevo llamamiento a las tropas en el que calificaba la nota de los representantes aliados como una flagrante intervención en los asuntos internos de Rusia y como una insolente tentativa de “obligar al Ejército ruso y al pueblo ruso, mediante amenazas, a continuar la guerra en cumplimiento de los tratados concluidos por el zar…”.

El Smolny lanzaba una proclama tras otra, denunciando a Dujonin y a la oficialidad contrarrevolucionaria agrupada en torno a él, desenmascarando a los políticos reaccionarios reunidos en Moguiliov, levantando en todo el inmenso frente a millones de soldados iracundos y suspicaces. Y, al propio tiempo, Krylenko, acompañado de tres destacamentos de marinos ilimitadamente fieles, se dirigió al Estado Mayor, amenazando con una venganza implacable. Los soldados lo recibían en todas partes con entusiastas ovaciones, un verdadero triunfo. El Comité Central del Ejército publicó una declaración en favor de Dujonin; inmediatamente tropas en número de diez mil hombres avanzaron sobre Moguiliov…

El 2 de diciembre (19 de noviembre) la guarnición de Moguiliov se sublevó, arrestó a Dujonin y al Comité del Ejército y, con victoriosas banderas rojas, salió al encuentro del nuevo Comandante en Jefe. A la mañana siguiente Krylenko llegó a Moguiliov y encontró a una muchedumbre exasperada y rugiente, que rodeaba el vagón donde estaba prisionero Dujonin. Krylenko pronunció un discurso en el que suplicó a los soldados que no tocasen a Dujonin porque había que conducido a Petrogrado para ser juzgado por el tribunal revolucionario. Cuando terminó, Dujonin apareció de repente en una ventanilla del vagón como disponiéndose también a dirigir la palabra a la multitud. El pueblo se abalanzó con salvaje alarido al vagón, sacó al viejo general y allí mismo, en el andén, lo asesinó.

Así terminó la revuelta del Estado Mayor…

Inmensamente fortalecido por la caída de la última ciudadela de las fuerzas militares hostiles, el Gobierno soviético emprendió con pulso firme la organización del nuevo Estado. Muchos viejos funcionarios se agruparon bajo su bandera y muchos miembros de otros partidos entraron al servicio del Soviet. Sin embargo, los que lo hicieron por ambiciones económicas sufrieron una decepción al aparecer el decreto sobre los sueldos de los empleados del Gobierno, que establecía el sueldo de un Comisario del Pueblo —el más elevado— en quinientos rublos (cerca de cincuenta dólares) al mes… La huelga de los funcionarios públicos, dirigida por la Unión de Asociaciones, fracasó, desertaron los grupos financieros y comerciales que la apoyaban. Los empleados de banca reanudaron también el trabajo…

El decreto de nacionalización de los bancos, la formación del Consejo Supremo de Economía Nacional, la aplicación práctica del Decreto sobre la Tierra, la reorganización democrática del Ejército, los impetuosos cambios en todas las ramas de la administración del Estado y de la vida, todo esto, que se efectuaba por voluntad de las masas de obreros, soldados y campesinos, comenzaba poco a poco, con muchos errores y dilaciones, a moldear la Rusia proletaria.

Los bolcheviques conquistaron el poder no a través de compromisos con las clases dominantes o con otros líderes políticos ni resignándose con el viejo mecanismo de Gobierno. Pero tampoco mediante la violencia organizada de una pequeña camarilla. Si las vastas masas de la población rusa no hubieran estado listas para la insurrección, ésta habría fracasado. La única razón del inmenso éxito de los bolcheviques reside en que cumplieron los profundos y simples deseos de las más vastas capas de la población, llamándolas al trabajo para destruir y barrer lo viejo para erigir luego con ellas, sobre el polvo de las ruinas demolidas, el armazón del mundo nuevo…

CAPÍTULO XII: EL CONGRESO CAMPESINO

El 18 (5) de noviembre nevó. Al despertamos por la mañana vimos las cornisas de las ventanas completamente blancas. La nevada era tan espesa que no se divisaba nada a diez pasos. Desapareció el barro. La ciudad sombría adquirió de pronto deslumbrante blancura. Los drozhki (coches) cedieron el lugar a los trineos que se deslizaban con vertiginosa celeridad por las desniveladas calles. Las barbas de los cocheros, tan arropados que daban risa, se habían helado, convirtiéndose en carámbanos… A pesar de la revolución, que conducía a Rusia con pasmosa velocidad hacia un futuro terrible y desconocido, la ciudad acogió la primera nieve con general alegría. Todos sonreían, la gente salía, a la calle y atrapaba riendo los blandos copos que revolaban en el aire. Desaparecieron todos los tonos grises; solamente las agujas y cúpulas doradas y multicolores resplandecían sobre el manto de nívea blancura. La nieve dio realce a su original y prístino esplendor.

Al mediodía salió el sol, pálido y acuoso, pero sol al fin y al cabo. Desaparecieron los resfriados y reumatismos, que aquejaran a la ciudad en los meses lluviosos. La vida se hizo más alegre y hasta la revolución empezó a desplegarse a ritmo acelerado…

Cierta tarde estaba yo en un traktir (taberna), enfrente del Smolny. El traktir se llamaba La Cabaña del Tío Tom y los guardias rojos frecuentaban su local bullicioso y de techo bajo. Aquella tarde se apiñaban también en torno a las mesas de sucios manteles con enormes teteras de porcelana, llenando el ambiente de espeso humo de tabaco. Los mozos corrían en todas direcciones, gritando: "Seichás! Seichás!". ("¡Ahora! ¡Ahora!").

En un rincón había un hombre con uniforme de capitán e intentaba pronunciar un discurso, pero le interrumpían a las pocas palabras.

"¡Ustedes no son mejores que los asesinos! —gritaba—. ¡Fusilan en las calles a sus propios hermanos rusos!".

"¿Cuándo hemos hecho eso nosotros?" —preguntó un obrero.

"El domingo pasado, cuando los junkers…".

"¿Y ellos no nos disparaban a nosotros? (Uno de los presentes levantó el brazo en cabestrillo). ¡A mí esos diablos me dejaron un recuerdo!".

El capitán levantó la voz todo lo que pudo. "¡Tenían que haber sido neutrales! — gritó—. ¡Tenían que haber sido neutrales! ¿Quiénes son ustedes para derrocar al Gobierno legítimo? ¿Quién es su Lenin? Un agente alemán…".

"¿Y tú, quién eres? ¡Un contrarrevolucionario! ¡Un provocador, un provocador!" —le gritaron por todos lados.

Cuando se calmó un poco el escándalo, el capitán se levantó.

"Está bien —dijo—, ustedes dicen que son el pueblo ruso, pero el pueblo ruso no son ustedes. El pueblo ruso son los campesinos. Aguarden, los campesinos…".

"Y aguardaremos —le gritaron— y veremos lo que dicen los campesinos. Nosotros sabemos lo que van a decir… Porque son tan trabajadores como nosotros…".

En definitiva, todo dependía precisamente de los campesinos. Aunque los campesinos estaban políticamente poco desarrollados, tenían sus propias ideas y, además, constituían más del 80% de la población de Rusia. Los bolcheviques contaban con relativamente pocos adeptos entre los campesinos y una firme dictadura en Rusia de los obreros industriales nada más era imposible… El partido tradicional de los campesinos era el de los socialistas-revolucionarios. Por eso la dirección de los campesinos había pasado lógicamente a los socialistas-revolucionarios de izquierda y no a cualquier otro de los partidos que respaldaban al Gobierno soviético. Y los socialistas-revolucionarios de izquierda, que se hallaban a merced del proletariado organizado de la ciudad, necesitaban muchísimo el apoyo de los campesinos…

Pero el Smolny no olvidaba en absoluto a los campesinos. Después del Decreto sobre la Tierra, uno de los primeros actos del nuevo CEC fue convocar el Congreso Campesino, saltándose al Comité Ejecutivo de los Soviets Campesinos. A los pocos días se publicaron detalladas reglas para los comités agrarios de vólost (división administrativa rural) a las que siguieron las cartas de Lenin a los campesinos, que explicaban en términos sencillos y comprensibles la revolución bolchevique y el nuevo Gobierno. Finalmente, el 16 (3) de noviembre Lenin y Miliutin publicaron las Instrucciones a los emisarios enviados a provincias. El Gobierno soviético mandó a miles de emisarios a las aldeas.

"1. A su llegada a la provincia indicada, el emisario convoca una reunión del Comité Ejecutivo de los Soviets de Diputados Obreros, Soldados y Campesinos, en la que informa de la ley agraria y plantea la convocatoria de una reunión plenaria de los Soviets distritales y provinciales.

2. Esclarece la situación del problema agrario en la provincia:

a. ¿Se han inventariado o no las fincas de los terratenientes y dónde y en qué distritos?

b. ¿Quién administra las tierras confiscadas: sus viejos propietarios o los comités agrarios?

c. ¿Qué se ha hecho con los aperos agrícolas y con el ganado?

3. ¿Han aumentado la siembra los campesinos?

4. ¿Cuántas provisiones se cargan del mínimo fijado para la provincia?

5. Indicar que, una vez que los campesinos han recibido la tierra, es necesario intensificar lo más posible la carga y acelerar el transporte de cereales a las ciudades, pues solamente así es posible evitar la amenaza del hambre.

6. ¿Qué medidas se han tomado y se proyectan para el paso de las fincas de los terratenientes a manos de los comités agrarios y distritales y de los Soviets de Diputados Obreros, Soldados y Campesinos?

7. Es deseable que las fincas bien acondicionadas y organizadas pasen a ser administradas por Soviets compuestos de braceros de estas fincas bajo la dirección competente de agrónomos...".

En las aldeas comenzó una efervescencia preñada de cambios y la causa no era sólo la potente acción del Decreto sobre la Tierra, sino también los miles de soldados campesinos revolucionarios que regresaban del frente... Estos hombres acogieron con particular alegría la convocatoria del Congreso Campesino.

Igual que el viejo CEC trató de impedir el II Congreso de Diputados Obreros y Soldados, el Comité Ejecutivo de los Soviets Campesinos se opuso al Congreso Campesino, convocado por el Smolny; pero al ver que la resistencia era inútil, a semejanza también del viejo CEC, se puso a expedir telegramas con febril premura, ordenando la elección de delegados conservadores. Propalaron incluso el rumor entre los campesinos de que el Congreso se reuniría en Moguiliov y varios delegados se dirigieron allá; pero el 23 (10) de noviembre se habían congregado en Petrogrado cerca de cuatrocientos delegados y comenzaron las reuniones de los grupos políticos...

La primera sesión del Congreso tuvo lugar en la Sala de Alejandro de la Duma Municipal y la primera votación reveló ya que más de la mitad de los delegados eran socialistas-revolucionarios de izquierda, mientras que los bolcheviques constituían cerca de una quinta parte, los socialistas-revolucionarios conservadores una cuarta parte y al resto les unía solamente su oposición al viejo Comité Ejecutivo, encabezado por Avxéntiev, Chaikovski y Peshejónov...

La vasta sala estaba atestada de gente en continuo clamor. Una profunda y tenaz hostilidad dividía a los delegados en grupos antagónicos. En el lado derecho resplandecían las charreteras de los oficiales, se veían patriarcales y barbudos rostros de los campesinos viejos más acomodados, en el centro había unos pocos campesinos, suboficiales y unos cuantos soldados y a la izquierda se sentaban exclusivamente delegados con el uniforme de soldado raso. Era la joven generación que servía en el Ejército… Las galerías estaban abarrotadas de obreros, pues en Rusia aún recuerdan su origen campesino…

A diferencia del viejo CEC, el Comité Ejecutivo al abrir la sesión no reconoció el congreso como oficial: el Congreso oficial había sido convocado para el 13 de diciembre (30 de noviembre). En medio de tempestuosos aplausos y gritos iracundos, el representante del Comité Ejecutivo declaró que la reunión no era más que una "Conferencia Extraordinaria"… Pero la "Conferencia Extraordinaria" no tardó en mostrar su actitud hacia el Comité Ejecutivo, eligiendo como presidente a María Spiridónova, líder de los socialistas-revolucionarios de izquierda.

Casi todo el primer día se fue en violentos debates acerca de si se debía admitir en el Congreso a los representantes de los Soviets de vólost o solamente a los delegados de las organizaciones provinciales. Pero, al fin y a la postre, igual que en el Congreso de Obreros y Soldados, la aplastante mayoría se declaró a favor de la más amplia representación. Entonces el viejo Comité Ejecutivo abandonó la sala…

Casi inmediatamente quedó claro que la mayoría de los delegados eran hostiles al Gobierno de Comisarios del Pueblo. Zinóviev intentó hablar en nombre de los bolcheviques, pero le silbaron y abuchearon y cuando bajaba de la tribuna en medio de la rechifla se oyeron gritos: "¡Se ha llevado un chasco el Comisario del Pueblo!".

"Nosotros, los socialistas-revolucionarios de izquierda —gritó Nazáriev, delegado provincial—, nos negamos a reconocer el llamado Gobierno Obrero y Campesino hasta que los campesinos estén representados en él. En la actualidad no es otra cosa, que una dictadura de los obreros… ¡Insistimos en la formación de un nuevo Gobierno que represente a toda la democracia!".

Los delegados reaccionarios, tratando con todas sus fuerzas de mantener este ambiente, afirmaron, pese a las protestas de los escaños bolcheviques, que el Consejo de Comisarios del Pueblo abrigaba la intención de establecer su control sobre el Congreso o disolverlo por la fuerza de las armas. Los campesinos recibieron esta declaración con una tempestad de cólera…

Al tercer día Lenin apareció inesperadamente en la tribuna. La sala dio rienda suelta a su ira no menos de diez minutos. "¡Fuera! —le gritaban—. ¡No queremos oír a vuestros Comisarios del Pueblo! ¡No reconocemos vuestro Gobierno!".

Lenin estaba completamente tranquilo, asidas ambas manos a la tribuna y recorría pensativo a la frenética multitud con sus ojos entornados. Finalmente, pareció agotarse el tumulto en la sala, excepto en los escaños de la derecha, que seguían vociferando y silbando.

"No he venido aquí como miembro del Consejo de Comisarios del Pueblo —señaló Lenin, y aguardó de nuevo a que disminuyese el griterío—, sino como miembro de la fracción bolchevique, debidamente elegida a este Congreso".

Y levantó en alto su credencial para que todos pudieran verla.

"Por otro lado —prosiguió con voz imperturbable—, nadie negará que el actual Gobierno de Rusia ha sido formado por el Partido bolchevique —hizo otra pausa—, de manera que, en el fondo, es lo mismo...". Aquí los escaños derechistas prorrumpieron en un clamor ensordecedor, pero el centro y la izquierda sintieron curiosidad e impusieron el silencio.

La argumentación de Lenin fue sencilla. «Díganme francamente, ustedes, los campesinos a quienes hemos entregado las tierras de los pomiéschiki (terratenientes): ¿quieren impedir ahora que los obreros implanten el control en la industria? Es la lucha de clases. Los pomiéschiki, claro está, luchan contra los campesinos y los fabricantes luchan contra los obreros. ¿Quieren que se dividan las filas del proletariado? ¿En qué lado quieren estar?

Nosotros, los bolcheviques, somos el partido del proletariado, tanto del proletariado campesino como del proletariado industrial. Nosotros, los bolcheviques, estamos a favor de los Soviets, tanto de los Soviets Campesinos como de los Soviets de Obreros y Soldados. El Gobierno actual es el Gobierno de los Soviets y nosotros no sólo hemos propuesto a los Soviets Campesinos tomar parte en este Gobierno, sino hemos invitado también a los representantes de los socialistas-revolucionarios de izquierda a entrar en el Consejo de Comisarios del Pueblo...

Los Soviets son la representación más perfecta del pueblo, tanto de los que trabajan en las fábricas y en las minas como de los que trabajan en el campo. Todo el que intenta minar los Soviets es culpable de un acto antidemocrático y contrarrevolucionario. Y yo me permito anunciarles a ustedes, camaradas socialistas- revolucionarios de derecha, y a ustedes, señores kadetes que como la Asamblea Constituyente intente destruir los Soviets, ¡nosotros no se lo permitiremos!".

En la tarde del 25 (12) de noviembre llegó precipitadamente de Moguiliov Chernov, llamado por el Comité Ejecutivo. Dos meses antes estaba considerado como revolucionario a ultranza y era muy popular entre los campesinos, pero ahora le llamaban para que impidiera la peligrosa desviación del Congreso hacia la izquierda. A su llegada a Petrogrado Chernov fue detenido y conducido al Smolny donde, tras un breve interrogatorio, lo pusieron en libertad.

Lo primero que hizo fue censurar al Comité Ejecutivo por haber abandonado el Congreso. El Comité accedió a volver y Chernov entró en la sala, siendo recibido con grandes aplausos de la mayoría y silbidos y burlas de los bolcheviques.

"Compañeros: Yo estaba ausente. Participaba en la conferencia del XII Ejército sobre la convocatoria de un congreso de todos los delegados campesinos de los ejércitos del Frente Occidental y estoy muy poco enterado de la insurrección ocurrida aquí…".

Zinóviev se levantó de un salto y gritó: "¡Sí, usted ha faltado unos minutos!". Se armó un escándalo terrible. Gritos: "¡Fuera los bolcheviques!".

Chernov continuó: "La acusación que se me imputa de haber ayudado a lanzar un Ejército entero sobre Petrogrado es infundada y enteramente falsa. ¿Quién lanza semejante acusación? ¡Díganme la fuente!".

Zinóviev: "¡Vuestros propios periódicos, Izvestia y Dielo Naroda!".

El ancho rostro de Chernov, enmarcado por una barba canosa y cabellos rizados, enrojeció de cólera. Sus ojuelos relampaguearon, pero se contuvo y prosiguió:

"Repito, no sé nada prácticamente de lo que ha sucedido aquí. Yo no he conducido ningún ejército, excepto éste (señaló a los delegados campesinos). ¡Y asumo toda la responsabilidad de haberlo traído hasta esta sala!". Risas y gritos de "¡Bravo!".

"Al volver a Petrogrado he visitado el Smolny. Allí no me han hecho tales acusaciones… Después de una breve conversación me han soltado. ¡Y eso es todo! ¡Que repita alguno de los presentes esta acusación!".

Se armó un tumulto espantoso. Los bolcheviques y varios socialistas-revolucionarios de izquierda saltaron de sus asientos y empezaron a gritar, crispando los puños, y los demás delegados intentaron hacerse oír también a gritos.

"¡Esto es una vergüenza y no una reunión!" —exclamó Chernov, y abandonó la sala.

En vista del escándalo y el desorden hubo que suspender la sesión…

Entretanto, el problema de la situación del Comité Ejecutivo inquietaba mucho a todos. Al declarar que la asamblea era una "Conferencia Extraordinaria", se proponían impedir la reelección del Comité Ejecutivo, pero esto resultó un arma de dos filos: los socialistas-revolucionarios de izquierda decidieron que si el Congreso no tenía poder sobre el Comité Ejecutivo, el Comité Ejecutivo tampoco tenía poder sobre el Congreso. El 25 (12) de noviembre la asamblea resolvió que los poderes del Comité Ejecutivo los asumía la Conferencia Extraordinaria y que solamente tenían derecho a voto los miembros del Comité Ejecutivo elegidos como delegados...

Al día siguiente, no obstante la desesperada oposición de los bolcheviques, se aprobó una enmienda a esta resolución, que concedía derecho a voz y voto a todos los miembros del Comité Ejecutivo, tanto si eran delegados electos como si no lo eran.

El 27 (14) tuvieron lugar los debates sobre el problema de la tierra, que revelaron las diferencias entre el programa agrario de los bolcheviques y el de los socialistas- revolucionarios de izquierda.

Kachinski, en nombre de los socialistas-revolucionarios de izquierda, glosó la historia del problema de la tierra durante la revolución. El Primer Congreso de los Soviets Campesinos, dijo, votó una resolución clara y formal a favor de la entrega inmediata de las fincas de los terratenientes a los comités agrarios. Pero los dirigentes de la revolución y los representantes de la burguesía en el Gobierno Provisional insistieron en que el problema no podía ser resuelto hasta la apertura de la Asamblea Constituyente... El segundo período de la revolución, el período "conciliador", se había destacado por la entrada de Chernov en el Gobierno. Los campesinos estaban convencidos de que comenzaría inmediatamente la solución práctica del problema agrario; pero, a despecho de la voluntad inequívocamente expresada del Primer Congreso Campesino, los reaccionarios y conciliadores del Comité Ejecutivo impidieron toda acción. Esta política provocó serios desórdenes agrarios, expresión natural de la impaciencia y de la energía reprimida de los campesinos. Los campesinos comprendieron la verdadera esencia de la revolución e intentaban pasar de las palabras a los hechos...

"Los recientes acontecimientos —prosiguió el orador— no son una simple revuelta ni una aventura bolchevique», sino, por el contrario, una verdadera insurrección popular, recibida con simpatía por todo el país... Los bolcheviques, en general, han adoptado una actitud correcta en el problema de la tierra; pero, al aconsejar a los campesinos tomar la tierra por la fuerza han cometido un profundo error... Los bolcheviques declararon ya en los primeros días que los campesinos debían tomar la tierra ´mediante la acción revolucionaria de las masas´. Eso es pura anarquía. La tierra puede ser tomada organizadamente… Para los bolcheviques lo importante era resolver todos los problemas de la revolución lo antes posible, pero no les interesaba cómo iban a ser resueltos estos problemas…

El Decreto sobre la Tierra, promulgado por el Congreso de los Soviets, corresponde plenamente en lo fundamental a las decisiones del Primer Congreso Campesino. Entonces, ¿por qué el nuevo Gobierno no ha querido seguir también la táctica trazada por este Congreso? Porque el Consejo de Comisarios del Pueblo quería acelerar la solución del problema de la tierra para que la Asamblea Constituyente no tuviera nada que hacer…

Pero el Gobierno ha visto que eran necesarias también medidas prácticas. Por eso ha adoptado sin más reflexiones las Reglas paja los comités agrarios, con lo que ha creado una situación muy extraña, pues el Consejo de Comisarios del Pueblo ha abolido la propiedad privada sobre la tierra, en tanto que las reglas establecidas por los comités agrarios se basan en el principio de la propiedad privada… Sin embargo, no es una desgracia porque los comités agrarios no hacen el menor caso de los decretos del Soviet y aplican sus propias decisiones prácticas, decisiones basadas en la voluntad de la inmensa mayoría de los campesinos…

Los comités agrarios no intentan la solución legislativa del problema agrario, que es prerrogativa exclusiva de la Asamblea Constituyente… Pero, ¿querrá la Asamblea Constituyente cumplir la voluntad de los campesinos rusos? No tenemos esa seguridad… De lo único que podemos estar seguros es de que ha crecido poderosamente la decisión revolucionaria de los campesinos y la Asamblea Constituyente se verá obligada a resolver el problema de la tierra tal como quieran los campesinos… La Asamblea Constituyente no se atreverá a romper con la voluntad claramente expresada del pueblo…".

Después habló Lenin, a quien esta vez escucharon con profunda atención.

"En el momento actual intentamos resolver no sólo el problema de la tierra, sino también el problema de la revolución social, y no sólo aquí, en Rusia, sino en el mundo entero. El problema de la tierra no puede ser resuelto independientemente de los demás problemas de la revolución social… Por ejemplo, la confiscación de las grandes haciendas provocará la resistencia tanto de los terratenientes rusos como del capital extranjero al que está unida la gran propiedad agraria por intermedio de los bancos...

En Rusia la propiedad privada sobre la tierra es la base de una inmensa opresión y la confiscación de la tierra por los campesinos es uno de los pasos más importantes de nuestra revolución. Pero no puede ser separado de otros pasos, lo que se ve claramente en todas las fases que ha atravesado nuestra revolución... El error de los socialistas-revolucionarios de izquierda consistía en que entonces no se oponían a la política conciliadora, pues sostenían la teoría de que la conciencia de las masas no estaba todavía bastante desarrollada...".

Si el socialismo puede ser realizado solamente cuando lo permita el desarrollo intelectual de las masas populares, entonces no veremos el socialismo ni dentro de quinientos años... El partido político socialista es la vanguardia de la clase obrera; no debe permitir que lo detenga el bajo desarrollo de las masas, sino debe conducir a las masas tras de sí, utilizando los Soviets como órganos de iniciativa revolucionaria... Pero para conducir tras de sí a los vacilantes, los camaradas socialistas-revolucionarios de izquierda deben dejar de vacilar ellos mismos...

En julio las masas populares empezaron a volver la espalda a los conciliadores y ahora, en noviembre, los socialistas-revolucionarios de izquierda siguen tendiendo la mano a Avxéntiev, que se aferra a los míseros restos de su popularidad... Si continúa la conciliación, la revolución perecerá. No puede haber ninguna conciliación con la burguesía; su poder debe ser derribado definitivamente.

Nosotros, los bolcheviques, no hemos cambiado nuestro programa agrario, no hemos renunciado ni pensamos renunciar a la abolición de la propiedad privada sobre la tierra. Hemos adoptado las Reglas para los comités agrarios —que no se basan de ninguna manera en el principio de la propiedad privada— porque queremos cumplir la voluntad del pueblo por el mismo medio que ha escogido para ello el propio pueblo y estrechar así la alianza de todos los elementos que luchan por la revolución socialista.

Invitamos a los socialistas-revolucionarios de izquierda a entrar en esta alianza, pero insistimos en que dejen de mirar atrás y rompan con el ala conciliadora de su partido... Por lo que se refiere a la Asamblea Constituyente, es completamente cierto lo que ha dicho el orador precedente, de que la labor de la Asamblea Constituyente dependerá de la decisión revolucionaria de las masas. Y yo digo: "¡Fíate de la decisión revolucionaria, pero no sueltes el fusil!".

Después Lenin dio lectura a la resolución de los bolcheviques:

"El Congreso Campesino apoya plenamente por todos los medios la Ley (decreto) sobre la Tierra, del 26 de octubre de 1917, aprobada por el II Congreso de los Soviets de Diputados Obreros y Soldados de toda Rusia y promulgada por el Consejo de Comisarios del Pueblo como Gobierno Provisional Obrero y Campesino de la República de Rusia. El Congreso Campesino expresa su firme e inflexible decisión de defender con toda energía la aplicación de esta ley y exhorta a todos los campesinos a que la apoyen de modo unánime y la lleven a la práctica inmediatamente por sí mismos en todas partes. Exhorta también a los campesinos a elegir para todos los cargos y puestos de responsabilidad exclusivamente a quienes han demostrado, no con palabras, sino con hechos, su más absoluta fidelidad a los intereses de los campesinos trabajadores y explotados, su disposición y su capacidad para defender estos intereses cualquiera que haya sido la resistencia de los terratenientes, de los capitalistas y de sus partidarios o cómplices.

Al mismo tiempo, el Congreso Campesino expresa su convencimiento de que la aplicación íntegra de todas las medidas previstas en la Ley sobre la Tierra sólo es posible en el caso de que triunfe la revolución socialista obrera iniciada el 25 de octubre, pues únicamente la revolución socialista está en condiciones de asegurar el paso de la tierra sin indemnización al campesinado trabajador, la confiscación de los bienes de los terratenientes, la plena protección de los intereses de los obreros asalariados en la agricultura (al mismo tiempo que se asientan inmediatamente las bases de la abolición incondicional de todo el sistema de esclavitud capitalista asalariada), la distribución justa y armónica de los productos de la agricultura y de la industria entre las regiones y los habitantes del Estado, el dominio sobre los bancos (sin el cual es imposible el dominio del pueblo sobre la tierra al abolirse también la propiedad privada de ésta), la ayuda múltiple del Estado a los trabajadores y explotados, etc.

Por eso, el Congreso Campesino, al apoyar sin reservas la Revolución del 25 de Octubre, y al apoyada precisamente como revolución socialista, expresa su inquebrantable decisión de aplicar, con la necesaria gradación, pero sin vacilaciones, las medidas de transformación socialista de la República de Rusia.

Una condición indispensable de la victoria de la revolución socialista —única capaz de asegurar el éxito firme y el completo cumplimiento de la Ley sobre la Tierra— es la plena alianza del campesinado laborioso, explotado y trabajador con la clase obrera — el proletariado— en todos los países avanzados. En la República de Rusia toda la estructuración y dirección del Estado debe basarse de arriba abajo, a partir de hoy, en esta alianza. Barriendo todos y cada uno de los intentos directos e indirectos, descarados y ocultos de retornar a la conciliación —condenada por la vida— con la burguesía y con los ejecutores de la política burguesa, esta alianza es la única capaz de asegurar la victoria del socialismo en todo el mundo".

Los reaccionarios del Comité Ejecutivo ya no se decidieron a intervenir abiertamente. Chernov, sin embargo, subió varias veces a la tribuna y habló con modesta y cautivadora imparcialidad. Le invitaron a ocupar un puesto en la presidencia... A la segunda noche del Congreso entregaron, una nota anónima al presidente, proponiendo elegir a Chernov presidente honorario. Ustínov leyó esta nota, pero inmediatamente Zinóviev se levantó y gritó que era un ardid del viejo Comité Ejecutivo para apoderarse del Congreso. El salón de sesiones se convirtió al instante en una masa rugiente de rostros descompuestos y puños crispados, ambos bandos perdieron los estribos... No obstante, Chernov conservaba todavía una gran popularidad.

Durante los tormentosos debates sobre la cuestión agraria y la resolución de Lenin los bolcheviques estuvieron dos veces a punto de abandonar el Congreso, pero los contuvieron sus líderes... A mí me pareció que el Congreso se había escindido sin remedio.

Pero nadie sabía que en el Smolny se sostenían ya conversaciones secretas entre los socialistas-revolucionarios de izquierda y los bolcheviques. Al principio los socialistas-revolucionarios de izquierda reclamaban la formación de un Gobierno compuesto por representantes de todos los partidos socialistas, tanto si formaban parte de los Soviets como si no. Exigían que este Gobierno fuese responsable ante el Consejo Popular, integrado por igual número de delegados de las organizaciones de obreros y soldados y de las organizaciones de campesinos y completado con representantes de las dumas municipales y de los zemstvos. Lenin y Trotski debían ser eliminados del Gobierno y disueltos el Comité Militar Revolucionario y otros órganos represivos.

El 28 (15) de noviembre por la mañana, después de una terrible lucha que duró toda la noche, se llegó a un entendimiento. Se decidió aumentar el CEC, compuesto por 108 miembros, con otros 108 miembros del Congreso Campesino elegidos proporcionalmente; 100 delegados, elegidos directamente por el Ejército y la Marina y 50 representantes de los sindicatos (35 de las uniones generales, 10 de los ferroviarios y 5 de los empleados de correos y telégrafos). Las dumas y los zemstvos fueron rechazados. Lenin y Trotski permanecieron en el Gobierno y el Comité Militar Revolucionario continuó en funciones.

Las reuniones del Congreso fueron trasladadas a la Escuela Imperial de Derecho (Fontanka, 6), donde tenía sus locales el Comité Ejecutivo de los Soviets Campesinos. Allí, en el vasto salón de sesiones, se reunieron los delegados el miércoles por la tarde. El viejo Comité Ejecutivo se retiró y abrió su sesión aparte en otra habitación del mismo edificio con participación de los delegados que se habían escindido y de representantes de los comités del Ejército.

Chernov pasaba de una reunión a otra, observando atentamente todo lo que ocurría. Estaba enterado de que se había discutido el acuerdo con los bolcheviques, pero no sabía que se había alcanzado ya.

"Ahora, cuando todos se manifiestan a favor de la formación de un Gobierno en el que estén representados todos los partidos socialistas —dijo en la reunión de los disidentes— muchos olvidan el primer ministerio, que no era de coalición y en el que sólo había un socialista, Kerenski. Este Gobierno, en su día, era muy popular. Hoy todos acusan a Kerenski, todos olvidan que fue colocado en el poder no sólo por los Soviets, sino también por las masas populares…

¿Por qué la opinión pública volvió la espalda a Kerenski? Los salvajes hacen sus ídolos y les elevan sus oraciones, pero si no cumplen sus súplicas los castigan. Lo mismo sucede ahora… Ayer Kerenski, hoy Lenin y Trotski y mañana será otro cualquiera…

Nosotros hemos propuesto a Kerenski y a los bolcheviques retirarse del poder. Kerenski ha aceptado: hoy ha anunciado desde su refugio que dimite del cargo de Ministro-Presidente. Los bolcheviques quieren mantenerse en el poder, pero no saben qué hacer con él…

Se mantengan los bolcheviques o no es un hecho que no cambiará los destinos de Rusia. El campo ruso sabe perfectamente lo que quiere y toma sus propias medidas… Y, en definitiva, será el campo el que nos salve…".

Mientras tanto, en la sala grande, Ustínov comunicó el acuerdo entre el Congreso Campesino y el Smolny. Los delegados acogieron la noticia con indescriptible y delirante júbilo. De pronto apareció Chernov y pidió la palabra.

"Veo —comenzó— que se ha concluido un acuerdo entre el Congreso Campesino y el Smolny. Este acuerdo es ilegal, puesto que el verdadero Congreso de los Soviets Campesinos se reunirá solamente la semana próxima…

Además, debo advertiros que los bolcheviques jamás cumplirán vuestras demandas…".

Su discurso fue interrumpido por una explosión de risa. Se hizo cargo rápidamente de la situación, bajó de la tribuna y salió del salón de sesiones, llevándose consigo toda su popularidad...

Avanzada la tarde del jueves, 29 (16) de noviembre, se abrió una reunión extraordinaria del Congreso. El ambiente era de fiesta, la sonrisa estaba en todas las caras... Las últimas cuestiones prácticas que quedaban pendientes en el Congreso fueron resueltas rápidamente y entonces tomó la palabra Natansón, de barba canosa, venerable líder de los socialistas-revolucionarios de izquierda. Con voz trémula y lágrimas en los ojos dio lectura a la información sobre la «alianza matrimonial» de los Soviets Campesinos con los Soviets de Obreros y Soldados. Cada vez que pronunciaba la palabra «alianza», la sala estallaba en atronadores aplausos... Cuando Natansón concluyó, Ustínov anunció la llegada de una delegación del Smolny, acompañada de representantes de la Guardia Roja. Los recibieron con una grandiosa ovación. Por la tribuna desfilaron un obrero, un soldado y un marino, que saludaron al Congreso.

Luego habló Borís Reinstein, delegado del Partido Obrero Socialista Norteamericano. "El día del acuerdo entre el Congreso de los Soviets de Diputados Campesinos y los Soviets de Diputados Obreros y Soldados es uno de los días más importantes de la revolución. Este día despertará un profundo eco en todo el mundo: en París, en Londres, al otro lado del Océano, en Nueva York. Esta alianza llenará de dicha el corazón de todos los trabajadores.

La gran idea ha triunfado. El Oeste y América esperaban hace tiempo de Rusia, del proletariado ruso, algo extraordinario e impresionante... El proletariado mundial esperaba hace tiempo la revolución rusa, esperaba hace tiempo las grandes cosas que ha realizado...".

Sverdlov, presidente del CEC, dirigió un saludo.

Después los campesinos salieron a la calle con gritos de "¡Se acabó la guerra civil! ¡Viva la democracia unida!".

Era ya de noche y en la nieve helada se reflejaban los pálidos destellos de la luna y las estrellas. A lo largo del canal habían formado en correcto orden de marcha los soldados del Regimiento de Pávlovsk. Su banda de música tocaba La Marsellesa. En medio de los estentóreos gritos de saludo de los soldados, los campesinos formaron en columna y desplegaron la enorme bandera roja del Comité Ejecutivo de los Soviets de Diputados Campesinos de toda Rusia, que llevaba bordada en oro esta nueva inscripción: "¡Viva la unión de las masas trabajadoras revolucionarias!".

Detrás seguían otras banderas, las de los Soviets de distrito. En la de la fábrica Putílov estaba escrito: "¡Nos inclinamos ante esta bandera para crear la fraternidad de todos los pueblos!".

No se sabe de dónde aparecieron antorchas, que alumbraron la noche con luz cárdena. Reflejándose mil veces en las facetas del hielo se alzaban sobre el gentío, que avanzaba cantando por el malecón de Fontanka ante las miradas del numeroso público en atónito silencio.

"¡Viva el Ejército revolucionario! ¡Viva la Guardia Roja! ¡Vivan los campesinos!".

Esta inmensa procesión desfiló por toda la ciudad. Se le unían continuamente y desplegaban sobre ella nuevas banderas rojas bordadas en oro. Dos viejos campesinos, encorvados por el trabajo, iban del brazo con las caras resplandecientes de alegría.

"Bueno —dijo uno—, ¡veremos quién nos quita ahora la tierra!…".

Cerca del Smolny la Guardia Roja había formado a ambos lados de la calle, delirante de júbilo.

"No me he cansado ni una pizca —dijo a su compañero el otro viejo campesino—. ¡He venido volando como si tuviera alas!…".

En los peldaños del Smolny se agolpaban unos cien diputados obreros y campesinos con banderas; éstas negreaban sobre el fondo de la viva luz que salía de la casa. Como ola en tempestad bajaron corriendo la escalera, abrazando y besando a los campesinos. Y la procesión se encaminó a la puerta y, con gran bullicio, empezó a subir la escalera…

En la inmensa sala blanca de sesiones la esperaba el CEC en pleno, todo el Soviet de Petrogrado y miles de espectadores. El ambiente era solemne: todos se percataban de la grandeza del histórico momento.

Zinóviev dio lectura al acuerdo con el Congreso Campesino. Fue recibido con estruendoso júbilo, que se convirtió en verdadera tempestad cuando sonó la música en el pasillo y entraron en la sala las primeras filas de la manifestación. La presidencia se puso en pie, dio sitio a la presidencia campesina y la recibió con abrazos. Sobre el tablado, en la blanca pared, encima del marco vacío del que habían cortado el retrato del zar, había dos banderas…

Y se inauguró la solemne sesión. Después de unas palabras de saludo, pronunciadas por Sverdlov, subió a la tribuna María Spiridónova, delgada y pálida, con espejuelos, el cabello peinado hacia atrás, parecida a una maestra de Nueva Inglaterra, la mujer más popular e influyente en Rusia.

"… Ante los obreros de Rusia se abren nuevos horizontes sin precedente en la historia… Hasta ahora todos los movimientos obreros terminaban siempre derrotados. Pero el actual movimiento es internacional y por eso es invencible. ¡No hay fuerza en el mundo capaz de apagar el fuego de la revolución! El mundo viejo sucumbe. Nace un mundo nuevo…".

Luego habló Trotski, lleno de ardor: «¡Bienvenidos, camaradas campesinos! ¡No venís aquí como huéspedes, sino como dueños de esta casa en la que late el corazón de la revolución rusa! En esta sala está concentrada hoy la voluntad de millones de obreros… De hoy en adelante la tierra rusa no conoce más que un dueño: la unión de obreros, soldados y campesinos…".

Habló con mordaz sarcasmo de los diplomáticos de los países aliados (Entente), que todavía menospreciaban la propuesta de Rusia de concluir el armisticio, aceptada ya por las potencias centrales.

"Una nueva humanidad nace de esta guerra… Aquí, en esta sala, juramos ante los trabajadores de todos los países permanecer en nuestro puesto revolucionario. Si somos derrotados, moriremos defendiendo nuestra bandera…".

Le siguió Krylenko, que expuso la situación en el frente, donde Dujonin preparaba la resistencia al Consejo de Comisarios del Pueblo. "¡Que Dujonin y compañía comprendan bien que no gastaremos contemplaciones con quienes nos cierren el camino de la paz!".

Dybenko saludó a la asamblea en nombre de la Marina y Krushinski, miembro del Víkzhel, dijo:

"¡Desde este momento, desde el momento en que se ha realizado la unión de todos los verdaderos socialistas, todo el ejército de los ferroviarios se pone por entero a disposición de la democracia revolucionaria!".

Luego hablaron Lunacharski, que apenas podía contener las lágrimas, y Proshián, en nombre de los socialistas-revolucionarios de izquierda, y, finalmente, Sajarashvili, quien declaró en nombre de los socialdemócratas internacionalistas unificados, compuestos por los grupos de Mártov y Gorki:

"Nosotros abandonamos el CEC como protesta contra la política intransigente de los bolcheviques y con el fin de obligarles a hacer concesiones para realizar la unión de toda la democracia revolucionaria. Ahora que esta unión se ha hecho, consideramos nuestro sagrado deber ocupar de nuevo los puestos en el CEC… Declaramos que todos los que han abandonado el CEC deben reintegrarse a él".

Stashkov, venerable campesino de la presidencia del Congreso Campesino, subió a la tribuna e hizo reverencias a toda la sala. "¡Los felicito, compañeros, por el bautismo de la nueva vida rusa y de la libertad!".

Luego hablaron Bronski, en nombre de la socialdemocracia polaca; Skrípnik, por los comités de empresa; Trífonov, por los soldados rusos que combatían en Salónica, y otros oradores, que descargaron sus corazones con la alegre elocuencia de hombres que veían cumplidas sus más fervientes esperanzas.

Muy avanzada la noche se propuso y aprobó por unanimidad la siguiente resolución:

"El CEC de los Soviets de Campesinos, Obreros y Soldados de toda Rusia, conjuntamente con el Congreso Campesino Extraordinario de toda Rusia, confirma los decretos sobre la paz y la tierra, aprobados por el II Congreso de los Soviets de Diputados Obreros y Soldados de toda Rusia, así como el decreto sobre el control obrero, aprobado por el Comité Ejecutivo Central de los Soviets de toda Rusia.

La reunión conjunta del CEC y del Congreso Campesino de toda Rusia expresa su firme convicción de que la unión de los obreros, soldados y campesinos, esta unión fraternal de todos los trabajadores explotados, después de consolidar el poder estatal conquistado, adoptará por su parte todas las medidas revolucionarias para acelerar el paso del poder a manos de las masas trabajadoras de otros países más avanzados y asegurará de esta manera la firme victoria de la causa de una paz justa y de la causa del socialismo...".

CONTENIDO

www.ingramcontent.com/pod-product-compliance
Lightning Source LLC
Chambersburg PA
CBHW021716120626
46545CB00004B/1589